杨家将

（明）熊大木 原著

·青少版·

拓展阅读书系

富 强 等改写

中南出版传媒集团
民主与建设出版社

图书在版编目（CIP）数据

杨家将：青少版/（明）熊大木原著；富强等改写
. -- 北京：民主与建设出版社, 2017.6
ISBN 978-7-5139-1553-3

Ⅰ.①杨… Ⅱ.①熊… ②富… Ⅲ.①章回小说—中国—明代 Ⅳ.①I242.4

中国版本图书馆CIP数据核字（2017）第104591号

杨家将：青少版
YANGJIAJIANG QINGSHAOBAN

出 版 人	许久文
作 者	［明］熊大木原著　富强等改写
责任编辑	王　越
整体设计	高高国际文化传媒
出版发行	民主与建设出版社有限责任公司
电 话	（010）59419778　　59417745
社 址	北京市海淀区西三环中路十号望海楼E座7层
邮 编	100142
印 刷	北京文昌阁彩色印刷有限责任公司
开 本	710mm×1000mm　　1/16
印 张	18
字 数	260千字
版 次	2017年8月第1版　2017年8月第1次印刷
书 号	ISBN 978-7-5139-1553-3
定 价	29.80元

注：如有印、装质量问题，请与出版社联系。

我们也许逃不过这样的荒诞：阅读极其泛滥又极其荒凉，文化极其壅塞又极其贫乏。

　　这里倒有一条安静的自救小路：趁年轻，放松心情读一点经过选择的经典。

余秋雨

多出优良书，让
中国的童年阅读
更优良。

　　　　　梅子涵

经典

梅子涵

　　成年人文化多，知道得多，上下五千年，心里着急，恨不得把一切有价值的书都搬来给小小的孩子看。

　　成年人关怀多，责任多，总想着未来几千年的事，恨不得小小的孩子们都能阅读着几千年的经典，让未来因为他们的经典记忆风平浪静、盛世不断，给人类一个经久的大指望。

　　我们要说，这简直是一个经典的好心肠、好意愿，唯有称颂。

　　可是一部《资治通鉴》，如何能让青少年阅读？即使是《红楼梦》，那里面也是有多少叙述和细节，是不能让孩子有兴致的，孩子总是孩子，他们不能深，只能浅，恰是他们的可爱；他们不能沉湎厚度，而只可薄薄地一口气读完，也恰是他们蹦蹦跳跳的生命的优点，绝不是缺点！

　　这样，那好心肠、好意愿便又生出了好灵感、好方式，把很长的故事变短，很繁复的叙述变简单，很滔滔的教诲变干脆，很不明白的哲学变明白，于是一本很厚很重的书就变薄变轻了。是的，它们已经不是原来的那一本那一部，不是原来的伟岸和高大，但是它们让孩子们靠近了，捧得起来了，没读几句已经愿意读完了。于是，一种原本是成年后正襟危坐读的书，还在小时候没有学会把玩耍的手洗得干干净净的时候，已经读将起来，知道了大概，知道了有这样的经典和高山，留在他们的记忆里当个

"存目"，等他们长大了以后再去正襟危坐地读，探到深度，走到高度，弄出一个变本加厉的新亮度来，当成教授和专家。而如果，长大了，实在忙得不可开交，养家糊口，建设世界，没有机会和情境再阅读，那么那小时候的阅读和记忆也已经为他的生命涂过了颜色，再简单的经典味道总还是经典的味道，你说，一个人在童年时读过经典改写本，还会是一种羞耻吗？还会没有经典的痕迹留给了一生吗？

所以经典缩写本改写本的诞生，的确也是一个经典。

它也许不是在中国发明，但是中国人也想到这样做，是对一种经典做法的经典继承。经典著作的优秀改写，在世界文化先进、关怀儿童阅读的国家，是一个不停止的现代做法，是一个很成熟的出版方式，今天的世界说起这件事，已经绝不只是举英国兰姆姐弟的莎士比亚戏剧的例子了，而是非常多，极为丰盛。

所以，我们也可以很信任地让我们的孩子们来欣赏中国的这一套"新经典"，给他们一个简易走近经典的机会；而出版者，也不要一劳永逸，可以边出版边修订，等到第五版第十版时简直没有缺点，于是这个品种和你的出版，也成长得没有缺点。那时，这一切也就真的经典了。连同我在前面写下的这些叫做"序言"的文字。

为孩子做事，为人生做事，是应该经典的。

　　杨家将是同岳飞一样的英雄人物，在中国家喻户晓，妇孺皆知。早在宋元年间，民间就有各种关于杨家将的传说，明代嘉靖年间，福建建阳人熊大木将这些故事和传说整理汇编，写成了《杨家将演义》，成为所有杨家将系列小说中最出色的一本，深受人们喜欢，广为流传。

　　熊大木，号钟谷，曾开设一家名为"忠正堂"的书坊，靠编著出版谋生，既刻印他人的小说，也自己编写小说，其代表作便是《杨家将演义》。熊大木的祖上地位显赫，在唐宋两代常常出任高官，不过到了他这一代，家世已经衰落，成为普通百姓。但是，先人们树立起的爱国精神没有丢，这也是他的小说充满强烈的民族意识和爱国主义精神的原因，这一点在《杨家将演义》中表现得尤为突出。

　　明清两代，我国古典白话小说的创作异常繁盛，各个题材门类都有名著问世，其中英雄传奇小说的代表作当首推《杨家将演义》。所谓英雄传奇小说，一般主人公或是武艺超群，或是胆略过人，经历也要曲折跌宕，或引人入胜，或悲壮感人。此外，因为是小说，所以故事不要求局限于正史，各种野史、传说，甚至鬼神都可以入书，极大地增强了故事的可读性。在这些方面，《杨家将演义》比较出色。

　　《杨家将演义》讲述的是杨家祖孙三代对外抗击侵略，精忠报国的故事。杨业尽职尽忠，一心为国，却遭到奸臣潘仁美的陷害，在抗击辽国的作战中被包围，撞碑殉国；杨六郎子承父业，坚守边关，几次救驾于危难之中；杨宗保年轻有为，在没人能破辽国阵法的时候挺身而出，屡建奇功；杨门女将个个巾帼不让须眉，西征西夏，为国建功。杨家满门忠烈，前赴后继奔赴战场，整本书中充满了英雄主义和爱国主义的激情，让人为之振奋，血脉偾张。

　　小说中塑造了一大批栩栩如生、性格各异的人物形象，很多已经成为经典，除了杨业、杨六郎、杨宗保之外，还有焦赞、孟良等。尤其难得的是，小说中描绘了一批伟大的女英雄，如佘太君、穆桂英等，她们智勇双全，论武艺和豪情都不在男人之下，完全不是传统中的女性形象，给人留下深刻印象，至今仍为人津津乐道。

目 录

杨家将

第一回
呼延赞报仇雪恨

　　北汉①国君刘钧听说刚刚建立不久的大宋王朝平定了各镇，与大臣们商议说："宋朝皇帝野心勃勃，现在既然已经平定了诸国，怎么可能容我称霸一方？"谏议大夫②呼延廷站出来说："我听说宋朝君主非常英明，各国都选择了归降。我们国家小、兵力弱，怎么可能与他对抗？不如也早日归降，向他纳贡，百姓能免于战祸，国土也能确保无事。"刘钧听后犹豫不决。

　　这时，枢密副使③欧阳昉站出来说："呼延廷是宋朝的奸细，所以才劝陛下投降。晋阳的地势非常有利，无论是防守还是进攻，我们都占有优势，为什么要向别人投降？希望陛下下令处决呼延廷，以正国法。"刘钧批准了欧阳昉的上奏，下令将呼延廷拖出去斩首。国舅赵遂极力劝阻，说："呼延廷的话都是忠言，他怎么可能私通宋朝呢？陛下要是斩了呼延廷，反而会给宋朝攻打我们的借口。如果不想再任用呼延廷，将他革职遣回老家就是了。"刘钧听后觉得也有几分道理，于是下令将呼延廷革去官职，罢归故里。

　　呼延廷回家收拾好行李，当天就带着一家老小回绛州去了。欧阳昉仍不死心，一心想杀掉呼延廷。他喊来手下两位亲信张青和李得，吩咐说："你们两人带几百人马，秘密追踪呼延廷，将他全家都杀掉，事成之后必有重赏。"这两人便带着人马去追呼

①［北汉］

　　五代十国时期十国之一，都城为晋阳，也被称为太原府。五代十国是唐朝灭亡后到北宋建立前的历史时期。

②［谏议大夫］

　　古时候的官职名称，秦朝时设立，专门负责对皇帝的言行和诏书提意见，是比较得罪人的官职。

③［枢密副使］

　　枢密使是唐朝时期设立的官职名称，最初由皇帝身边的宦官担任，后来逐渐改为由文人担任，并建立起了庞大的枢密院，有权干涉政权、财政、军事。

1

杨家将

延廷。

呼延廷与家人到了石山驿站的时候，天色已晚，他们决定在这里停车过夜。到了夜里二更，驿站外面忽然灯火通明，杀声震天，有人报告说外面来了劫匪，呼延廷安排家人赶紧逃命。这时张青、李得率手下杀进驿站，将呼延廷一家老小全部杀害，还将财物掠夺一空。

当时场面非常混乱，只有呼延廷的小妾刘氏抱着孩子藏进厕所，才躲过一劫，保住了性命。四更天的时候，刘氏想着全家人都遭遇不幸，只剩自己母子，无依无靠，不禁悲从中来，放声大哭。忽然身后传来一个人说话的声音："小娘子为什么在这里哭？"刘氏泪眼婆娑地转过身去。那人来到她跟前，说："你是谁家的女子，怎么一个人在这里？"刘氏说："我本是本国谏议大夫呼延廷的小妾，回老家路过这里，没想到遇上强盗，我一家人全都被杀死了，只剩下我和孩子，走投无路，只能在这里躲避。"那人听后，愤怒地说："我是河东府两院领给^①，名叫吴旺，刚才得知杀你全家的人是欧阳昉的亲信张青和李得。他们是假扮强盗，追到这里来的。现在你赶紧抱着孩子离开，不然性命难保。"说完这番话之后，那人便走了。

就在刘氏不知所措的时候，驿站外面又是一阵喊声。一伙人冲进来，见到刘氏，不容分说便把她抓去见一个叫马忠的人。马忠问她："你是哪里人，抱着孩子在这里干什么？"刘氏便将自己一家被害的遭遇又讲了一遍。马忠说："夜里巡逻的人报告说驿站里有官宦被劫，我们赶来准备分些财宝，没想到其中还有这样的不幸。你要是愿意跟我回山庄，我帮你把孩子养大，替你报仇，你看怎么样？"刘氏回答："我愿意跟大王回去。"于是马忠便带着刘氏回到了他的山庄。晚上，刘氏秘密派人去驿站给家人收尸，找地方埋了，并发誓要将孩子养大，将来为家人报仇。

时光似箭，岁月如梭，不知不觉几年过去了，孩子已经长大。起初马忠为他取名为福郎，并送他到老师那里去学习。这孩

①［领给］
负责领取和支付财物的小官职。

2

子长得勇猛，很像唐朝的尉迟恭①。他平日里读书，闲暇时研究兵法，到了十四五岁的时候，已经能走马射箭，练就了一身武艺，一条浑铁枪被他耍得虎虎生威。马忠见他如此勇猛，非常高兴，于是给他改名为马赞。一天，马赞跟随马忠来到山庄外，见到有脚夫②扛着大石碑路过，上面写着"上柱国③欧阳昉"几个字。马忠看到这几个字之后，非常愤怒。马赞问他："大人为什么见了这块石碑发怒？"马忠说："看到欧阳昉的名字，我就感到气愤。这个人在十五年前害了呼延廷一家。我听说呼延廷的儿子还在世，我要是见了他，肯定跟他一起去报仇。"马赞听后生气地说："可惜孩儿不是呼延廷的儿子，不然的话，今天就去报仇。"听到这样的话，马忠对他说："这件事你母亲知道的更多，你可以去问问她。"

马赞回到山庄，去见母亲刘氏，问她当年欧阳昉是如何迫害呼延廷一家的。刘氏哭着对他说："这个冤恨在我心里已经埋藏十五年了，你就是呼延廷的儿子，现在的父亲是你的养父。"马赞听后，一下子昏了过去，倒在地上。马忠赶紧过来将他救醒。马赞哭着说："我今天就要告别父母亲大人，前去报仇。"马忠说："欧阳昉在河东地区官位高、权势大，手下将士又多，你怎么能接近他呢？这件事需要从长计议。你今后改姓呼延，叫我叔叔就行了。"呼延赞赶紧说："我一定永世不忘你的恩德。叔叔有什么计谋教我？"马忠正在思量的时候，有人报告说耿忠前来拜访，马忠便出去迎接。

马忠将耿忠带到山庄中，让呼延赞出来相见。耿忠问："这位是谁？"马忠说："这是我的义子。"马忠问耿忠为什么会来到庄上。耿忠回答说："我从别人那里得到一匹好马，名叫乌龙马，打算送到河东，卖给丞相欧阳昉，因为路过尊兄这里，顺便来拜访。"马忠说："既然贤弟有这样的好马，不如卖给我义子。"耿忠说："我与尊兄情同手足，胜似亲兄弟，你的儿子便是我的侄子，这匹马就当我送他的。"马忠非常高兴，设宴款待

①[尉迟恭]

字敬德，鲜卑族，朔州鄯阳人，唐朝时的名将，被封为鄂国公，死后葬在昭陵，陪葬唐太宗李世民。他年轻的时候是个铁匠，隋炀帝后期开始从军，多次立下战功，还曾经救过李世民一命。后来他被李世民召入帐下，成为其左膀右臂。尉迟恭性格纯朴忠厚，并且骁勇善战。他南征北战，戎马一生，多次带兵破敌。后来尉迟恭与另外一位唐朝大将秦琼被民间尊为门神供奉以驱鬼避邪，祈福求安。

②[脚夫]

旧时对搬运工人的称呼。

③[上柱国]

春秋时期设立的一种武将的官职名称，最初是将军的名号，后来逐渐成为一种代表功勋的荣誉称号。

耿忠。

在宴席上，马忠提起当年呼延廷一家被欧阳昉所害的事情，还说呼延赞便是呼延廷的儿子，如今想要报仇，却不知道该怎么做。耿忠听后十分生气，说："兄长不要担心，我有一计，可以杀掉欧阳昉。"马忠问他："什么计？请多指教。"耿忠让呼延赞上前，对他说："现在你带着这匹马到欧阳昉府上，把马献给他。他得到这匹马肯定会问你要什么官职，你就说不愿做官，只愿在大人身边养马，他肯定会高兴地收留你。你等时机成熟，便将他杀掉，仇也就报了。"呼延赞听后拜谢耿忠。第二天，呼延赞告别马忠和刘氏，上马启程，前往欧阳昉府上。

呼延赞离开马家庄，赶往河东，到了欧阳昉的府上，请求拜见。他对通报的人说："就说府中来了一位壮士，牵着一匹好马，要献给大人。"欧阳昉听后，让人传唤他。呼延赞在门前跪下，说："小人今天得到一匹骏马，特意来献给大人。"欧阳昉问："你是哪里人？"呼延赞回答说："小人住在马家庄，姓马名赞。"欧阳昉说："这匹马值多少钱？"呼延赞回答说："无价之宝。"欧阳昉心中想，这人肯定是想要做官，就安排身边的人问他。结果呼延赞说："小人不愿做官，只愿能服侍大人个一年半载，也就知足了。"欧阳昉非常高兴，把他收留在身边服侍自己。呼延赞为了能够报仇，平时经常特意奉承欧阳昉，讨得他的欢心。

这年八月十五中秋佳节，欧阳昉与夫人在后园凉亭里一边饮酒，一边赏月。后来欧阳昉喝醉了，下人把他扶进书院，让他坐在凳子上休息。呼延赞也跟着来到书院，心想："现在不下手，更待何时？"他刚要拔出匕首，忽然看到窗外有人打着灯笼进了书院，原来是管家来请欧阳昉回去睡觉。呼延赞只好把匕首收了起来，感叹："算他命大，只好等下次了。"

赵遂觉得欧阳昉太过专权，恐怕给国家惹来祸端，便上奏君主，说："欧阳昉滥杀无辜，如果陛下不早点将他铲除，恐怕后

患无穷。"其他人也都附和，要求将欧阳昉治罪。刘钧下令将欧阳昉革职，降为团练使①。欧阳昉觉得自己受到了侮辱，于是上书请求辞去官职，回乡下生活。在得到批准后，他很快收拾好行李，带着一家人离开晋阳，不到一天便到了郓（yùn）州。回到老家之后，亲戚们都来向他祝贺，欧阳昉设宴招待大家。

九月九日是欧阳昉的生日，他准备好宴席，与夫人一起畅饮。呼延赞独自在外面坐着，觉得无聊苦闷。到了夜里二更，他到院子外面闲逛，仰望星空，不禁长叹："来这里原本是为父亲报仇的，谁想到事与愿违，希望老天可怜，助我一臂之力。"说完便擦干眼泪，回屋里去休息了。夜里窗前忽然刮起了一阵怪风，呼延赞睡梦中看到许多人满身鲜血，抱着他说："你父亲被

① [团练使]

唐朝时期设立的一种军事官职，主要负责地方军队的训练。因为团练使大多由地方长官兼任，所以团练使的职责范围越来越大。到了宋朝，朝廷逐渐收回地方权力，团练使逐渐成为一个没有实权的虚职。

刀子黑光凛凛，呼延赞杀气腾腾。他抓住欧阳昉手起刀落，把匕首刺进欧阳昉的咽喉里。

欧阳昉害死，今天就可以报仇雪恨了。"呼延赞一下子醒过来，发现原来是个梦。

就在这时，有人喊道："马提辖^①，主人有事喊你。"呼延赞藏好随身携带的匕首，跟着去了书院。欧阳昉在床上睡觉，见呼延赞进来，说："我喝了几杯酒，还没有清醒，你在这里服侍我。"呼延赞一边答应，一边心想："他这逆贼就该着今天死。"当时大约四更天，呼延赞到院子里看了一下，四下寂静，便果断从腰间掏出了匕首。刀子寒光凛凛，呼延赞杀气腾腾。他回到书院，抓住欧阳昉问他："你还认得呼延廷的儿子吗？"欧阳昉被吓破了胆，连声求饶，说："你若饶我一命，家里的财产全都给你。"话刚说完，呼延赞便手起刀落，把匕首刺进欧阳昉的喉咙里。欧阳昉感到疼，又喊不出声，一命呜呼。杀死欧阳昉之后，呼延赞又把他夫人和其他家人共四十多口全都杀掉了。

呼延赞杀完人之后走出门口，一个老妇人跪在台阶下，向他求饶。呼延赞说："不关你的事，你去给我收拾一下金银财物。"老妇人到屋里去，把收拾的缎帛金银装了一车，让呼延赞带走。

呼延赞骑着乌龙马，带着金银财宝，连夜赶回，去见自己的母亲刘氏。他把自己如何杀死欧阳昉一家四十多口，带回一车金银财宝，全都说给了她听。刘氏非常高兴。第二天，呼延赞去见马忠。马忠问他："你的仇报了吗？"呼延赞回答："托叔叔的福，大仇已报，呼延赞一家老小已经全都命丧黄泉。"马忠说："如果被人知道是你杀了欧阳昉一家，恐怕会诛灭九族！你赶紧收拾行李，赶去贺兰山，投靠耿忠、耿亮两位叔叔，暂时避一避。"呼延赞听后当天就告别父母，踏上了行程。

① [提辖]

宋朝时期设立的官职，最初负责抓捕强盗，镇压反抗。到了南宋，提辖分为四类，分别负责管理茶、盐等紧缺物资的专卖、帮助官廷和官府采购物资、监督制造官廷用的器物，以及官廷和官府仓库的库管。《水浒传》里著名的段子"鲁提辖拳打镇关西"中，鲁智深就是负责抓捕强盗的提辖；而这里呼延赞也被称为提辖，他的职责应该是负责帮官府采购和管理一些琐碎的日常事务。

第二回

李建忠义救呼延赞

呼延赞与父母告别之后，匆忙上路。当时正值十月，寒风吹在脸上，树木落叶纷纷，一副萧条的景象。呼延赞赶了几天路，这天看到前面有一座山，形势险恶，呼延赞心想："这里肯定有强盗出没。"就在这时，山坡后面一声鼓响，冲出来几个身材强壮的人，拦住了他的去路，问他要买路钱。呼延赞大怒，说："天下的路谁都可以走，凭什么让你来收钱？赢得了我手里的刀，就给你钱；赢不了，就拿你人头试刀。"强盗头目听后，提着刀上来跟他打斗，结果只一个回合①，就被呼延赞一刀劈死在山坡下。有人急忙回山上禀报耿忠，说："山下路过一个壮士，小头目问他索要过路费，被他一刀杀死了。"耿忠大吃一惊，骑马赶到现场，发现呼延赞正在跟一群人打斗。耿忠认得是呼延赞，赶忙大声喊道："侄儿住手！"呼延赞抬头一看是耿忠，慌忙下拜。

耿忠带呼延赞上山，介绍给耿亮认识，然后问他为什么来这里。呼延赞把自己如何报仇的事情一一说给了他听，又接着说："现在父亲安排小侄来投靠两位叔叔，避避难，没想到伤了叔叔的部下，还请恕罪。"耿忠说："一场误会，不再计较。"耿忠随即安排手下设宴，招待呼延赞。耿忠说："我们屯聚在这里，等待着时势变化，既然现在你来了，就当这里的第三位寨主

①［回合］

在古代小说中，两武将交锋一次称为一个回合。现泛指双方较量一次。

吧。"呼延赞拱手拜谢。从此之后，呼延赞住在寨中，打官劫舍，战无不胜。

这天，呼延赞与耿忠兄弟商议："河东那边钱粮很多，叔叔借给我三千名将士，去绛州劫掠一番，可供我们两年的花销。"耿忠笑着说："绛州有张公瑾镇守，这人有万夫不当之勇，你要是去打劫，肯定会被他捉住。"呼延赞说："小侄要是折了一个士兵，拿命来抵偿。"耿忠见他这么有志气，就给了他三千士兵。呼延赞披挂上马，带领三千士兵来到绛州城下，把绛州城团团围住，并朝城里大喊："要是乖乖把官库里的钱粮献出来，我们就退兵；不然的话，攻进城去，可就没这么客气了。"守军连忙报信给张公瑾。张公瑾心想："贺兰山有个新出来的乱贼，名叫呼延赞，听说是个英雄，想必就是这个人。"他安排了两百多个士兵，对他们说："多准备些弓弩，在吊桥①两边埋伏，等我把他引过来，就将他捉住。"

张公瑾披挂上马，率五百名将士出城迎战。呼延赞骑着乌龙骑，来到大军前面，喊道："我们别无他意，只想借黄金三千两。"张公瑾大怒，说："如果你赶紧退去，还能饶你一命，不然的话，把你们的头目捉住献给皇上，碎尸万段！"呼延赞听完这话大喝一声，骑着马舞着枪向张公瑾杀去，张公瑾慌忙提枪迎战。两人打了三十多个回合，如猛虎相斗，不分胜负。张公瑾装作逃走，进了吊桥，呼延赞拍马赶了过去。就在这时候，忽然一声炮响，吊桥两边的伏兵一下子起来，顿时箭如雨下。呼延赞大吃一惊，赶紧掉转马头往回跑，可惜手下的三千士兵被射死一半。张公瑾也不下令追赶，只是收兵回城。

呼延赞看到手下死伤大半，想起自己当初立下的军令状，不敢回去见耿忠，便一个人骑马从小路逃走了。下午的时候，他被路上埋伏的喽啰②们捉住。

喽啰们把呼延赞绑起来，带到山上去见马坤父子。马坤问他："你是什么人？"呼延赞说："我是相国③的儿子，名叫呼

①［吊桥］

指全部或一部分桥面可以吊起、放下的桥。多用在护城河及军事据点上。

②［喽啰］

古时候指占领一块地方，为非作恶的人群，后来多用来指追随恶人的人。

③［相国］

春秋时期设立的官职名称，后来多次改名为丞相、宰相，并几次被废除和重新设立。宋朝以后，相国成为多种官职的统称和尊称。

8

延赞，今天走错道路，被大王的部下捉住，还希望能饶我一命。"马坤大怒，说："我听说你最近围困绛州城，想要抢劫官府，现在还在骗我！"于是下令把他关进囚车。马坤组织起二百多人，派他们把呼延赞押送到绛州去请赏。喽啰们押着呼延赞出了山，路上大家说："我们大王与八寨大王之间有过节，前面路过八寨大王的地盘，要是被他把呼延赞抢走了，我们回去怎么交代？不如先在前面借宿一晚，明天一早再赶路。"

八寨主李建忠当初因为去西京看戏，被官府拿住，在大牢里关了四年，如今他刚越狱逃回来，恰好也在这家店里借宿。听到外面有人说话，他出门问守门的人："你们在吵什么？"守门的人说："太行山马大王派手下两百人押送呼延赞到张公瑾那里去请赏。"李建忠听后，心想："我在西京大牢里就听说呼延赞是个勇猛的壮士，现在怎么会被捉呢？不行，应该救他！"随即提着刀大声喊道："谁敢囚禁呼延赞将军！"众喽啰吓得四散逃去。李建忠打开囚车，放出呼延赞。呼延赞问他："敢问是哪位救了我，大恩大德，永世不忘！"李建忠说："我是第八寨的李建忠，咱们都是一家人。"

第二天，李建忠带着呼延赞回到寨中。有人通报寨主柳雄玉，柳雄玉大吃一惊，赶紧出寨迎接。柳雄玉非常高兴，将二人邀请到营帐里。等两人入座后，柳雄玉问李建忠："你怎么回来了？"李建忠把自己越狱的事告诉了他。柳雄玉说："自从尊兄离开山寨，寨子势单力薄，六寨主罗清每年来收钱，大家深受其害，苦不堪言。"李建忠听后勃然大怒，说："这贼要是敢再来，我一定活捉了他！"柳雄玉又问："跟你一起来的这位是谁？"李建忠说："这是相国之子呼延赞。"柳雄玉说："久闻大名，今日得以相见，幸会。"于是柳雄玉安排手下摆酒宴来庆祝。

三个人正在喝酒，忽然有人来报信，说罗清带着五六百人来要钱。柳雄玉听后，什么也没说。呼延赞看着李建忠说："借我一匹马、一身衣甲，让我把这个罗清活捉来，以报答哥哥的救命之恩。"李建忠高兴地说："我知道贤弟足以对付他。"然后给了他马和盔甲，并点了二百喽啰兵给他。

呼延赞穿戴上盔甲，与两位告辞后，出门去了。他向山下大喊道：

杨家将

"罗寨主来这里干什么？"罗清说："特来问柳寨主讨要这半年的租钱。"呼延赞大怒，说："你早早退去，免得伤了和睦；不然，把你活捉了献礼。"罗清说："哪来的匹夫^①，这事与你有什么关系？"一边说着，一边拿起枪骑马冲向呼延赞。呼延赞也举起枪迎战。二人打在一起，不到五个回合，呼延赞一伸手把罗清捉到自己马上。罗清手下的人一看寨主被捉走了，立刻四散逃走。呼延赞绑了罗清，带到山上来见李建忠。

李建忠非常高兴，让人将罗清吊在柱子上，说："等有时间再好好收拾你。"李建忠吩咐手下摆酒庆祝。谁知罗清手下的人把这件事告诉了第五寨大王张吉。张吉带了两百人马，全副武装，伴着震天响的喊杀声，前来攻打。李建忠与呼延赞正在喝酒，听到山下鼓声不断，有人来报"五寨主带兵来救罗清了"。呼延赞气愤地说："等我去把这个人一起捉回来，消除心腹之患。"说完之后带着人马出了山寨。

两军摆开阵势，呼延赞大喊道："前面来的人是谁？"张吉认得这是呼延赞，于是说："马上把罗寨主放了，饶你一命；如若不然，马上给你好看。"呼延赞大怒，举着枪便向张吉冲了过去。张吉抢起刀来招架，刚斗了两个回合，就被呼延赞一枪刺死。手下喽啰们看到主将被杀，各自丢下武器逃命去了。呼延赞乘势追击，一直追到张吉的寨子里，把那里的金银财宝全部掠走，最后一把火把寨子烧了。李建忠、柳雄玉看到呼延赞又打了胜仗，高兴地说："贤弟威风，名不虚传。"之后三人继续入座喝酒。李建忠吩咐手下杀了罗清，掏出心肝来当下酒菜。

张吉被杀后，他的部下投靠到太行山，并告诉马坤，罗清、张吉都被呼延赞杀死。马坤大怒，说："不杀了这匹夫，不足以泄愤！"马坤随即下令，让长子马华率领五百精兵，前去讨伐。巡逻的士兵来通报李建忠，李建忠说："马坤欺人太甚，我要亲自出马，活捉了他。"呼延赞说："不用尊兄出马，等小弟明天使计，把他活捉，新仇旧恨一起都报了。"李建忠听从他的建

① [匹夫]

这个词有几种含义，一种是指平民中的男子，泛指平民百姓，如"国家兴亡，匹夫有责"；另外一种含义带有轻蔑的意味，指那些有勇无谋的人，如"匹夫之勇"；还有一种含义是骂人的话，意思是"这个东西"，这里的意思就是这一种。

议，安排手下坚守寨子，明天出战。众人领命后散去，各自去准备。

呼延赞回到帐中，琢磨着明天用什么计谋捉住马坤，想着想着，不一会儿就睡着了。梦中忽然见到一个火球滚入帐中，又滚了出去，呼延赞一下子起来，追到门外。最后他追到一个地方，眼前尽是高大的宫殿，雕梁画栋，极尽奢华。呼延赞走进殿中，却不见那火球。这时旁边出来一个人，说："主人等候将军多时了。"呼延赞问他："你家主人是谁？"那人说："你进去见见就知道是谁了。"呼延赞被带到殿中，看到一员猛将

那位将军对他说："你有什么武艺，练一练给我看。"呼延赞跨上马，把自己平生所学都练了一遍。

11

端坐在那里。那人对呼延赞说："你以为天底下就你一个会武艺么？"呼延赞回答说："小人略懂武艺，不值一提。"那位将军说："我们到教场中去，我有事跟你讲。"

呼延赞跟随他来到教场亭中坐下。那位将军让手下把鞍马、兵器交给呼延赞，对他说："你有什么武艺，练一练给我看。"呼延赞跨上马，把自己平生所学都练了一遍。那位将军笑着说："这点本领不算什么。"他又吩咐下人牵来自己的马，对呼延赞说："我来跟你比试一下高低。"呼延赞心想："幸亏刚才我留了一手，还有一路枪法没使出来，现在就跟他比试一下。"两人上马开始较量。几个回合之后，呼延赞挥起钢枪，却被那位将军一下子用胳膊夹住，把他从马上拽了下来。那位将军嘴里连说了几声："弟弟要牢记这一招。"呼延赞一下子醒了过来，知道刚才是在梦中，但是看看身上，居然穿着梦中将军送的衣甲。他觉得奇怪，就喊了一个小兵过来，问他："这里有什么神庙吗？"小兵说："离这里不远有一座古庙，年久失修，都已经荒芜了，也没人去那里烧香。"

第二天，呼延赞让这位小兵带他来到那座庙中，只见庙里的牌位上写着"唐尉迟恭之祠"。来到殿中，呼延赞发现这里与昨晚梦中见到的地方一样，感叹说："真是奇怪，这肯定是神明在帮我。"于是呼延赞跪下参拜，还发誓说："日后如果呼延赞发迹①了，一定重修祠宇，以作报答。"拜完之后，他跟小卒回到寨中去见李建忠。李建忠问他："贤弟身上的衣甲是哪里来的？"呼延赞把昨夜梦里的事情告诉了他。李建忠大喜，说："这是神明相助，贤弟日后必将大富大贵。"

两人正在讲话，忽然有人来报，说马华在外面挑战。呼延赞辞了李建忠，提枪上马，率领众人出寨迎战。马华举着鞭子骂道："赶紧把罗清放了，免得伤了和气；不然的话，定要你碎尸万段。"呼延赞大笑说："你跟罗清是一样的下场！"马华大怒，举着枪杀向呼延赞，呼延赞上前迎战。不到两回合，他后退

① [发迹]
指事业上成功，变得有钱有势。

一步，一下子挟住马华的枪梢，把他拽下马来，手下的人一拥而上，把他活捉。呼延赞吩咐手下人把马华押上山去见李建忠。

马华的手下回来报告马坤说："小将军被呼延赞捉去了。"马坤大惊，立即派二儿子马荣带两百精兵前去营救。呼延赞听说太行山的人马又来了，便摆开阵势迎战。马荣骑在马上，拿着刀，说："赶紧把我兄长放了，饶你一命；不然的话，杀你个片甲不留。"呼延赞怒骂道："等我把你活捉了，将你俩一起处置。"说完便杀了过来，马荣抡刀应战。二人在山坡下打了二十多个回合，不分胜负。呼延赞假装打不过他，往山寨里逃去，马荣紧追不舍。转过山头，呼延赞等马荣离自己很近的时候，扬起金鞭，大喝一声，把马荣打下马背。马荣口吐鲜血，急忙逃走。马荣回到寨中见马坤，说呼延赞非常英勇，自己不是他的对手。马坤忧闷不已。

马坤的女儿金头娘看到父亲一脸愁容，就问他："爹爹为何发愁？"马坤说："今天呼延赞把你大哥捉走，还打伤了你二哥，恐怕没人能将他降服。"金头娘说："爹爹不用烦恼，等女儿前去将他捉来。"马坤说："这人英勇无敌，恐怕你不是他的对手，赢不了他。"金头娘说："对付他要出其不意，先在山两侧埋伏好精兵，要是赢不了他，就把他引进埋伏圈。"马坤答应了她的请求，给她派了七千人马。

呼延赞知道马坤又派人来挑战，就出来应战。他说："来的人可以回去告诉你们寨主，让他早早归降，还能免遭一死；不然的话，必将死无葬身之地。"金头娘大怒，挥舞着大刀就冲了过来。呼延赞拍马上前迎战。二人打了三十多个回合，不分胜负。金头娘调转马头，向后逃去。呼延赞追了一里路，看到山后隐约像是有伏兵的样子，于是调转马头，不再追赶。双方各自收兵。

金头娘回到寨中，见到马坤说："这个呼延赞熟知兵法，我不是他的对手。"马坤听后，更加郁闷。忽然有人来通报，说："山后来了一队人马，十分彪悍，不知道是谁？"马坤听后立即派人去打探。一会儿探子回报，说来者是第一寨主马忠。马坤出帐迎接。马忠与刘氏来到寨中，见过马坤。马坤说："我们好久不见了，一直没有你的消息。"马忠说："怀念大哥多日，今天特地来拜访。"马坤安排手下设宴款待。众人饮至半酣，马忠见马坤一脸忧郁，就问他："尊兄为什么一脸愁容，是不是小弟来这里打扰你了？"马坤说："贤弟你误会了，我们兄弟亲如一家人，我怎么会嫌你打扰呢？最近第八寨来了个呼延赞，与各个寨子都过不去。这两天他把我的长子捉去了，没人救得出来，我正在愁这件事呢。"马忠听后，说："原来是这样，兄弟不必烦恼，这次让小弟来帮你。"马坤说："这人非常勇猛，不能小看。"马忠说："我自有计谋对付他。"随即，马忠辞了马坤，与刘氏一起，带着本部的人马来到山下。

第三回

金头娘比武招亲

　　马忠、刘氏来到山下，见到两军对垒，呼延赞正在其中，还听他大喊："你们这些人还敢再来挑战？"刘氏拍马向前，喝道："孩儿休得无礼！"呼延赞听到之后，猛然抬起头来，发现是自己的母亲，当即丢枪下马，在路边跪倒，说："孩儿不孝，母亲你怎么来了？"刘氏说："你先起来，跟我一起去见你叔叔。"

　　呼延跟随母亲来到军中，见到马忠。马忠问他："你不是在耿忠的寨子里吗？怎么会在这里跟人打架？马坤是我结义兄弟，你最好现在就去跟他认罪。"呼延赞说："前天孩儿捉了他的大儿子马华，又打伤了他的二儿子马荣，如果我去见他，恐怕他不会饶了我。"马忠说："有我在，不会有事的。"

　　呼延赞跟着马忠来到了马坤的寨中。马忠说："小儿不认识尊兄，所以多有冒犯，还希望你能宽恕他。"马坤吃惊地问这是怎么回事。马忠将这件事从头到尾说了一遍。马坤感叹说："真不愧是相国的儿子。"呼延赞走上前来，说："小侄不认识伯父，多有得罪，请宽恕先前的冒犯。"马坤说："不知者无罪，怎么能怪你呢？"随即安排宴席庆贺。

　　马坤把马荣叫出来相见，马荣见了呼延赞十分羞愧。呼延赞说："先前冒犯了哥哥，还请恕罪。"马荣也以礼相待。当天，山寨中欢歌笑语，大家一起吃喝，气氛融洽。

　　马坤对马忠说："我有一件事跟你说，你看能不能行得通？"马忠站金头娘看到呼延赞离自己很近了，便弯弓搭箭，一连射了三箭，但都被呼延赞躲过。

起来说："尊兄有话直说，小弟怎么敢违背？"马坤说："我的小女儿金头娘，虽然长得丑，但是武艺精湛，如果你不嫌弃，希望能把她嫁给呼延赞。"马忠拱手称谢，说："如果真是这样，尊兄的恩情我永世不忘。"马坤立即吩咐人去把这件事告诉金头娘。金头娘笑着说："嫁给他也行，只是不知道这呼延赞的武艺如何？前天跟他交锋，未分胜负；今天再比试比试，如果能赢了我，我就答应嫁给他。"下人把这话告诉了马坤。马坤说："小女身上还有小孩子脾气，要跟呼延将军比武。"马忠随即安排呼延赞与金头娘比试武艺。呼延赞披挂上马，来到校场，金头娘也来到

校场。

二人再次交手，决定一定要比出个高低。马忠、刘氏、马坤等人站在寨门外观望。两人手拿兵器，斗了二十多个回合，不分胜负。金头娘心想："呼延赞枪法很娴熟，再试试他的箭法如何。"于是勒转马头，向前跑去。呼延赞心想："这肯定是要准备用箭，我跟上去看看她还有什么本事。"呼延赞于是拍马追了上去。金头娘看到呼延赞离自己很近了，便弯弓搭箭，一连射了三箭，但都被呼延赞躲过。呼延赞心想："难道我就不会用箭吗？"于是调转马头，引金头娘来追自己，然后弯弓搭箭，一箭射中了金头娘的头盔。众人一片喝彩。马忠及时赶到，说："一家人不伤和气。"两人各自下马，回到寨子。马坤笑着问金头娘："呼延赞将军的武艺如何？"金头娘低头不语。马坤知道了她的意思，将金头娘许配给了呼延赞。当天，山寨里喜气洋洋，大家尽兴而归。

第二天，呼延赞来见马坤，说："小婿这就回山寨见李建忠，把小将军送回来。"马坤很高兴，让人送呼延赞上路。呼延赞回来见到李建忠、柳雄玉，把自己如何见到父母，以及如何与金头娘成亲的事全说了一遍。李建忠高兴地说："这是上天安排的喜事。"呼延赞说："前几天捉来的马华，现在应该把他放了。"李建忠说："既然现在是一家人了，怎么可能害他呢？"于是立即安排人去寨子后面把马华带出来。马华以为他们要害自己，吓得心惊胆战，汗流浃背，衣服都湿透了。李建忠说："现在告诉你一件喜事，你不要害怕。"于是把呼延赞成亲的事情说了一遍。马华说："既然如此，那各位请到我们寨子里去庆贺一番。"李建忠说："将军先请，我安排一下手下便来。"马华告辞后回寨子去了。

柳雄玉不打算去赴宴，李建忠说："如果不去，恐怕别人会更怀疑自己，现在正好借着这个时机，新仇旧怨一块做个了结。"当天，李建忠、柳雄玉与呼延赞一起来到太行山。马坤得知后，亲自出寨迎接。众人一起来到帐中，李建忠说："如今我们如同兄弟一般，再有困难应当相互协助，不再相互争斗，伤了和气。"马坤十分高兴，请马忠、刘氏出来相见。马忠说："小儿多亏了贤兄救护，大恩大德，永世不忘。"李建忠说："呼延赞将军将来肯定会大富大贵。"马坤吩咐人安排筵席，大家一

杨家将

起庆贺。

当天，寨子里众豪杰依次入座，开怀畅饮。酒至半酣，忽然有人来报："山下来了五千军马，不知道是谁。"呼延赞说："才消停一会儿，又有人来惹事。"说完便要带人马出门迎敌。马坤说："先等我去看看再说。"马坤带了二百人下山探视，发现来的人是幽州耶律皇帝殿前的名将韩延寿。马坤问他："不知将军来此有何贵干？"延寿说："耶律皇帝已经去世，萧太后登基①，我奉圣旨，来请将军回国，一起辅佐新君。"马坤说："既然是奉了圣旨，我怎么敢不答应回国呢？将军先跟我一同回山寨，与我的兄弟们相见，再作商议。"韩延寿同意了，将人马屯于山下，与马坤来到山寨里。

马坤给韩延寿介绍了自己的兄弟，然后大家一起坐下，继续喝酒。马坤在酒席上对呼延赞等人说："我当初因为耶律皇帝胡作非为，不愿意在朝中做官，才隐退在太行山，至今已经十五年了。现在听说已经立萧太后为新君，并下圣旨来请我回去。寨里大约有七千人马，给你留两千，你同我女儿一起镇守这山寨。我自己带着五千人马，还有马华、马荣一起回国。如果有书信来招安②，你们就答应。"呼延赞等人一一答应。第二天，马坤跟大家告辞，跟着韩延寿离开了太行山，前往幽州去了。马忠等人送出五里才回去。

从这之后，呼延赞在太行山招兵买马，等着宋朝朝廷来招安。开宝③九年三月，宋太祖听说刘钧招兵买马，日夜操练，就跟赵普等人商议要出兵征讨。赵普上奏说："现在还没有可乘之机，陛下应该再等等看。"正在太祖犹豫不决的时候，恰逢节度使④高怀德回朝上奏边境上的事情，他说："河东地区的文官和武官之间矛盾很深，水火不容，陛下应该趁机前去征讨。"枢密使潘仁美也上奏建议征讨。于是太祖下诏⑤，任命潘仁美为监军⑥，高怀德为先锋，率领十万精兵，向潞州进军。

消息传到晋阳，刘钧吓坏了，赶紧召集文官武将来商议对

①〔登基〕

古时候新皇帝继位称为登基。

②〔招安〕

统治者用金钱或地位诱导地方上的不法武装、强盗投降，归顺自己的做法。

③〔开宝〕

宋太祖赵匡胤的年号。

④〔节度使〕

唐朝时期设立的一种官职，最初是军事统帅，主管军事、防御，到后来慢慢成为地方长官，主管地方一切事务。到了宋朝，朝廷集中政权，逐渐收回了节度使手里的兵权。再之后，节度使成为一项荣誉职务，有名无实，元朝的时候被废除。

⑤〔下诏〕

古时候皇帝下达命令的说法。

⑥〔监军〕

古时候监督军队的官员名称，一般是出兵前临时任命的，其主要职责为代表朝廷处理军务、监督检查将帅等。

策。赵遂上奏说："主公不要担心，宋朝军队连年征战，军中的将士已经是满怀怨恨，等臣带人去潞州迎战，一定将他们打败。"刘钧同意了赵遂的建议，任命赵遂为行军都部署，刘雄、黄俊为正副先锋，点兵五万，前去抵御宋朝大军。赵遂第二天便率领部队来到潞州边界安营扎寨，并派人前去打探宋军的动静。探子回报："宋军在离潞州二十里的地方安营扎寨，看上去声势浩大。"第二天，赵遂与刘雄、黄俊一起，率兵向潞州进军。

宋军前锋高怀德已经摆开阵势。两军对垒，高怀德在宋军阵前横枪立马，赵遂一下子冲出阵中，手持铜刀，大声骂道："宋军真是大胆，竟然敢来侵犯边界！"高怀德大怒，挺枪跃马，向赵遂杀去，赵遂抢刀迎战。两人打斗了十几个回合，不分胜负。汉军先锋刘雄看到赵遂赢不了对方，便举着方天画戟①出阵帮忙。宋军将领高怀亮也出来帮忙，他怒目圆睁，挥舞着竹节钢鞭，不出几个回合，便打中刘雄脑门，刘雄当场毙命。赵遂看到刘雄死了，赶紧调转马头，匆忙逃走。高怀德率领手下追杀，同时潘仁美驱动后军，乘势掩杀。北汉军大败，死伤无数。高怀德、高怀亮一直追了二十里才收兵。

赵遂大败之后，来到泽州，与黄俊等人商议说："宋军太凶猛，应该派人去晋阳求救，不然泽州城也难保。"黄俊说："事不宜迟，要是等到宋军来围城，就无计可施了。"赵遂立即派人连夜赶赴河东地区，向刘钧奏明此事。刘钧说："赵遂出师不利，谁带兵前去接应？"丁贵上奏说："如今朝中没有人是宋军的对手，主公只有号召杨业出山，才能打退宋军。"刘钧接受了他的建议，派使节去请杨业出山。使节见到杨业，递上诏书，上面写道："北汉主刘钧昭示：近因宋师入境，命赵遂率兵御敌，潞州战败，现居泽城，形势迫在眉睫。如今国家有难，希望杨令公发兵来接应。"

收到诏书之后，杨业与诸将领商议说："多年前周主下河东，我们父子率军打败了他，名声大振；现在宋朝军队前来攻

① [方天画戟]

一种古代的兵器，样式为长杆顶上有一个"井"字形的戟。因为长杆上一般都有彩绘装饰，所以会被称为方天画戟。这原本是一种仪式上的器物，后来才成为一种实战的兵器，对使用者武艺要求很高，所以使用方天画戟的人一般都武艺高强。

打，汉主再次下诏书求救，应当前去救助。"杨七郎说："中原大军兵强马壮，大人这一回不要急着发兵，等宋军在河东被困住的时候，再发兵也不迟。"王贵说："小将军此言差也！常言道：救兵如救火，不能拖延。如果等到宋军兵临城下，就什么都晚了。"杨业赞成王贵的说法，下令让长子杨渊平镇守应州，自己和王贵一起带兵起身前往晋阳，去见刘钧。见面之后，刘钧对杨业以礼相待，而且赐给他大量财物。杨业拜谢后退下。

第二天，刘钧在殿中设宴，款待杨业。杨业上奏说："陛下召唤臣来抗敌，现在还没能为主解忧，何德何能让陛下如此盛情款待？"刘钧说："爱卿的威望这么高，肯定能马到成功，怎么会打不退敌人？先喝几杯，明天再出兵也不迟。"杨业拜谢。当天的酒席上刘钧赐给杨业金色的酒具，君臣非常尽兴。

第二天，杨业来见刘钧，请求出兵。刘钧说："今天爱卿可以出兵了，如果旗开得胜，赢了宋军，我给你加官晋爵。"杨业辞别后，率部队离去，前往泽州。

第四回

杨业出兵讲和

宋太祖听到杨业前来救援汉军的消息后，说："朕当年跟随世宗一起征战河东，结果空手而回，现在杨业又率兵来救援，我们要回避，不要跟他正面交锋。"潘仁美上奏说："杨家军虽然兵强马壮，但是跟河东刘钧本来就不是一家。臣略施小计就能把他击退，陛下不必担忧。"宋太祖听从了他的建议。潘仁美与高怀德、党进、杨光美等人商议，高怀德说："杨业的武艺名镇河东，明天一旦交锋，可以派萧华打头阵，赵巍（nì）打第二阵，我与弟弟高怀亮打第三阵；你率领大军接应，把他们包围，肯定能把他们消灭。"潘仁美听后非常高兴。

第二天天刚刚亮，萧华率领军队前进，没想到恰好与杨业的军队相遇。两军对垒，萧华高声喊道："早早投降，免得被杀；不然的话，宋军长驱直入，踏平河东。"杨业提刀纵马，来到阵前，左有王贵，右有杨延昭。杨业大声骂道："死到临头了，还敢口出狂言！"说完挥舞着大刀，向萧华冲了过来，萧华举枪迎战。不出几回合，萧华被杨业一刀斩于马下。宋兵看到这一幕，纷纷逃散。杨业率领部下追赶宋军逃兵，遇到了赵巍的部队。杨业与赵巍交战，二十多个回合之后，赵巍被杨业一刀连人带马砍为四截。

高怀德听说宋军连吃了两场败仗，十分吃惊，赶紧跟高怀亮率领一万军马来战。在泽州的赵遂得知救兵到来，也出城助战。杨业杀入宋军阵中，高怀德提枪迎战，两人打了五十多个回合，不分胜负。杨业调转马头，假装逃走，高怀德紧追不舍。就在这时，杨延昭从一边杀出，把高怀德打落马下，高怀亮拼死相争，才把高怀德救回阵中。王贵率军杀入宋军阵中，宋军死伤无数。

高怀德带着部下回去见潘仁美，说杨业如何英勇，连斩两员大将。潘仁美说："这件事先奏明皇上，再慢慢商议对付杨家军的对策。"潘仁美把这件事告诉宋太祖之后，宋太祖感叹说："莫非是上天不想让我平定河东？"随即跟诸将领商议班师回朝。杨光美上奏说："如今杨业的部队已经与赵遂的部队合并，声势浩大。要是我们现在班师回朝，恐怕他们会来追击。到那时，我们的军队见敌人如此强大，不战自败，让人耻笑。可以派人去跟杨业讲和，然后再收兵，消除后顾之忧。"宋太祖问："派谁去合适呢？"杨光美说："臣愿前去。"宋太祖答应了他的请求，并让人起草诏书，让杨光美带着去泽州见杨业，与他讲和。

杨业笑着问杨光美说："你们皇上平定诸国的时候，也派人去跟他们讲和吗？"杨光美严厉说道："我们大宋天子是英明的君主，秉承大统①，恩威并重，讨伐逆贼，无往不胜。至于收复河东，也是早晚的事，只是不忍百姓遭殃，生灵涂炭②，再加上皇上对将军的名望向来敬仰，不想互相残杀。中原的谋臣勇将我们还没调动呢，要是让他们知道河东没有打下来，人马被困在这里，激怒了他们，到时候千军万马一起赶来，晋阳还能保得住？将军还能屡战屡胜？"杨业被杨光美的一席话说得无以回应。王贵站出来说："这次讲和机会难得，将军可以答应；不然，要是激怒了宋朝人，对河东地区没有好处。"杨业告诉来使："回去告诉宋朝皇帝，我军同意讲和。"

杨光美跟杨业告辞之后，又进了别的营中，见到赵遂，把讲和的事情跟他说了一遍。赵遂很高兴，说："宋君既然想跟我们讲和，我们怎么敢不从呢？"杨光美辞别赵遂，回去见宋太祖，把讲和的事情说了一遍。太祖非常高兴，下诏班师回朝。当

① [大统]
　皇帝的事业和地位。

② [生灵涂炭]
　生灵是指百姓，涂是指泥沼，炭是指炭火。生灵涂炭字面上的意思是人民陷在沼泽和火坑里，用来形容人民处在极端困苦的境地。

杨业被杨光美的一席话说得无以回应，同意讲和。

时军中粮食眼看要断绝，所以听到要回家的消息后将士们都非常高兴。

　　第二天，宋军离开潞州，班师回朝，并在太行山安营扎寨。呼延赞知道宋太祖路过这里，非常高兴，与李建忠商议说："我与河东有不共戴天之仇，现在应该下山去拦住宋军，问他们要三千副衣甲，三千张弓弩，供我们操练之用，等他们再攻打河东的时候，我们充任先锋军，建功立业，不比在这里当强盗强吗？"李建忠觉得他说的有道理，给了他五千人马。呼延赞披挂齐备，带人来到山下，排开阵势，挡住宋军的去路。

　　前锋副将潘昭亮来到阵前，问道："谁敢阻拦圣上的车驾？"呼延

杨家将

赞回答说："拦住圣驾不为别事，只求留下衣甲三千副，弓弩三千张，给小将操练之用。等圣主下次攻打河东的时候，我愿打先锋，为宋朝效力。"潘昭亮怒骂道："中原多少英雄，用得着你这个无名草寇①打先锋？现在赶紧退去，还能留一条命；不然的话，要你好看。"呼延赞说："你要是能赢得了我手中的这杆枪，我就放车驾过去。"潘昭亮被激怒，挺枪跃马，朝呼延赞杀去。呼延赞举枪迎战。两匹马擦身而过的时候，呼延赞抽出钢鞭，一下子把潘昭亮打死马下。之后，杨延汉提刀出马来与呼延赞交战。呼延赞假装后退，引杨延汉向前进攻，不出几个回合，就把他也活捉了，交给手下，绑了押回寨子里。

潘仁美听说儿子潘昭亮被呼延赞杀死，正在伤心，忽然党进进来，说："前面有贼兵拦路，杀伤了大批官兵，要是被圣上知道了，该怎么回答？"潘仁美说："我正在想这件事，但是没想出什么对策。"党进说："我带兵去跟他作战。"潘仁美说："太尉②要是肯亲自出马，那真是太好了。"党进立即披挂上马，来到阵前，说："不知道这是圣驾吗？还敢阻拦，简直就是自寻死路！"呼延赞说："小将无非是想要一些衣甲、弓弩，效忠朝廷，没想要劫驾，你们为什么这样咨啬，以至于大动干戈？"党进大怒，舞刀杀向呼延赞。呼延赞举枪迎战。二人打了几十个回合，不分胜负。呼延赞假装逃走，回到自己阵中，党进紧紧追赶，举起钢刀劈头就砍。呼延赞躲过了这一刀，回身将党进打下马来，众喽啰上前把他活捉。呼延赞让人把他押上山去。

宋军中的高怀德，听到这个消息之后非常吃惊，说："这样的地方怎么会有这样的猛将？"高怀德与呼延赞交战，二人打了五十多个回合不分胜负。有人把这件事奏明了宋太祖。宋太祖亲自率领手下来到阵前，只见两员虎将在那里鏖（áo）战③。宋太祖下令让杨光美上前了解情况。杨光美来到阵前，说："两位将军不要再打了，圣上有旨到来。"

高怀德勒紧马缰，呼延赞也后退几步。杨光美问道："这位

①[草寇]

出没在山林草莽的强盗、土匪，也常被官府用来称呼那些聚众反抗朝廷的起义者。

②[太尉]

秦朝时期设立的官职，后来几经废除和设立，到宋朝时，成为辅佐皇帝的最高武官官职。

③[鏖战]

指与敌人激烈的打斗。

将军阻拦圣驾，有什么要求？"呼延赞说："听说宋军征讨河东，出师不利，小将想借衣甲三千副，弓弩三千张，留在寨中，招募壮士操练。等圣上再征讨河东的时候，愿意担任先锋，陷阵杀敌。除此之外，没有别的要求。"杨光美听后，说："将军稍等，我把这件事奏明圣上。"杨光美来到军中，见到宋太祖，把这件事说了一遍。

宋太祖说："我堂堂大国，怎么会吝啬三千衣甲和弓弩呢？如果他真能杀敌建功，就是赐他爵位俸禄也不会吝啬。"随即宋太祖下令军政司拿出精细衣甲三千副，坚实弓弩三千张，让杨光美拿去给呼延赞。杨光美来到阵前，让人把衣甲、弓弩送到呼延赞阵中。呼延赞很高兴，谢过之后带人回了山寨，并把这件事告诉了李建忠。李建忠说："既然圣上赐给了你衣甲和弓弩，你应该把捉来的宋将还回去，并亲自到圣上面前谢恩请罪。"呼延赞听从了他的建议，将杨延汉、党进请到帐中。呼延赞说："刚才冒犯了将军，希望能够得到宽恕。"党进说："是我们不了解你的真实意图，被你活捉，实在惭愧，这有什么好怪你的？"呼延赞下令摆下酒宴，款待这两位将军。李建忠让手下拿来二十两黄金，对杨延汉说："刚才对两位多有冒犯，这些钱用来压惊，还希望能帮忙引荐。要是能见圣上一面，死也不忘两位的大恩。"党进说："要是收了你们的重礼，还有什么颜面见圣上？"党进坚决拒绝了他们的礼物，并将李建忠、呼延赞带到阵中，面见宋太祖。

党进奏明了呼延赞的来历，并说："这两人都想要为陛下效力，希望陛下能够答应。"宋太祖封李建忠为保康军团练使，呼延赞为团练副使。李建忠与呼延赞谢恩之后，回到山寨，听候召唤。

第五回

潘仁美计逐呼延赞

因为途中中了暑气，宋太祖回到汴京之后就病倒了。他一直养病，连续很多天都没有上早朝。到了冬天十月，宋太祖病情加重，他遵照母后临终时的忠告，让弟弟晋王赵光义来到身边，向他交代后事："你一定能成为一位太平天子，你的侄儿德昭，也需要你好好照顾。此外，我有三件未了的心事需要你去办：第一件，一定要收复河东地区；第二件，一定要重用太行山的呼延赞；第三件，朕非常喜爱杨业父子，一定要把他们招来，为大宋效力。北汉的赵遂与杨业关系亲近，可以让他去说服杨业投降；也可以在金水河边建造府邸，赐给杨业父子，他们贪图中原的富贵，肯定会来投降。另外，朕中年的时候在五台山许愿，因为国务繁忙，没能去还愿①。你选一个清闲的时间，代我去把愿还了。这几件事一定要记住，不要忘了。"

太祖又召唤儿子德昭，对他说："当国君不容易，我把皇位传给你的叔叔，让他代你效劳。现在我赐你一把金锏，如果朝中有奸臣，你可以用这把金锏先斩后奏。"德昭说："父王的话，怎敢忘记？"嘱咐完之后，太祖就驾崩②了。太祖在位十七年，终年五十岁。

第二天晋王赵光义即位，史称宋太宗。太宗即位之初，非常注意将帅的征用。一天，他对大臣们说："河东、辽国、西夏，

① [还愿]

迷信神灵的人，当神灵满足他的愿望之后，兑现之前报答神灵的承诺，就是还愿。

② [驾崩]

古代称皇帝、皇太后、太皇太后去世为驾崩。

26

都是我们的敌国。先帝驾崩的时候，推荐重用太行山的李建忠、呼延赞两名将军，朕要下诏，把他们召来。"杨光美上奏说："当初先帝曾经授予李建忠和呼延赞官职，现在正适合把他们召进朝廷。"宋太宗当天就任命高琼为使臣，派他去太行山传召李建忠、呼延赞。

高琼到了太行山，来到山寨，宣读皇上的圣旨："朕刚刚继位，注重将帅之才，如今河东地区尚未收复，还需要警戒，所以招募壮士，商议再次出征。太行山李建忠、呼延赞弓马娴熟，武艺超群。朕遵先帝遗命，特派遣高琼来宣读圣旨。两位爱卿听到圣旨后，就到朝中上任，切莫辜负朕的期望。"

李建忠、呼延赞请高琼入座，高琼说："圣上派下官来宣旨，两位将军赶紧收拾行李，跟下官回朝廷赴任。"李建忠说："圣上的旨意怎敢违背，但是这里与河东离得太近，要是所有人马都离开，恐怕敌人会乘虚而入，夺走山寨。不如先让呼延赞跟随你去朝中见圣上，我暂且留在这里，等圣上再次征讨河东的时候，我再一并效力，你看怎如何？"高琼同意了他的想法。

第二天，呼延赞与妻子马氏，连同部下两千人与李建忠辞别，离开了太行山。没多久他们就到了汴京。高琼带领呼延赞去见宋太宗。之后，高琼又把李建忠选择留守山寨的事情说了一遍。宋太宗宣呼延赞上殿，见他身材伟岸，英姿飒爽，微风凛凛，赞叹不已。呼延赞退下之后，高琼上奏说："这位将军初来乍到，陛下应该赐他一处府第，以示慰问。"宋太宗问群臣："附近有什么好一点儿的住处吗？整顿装饰一下，给呼延赞居住。"潘仁美说："臣知道东郭门有座皇府，原本是龙猛寨，只有那里十分宽敞，现在有一千名士兵把守，可以把它赐给呼延赞居住。"皇帝同意了这个建议，立即下旨，让呼延赞到皇府去安顿下来。

第二天，呼延赞带着自己手下人马和马氏来到东郭门的皇府，却发现这是一所破房子。不但房屋多处坍塌，而且院子里长满杂草，到处破败不堪，也没有人打扫。守军只有五百人，且全是老弱病残。呼延赞非常生气，一脸愤怒。马氏劝他说："将军息怒，这里不过是暂时的居所，等圣上起兵征讨河东，我们就离开这里了。"呼延赞听从妻子的劝告，安排手下打扫院子，安顿下来。第二天，呼延赞又命令部下不要忘了操练，每天去校场练兵。

潘仁美派人秘密打探呼延赞的动静，这人回来说："呼延赞自从到了那座府中，并不在意房屋破败，院子荒凉，整天都在练兵。他的部队纪律严明，没人敢私自到百姓家中去。"潘仁美听后，心里琢磨："这个人将来必成大器。"潘仁美与心腹刘旺商议，如何施计把呼延赞赶走。刘旺说："这件事不难。他如今刚刚到这里，还没有得到什么重要职位，三天后肯定会来大人府上拜访。等他来了，找个理由，羞辱他一番，他肯定会受不了，自己就逃走了。"潘仁美于是立即吩咐下人，准备好刑具，等待呼延赞的到来。

到了第四天，呼延赞到潘仁美府上拜见。呼延赞说："小将蒙枢密使提携，得以为朝廷效力，日后一定尽职尽忠，以报先帝知遇之恩。"潘仁美半天没有说话，最后说："你知道先皇留下了什么样的规矩吗？"呼延赞说："小将初来乍到，不知道先皇留下了什么样的规矩。"潘仁美说："先皇留下规矩，凡是招安的强盗，都要先打一百棍，免得以后再犯。你今天也要过这一关。"呼延赞听后不知如何是好。就在这时，潘仁美命令手下，把呼延赞推倒，打了一百大棍。呼延赞被打得皮开肉绽，鲜血四溅，旁边的人看了都心惊胆战。

呼延赞回到府上，马氏见他脸色大变，走路踉跄，就问他发生了什么。呼延赞把自己被打一事告诉了妻子。马氏说："既然这是先帝的规矩，你也只能忍着。"说完之后，马氏把暖好的酒拿来给呼延赞喝。呼延赞当时正觉得口渴，拿过酒来就喝，结果酒杯还没放下，大叫一声，一头倒在了地上。马氏非常吃惊，慌乱中怎么拍打抚摸呼延赞都不见他醒来，情急之下，马氏大声哭道："我们夫妇本想尽忠朝廷，谁想是来送死的？"

就在这时，旁边突然走出来一位老兵，说："夫人不要哭了，我能把他救活。"马氏哭着说："你要是能把他救醒，简直就是我们的再生父母。"老兵说："肯定是将军被杖打的时候，杖上淬了毒药，这毒药浸入肌肉里，遇热酒就会发作，所以将军才会昏过去。等我把他的毒解了，他

潘仁美命令手下，把呼延赞摔倒，打
了一百大棍。呼延赞被打得皮开肉
绽，鲜血四溅……

就醒了。"马氏说："既然你有解药，就请快点儿拿来救人，到时候一定
重谢。"老兵拿出药来，给呼延赞服下。呼延赞吃过药后，果然慢慢醒了
过来，大家都很高兴。呼延赞问这位老兵："这药为什么这么管用？"老
兵说："小人当初曾经遭仇人下毒手，跟将军一样，也是被浸了毒的棍杖
打晕，幸亏遇到了高人把我救醒，并且传给了我这种药。"呼延赞让人拿
来白金感谢这位老兵。老兵拒绝了，并说："将军住在这样的房子里，分
明就是潘仁美在陷害你；用毒杖打你，也是他的计谋。你要是不赶紧离开
这里，早晚性命难保。"呼延赞听后，怒骂道："有这样的奸臣在，我怎
么能待下去？"呼延赞随即下令，让部下收拾行李，连夜和马氏赶回太行
山，一大早就到了寨子外面。

起初李建忠还不相信呼延赞回来了，出寨一看，果然是他。回到寨子

里，呼延赞把事情的前后经过都说了一遍。李建忠听后大骂道："这个人因为当初你杀了他的儿子，所以设下圈套，故意陷害你。如今我们就守在这里，等陛下再次起兵征讨河东的时候，一定抓住这个贼人，把他碎尸万段。"李建忠安排手下摆酒宴，喝酒解闷。

忽然有人来报："山下来了一伙人马，不知道是谁。"李建忠率领部下出了寨子，却发现原来是耿忠、耿亮。李建忠十分高兴，说："正要准备去请贤兄，没想到你们就来了。"然后把两位邀请到帐中坐下，一起喝酒。耿忠问他："最近听说贤侄入朝做官去了，怎么现在却在寨子里？"李建忠说："一言难尽。弟弟随使臣前往汴京，本想尽忠于朝廷，谁想到竟然碰到潘仁美，这人旧仇不忘，屡次陷害弟弟。"于是李建忠就把发生的事情说了一遍。耿忠听后大怒，说："贤弟这里有多少人马？"李建忠说："大约八千人。"耿忠说："借我两千人马，我跟呼延赞一起去把怀州城围了，挟怀州城向陛下上奏，替侄儿申冤。"

李建忠当天就拨了两千人马给耿忠和呼延赞，他们率军来到怀州府，包围了怀州城，城里的人都非常害怕。守城的将领是张廷臣，他登上城楼，只见耿忠等人在城下耀武扬威。张廷臣问道："你们前来围城，想怎么样？"耿忠回答说："我们不是为了抢劫来的，是特意为我侄儿洗雪不白之冤来的。"张廷臣不知道其中的缘故，就问："什么冤？"耿忠说："前些天太行山呼延赞受朝廷征召，到宫中面见圣上，结果被奸臣潘仁美陷害，打了他一百大棒，想要置他于死地。呼延赞不得已，只好回到山寨，以求自保。如今朝廷不知道其中缘由，反而怪呼延赞私奔，要捉拿他治罪。我今天特意率部下来围城，就是想要你向圣上奏明此事，铲除奸臣，我们都愿意为朝廷效命。"张廷臣答复说："既然事情是这样的，就请各位先退去，不要惊扰了百姓。我现在就奏明圣上，一定要朝廷给你个答复。"耿忠下令让人马退下，在离城二十里的地方安营扎寨。

第六回
呼延赞单骑救主

　　张廷臣回到府中，写好奏章，派人连夜赶到京城，上奏给宋太宗。宋太宗看完奏章，非常生气，下令让右枢密杨光美严查这件事。杨光美派人把潘仁美请到府上，问他说："圣上对这件事非常生气，你有什么可说的？"潘仁美说："这件事的确是我做的，还希望你能帮我一把，事后必有重谢。"杨光美说："圣上下令做的事情，怎能因公徇私，只要你跟我一起去见圣上，我自有办法救你。"潘仁美谢过杨光美，之后两人一起去见宋太宗。

　　宋太宗问杨光美："让你调查潘仁美的事情，张廷臣所说都属实吗？"杨光美回答说："臣奉命调查呼延赞回山的原因，发现与潘仁美并无关系。不过潘仁美跟我一起来见陛下，希望能得到陛下的宽恕。"

　　宋太宗将潘仁美召入大殿，问他："呼延赞是先帝亲自册封的大将，朕将他召入朝廷，希望他能发挥自己的本领，你为什么把他赶走？"潘仁美上奏说："呼延赞来到朝廷之后，一直心有不快，早就想回去了，并不是我把他赶走的。不过，我愿意再去太行山，召他回来，跟他当面对质，如果真的如他所说，是我把他赶走的，我愿意以死谢罪。"宋太宗听后沉默不语。站在一边的八王说："就让潘仁美再去把呼延赞召来，以表示陛下对将才的爱惜。"于是，宋太宗吩咐潘仁美前去召呼延赞回朝廷。

　　潘仁美领旨之后，当天就带人赶赴太行山，并安排人先到山寨里面报信。呼延赞听到消息后，说："我遭这老贼的毒手，差点儿送命，没想

杨家将

到他今天自己送上门来，不杀了他不能解我心头之恨。"李建忠说："不可以这样，我们打算为朝廷立功，岂能因为个人恩怨误了大事？不如听从圣旨召唤，顺便免了私奔的罪。"呼延赞听从李建忠的劝告，两人一起出山寨迎接潘仁美。

潘仁美来到帐中，宣读了诏书。李建忠请潘仁美入座之后，说："有劳枢使亲自来到山寨，有失远迎，还望恕罪。"潘仁美见到呼延赞，一脸惭愧，说："下官冒犯了将军，一直很后悔，如今带圣旨来召你回朝廷，还希望你能立即启程，不让皇上牵挂。"李建忠听到这话很高兴，让人摆下宴席，款待潘仁美，并留他在山寨中过夜。

第二天潘仁美又催呼延赞下山。呼延赞与李建忠商议，李建忠说："潘仁美是当朝大臣，既然现在带着圣旨来召你回朝廷，你就跟着他回去，消除往日恩怨。"呼延赞收拾好衣甲、鞍马，带着马氏一起随潘仁美下了山。

呼延赞回到京师，见到宋太宗，先是请求饶恕私奔之罪。宋太宗说："因为你还没有立下战功，所以只能委屈你先在皇城居住，等征讨河东的时候，肯定会重用你。"呼延赞谢恩后退下。宋太宗对八王说："呼延赞是新来的，不知道他武艺如何，我想测试他一下，你有什么计策？"八王说："陛下想要考察一下呼延赞的武艺，这件事很简单，可以效仿先朝榆窠园的故事，安排一场模拟战，就能知道他的武艺如何了。"宋太宗说："谁来扮单雄信①？军中有这样的人吗？谁又来扮小秦王②？"八王说："臣愿扮作小秦王，让呼延赞扮尉迟恭，扮单雄信的人陛下可从军中挑选。"宋太宗同意了八王的建议，下令让群臣从将帅中选出一位可以扮单雄信的人。潘仁美心里仍旧对呼延赞心怀仇恨，想要陷害他，于是上奏说："臣的女婿杨延汉，弓马娴熟，武艺颇高，可以胜任。"宋太宗同意了他的推荐。

杨延汉接到命令之后，心想："肯定是岳父想要杀掉呼延赞，所以才让我上场，好为他儿子报仇。当初我被呼延赞捉住，

① [单雄信]

隋朝末期瓦岗起义军将领，曾经与李世民交战，结果被尉迟恭刺落马下，第二年被杀。

② [秦王]

唐太宗李世民继位之前被称作秦王。

他不但没有杀我，临走还送我黄金，今天要是不救他，那我就是个不义之人。"于是，他来到八王府中，把这件事从头到尾说了一遍。八王听后大吃一惊，说："你要是不说，这件事就弄假成真了。你先退下，我自有办法。"杨延汉告辞离去。八王上奏宋太宗说："陛下选定杨延汉来扮单雄信，但这杨延汉是呼延赞的仇人，如果发生什么不测，对朝廷不利。陛下应该另外再选一人，即便有什么磕磕碰碰，也不会造成麻烦。"宋太宗觉得他说的有道理，于是下令另外再选一人来扮单雄信。高怀德上奏说："教练使①许怀恩，武艺精通，可担此任。"宋太宗同意了他的推荐，下令让许怀恩明天在教场听候差遣。群臣散去。

第二天，太宗来到教场，文武百官依次排列。教场中鼓乐喧天，旌旗林立。宋太宗将八王、呼延赞、许怀恩三人召入营帐中，对他们说："朕是想试一下诸位的武艺如何，好让军中将士信服，各位点到为止，不要伤了彼此。"宋太宗赐呼延赞一条金鞭，赐许怀恩一杆长枪，赐八王一副弓箭。

三人拜谢过皇上之后，走出帐外。八王骑上一匹高头骏马，挥舞马鞭，向前跑去。许怀恩提枪上马，在后面紧追，并且大声喊道："小秦王不要走！"八王转过箭垛，瞄准许怀恩，搭弓射箭。许怀恩眼疾手快，躲了过去，继续追赶。八王再射一箭，又被许怀恩躲过。教场里的将士们看到这一幕，无不震惊。呼延赞看到许怀恩快要追上八王了，提鞭上马，如当年尉迟恭一般，在后面大喊一声："追将慢走！呼延赞救驾来也！"许怀恩看到呼延赞追了上来，便想着无论如何要将他捉住，献给皇上，于是调转马头，来对付呼延赞。呼延赞举着金鞭，与许怀恩打在一起。

二人在教场外面打了二十多个回合，不分胜负。呼延赞心想："我要是在这里把他捉住，没人能看到我的威风，应该把他引到皇上面前再把他擒住。"于是，他假装逃走，许怀恩被激怒，快马赶来，紧追不舍。快要到皇上面前的时候，呼延赞转过身来，举起金鞭，将许怀恩打落马下。潘仁美等人看见这一幕，

①[教练使]

唐朝时期设立的官职，主要负责训练士兵。担任这一官职的人应擅长弓箭，骑马娴熟，武艺高强。

杨家将

快要到皇上面前的时候，呼延赞转过身来，举起金鞭，将许怀恩打落马下。

都吓得面无血色。这时八王回来见太宗，太宗非常高兴，说："不愧是先帝选中的将才，果真英勇！"宋太宗赐呼延赞黄金一百两，骏马一匹，并让他在天国寺居住。呼延赞谢过之后退去，比武散场。

太平兴国①元年二月初一，宋太宗按照惯例，准备去太庙行香。按照规矩，大臣们都要在自己家门口立起居碑，如果没立的

① ［太平兴国］

宋太宗的年号，寓意要成就一番新的事业。

34

话，就相当于冲拦了圣驾。忽然有人来告知呼延赞："今天皇上去太庙烧香，众官都要在门前立起居碑，将军为何不立？"呼延赞听后一头雾水，正准备换上朝服去迎驾，就在此时，圣驾来到。走在圣驾前的正是潘仁美，他听说呼延赞没有立起居碑，勃然大怒，说："大臣们都立起居碑，为什么唯独他违反朝例？"说完就下令把呼延赞押赴法场处斩。呼延赞被五花大绑，在场的文武百官也没人敢说话。

一直等到宋太宗上完香回到宫中，八王才回府，路上经过法（fǎ）场①，只见有许多兵卫，还有一个被捆绑的犯人，于是问道："今天是圣上上香的吉日，为什么要斩人？"下面人回报说："早上圣驾刚刚出门，新来的将军呼延赞不知道回避，犯了冲驾之罪，现在要被处斩。"八王听后大吃一惊，说："国家差点儿失去一位栋梁之才！"说完八王赶紧上前，让人为呼延赞松绑，并把他带回自己府中，问他如何犯了冲驾之罪。呼延赞说："臣刚下山不久，一些规矩还不懂，圣驾出行的时候没有立起居碑，犯下死罪。这次要不是殿下救我，恐怕我早已经没命了。"八王非常愤怒，心想："没有立起居碑不过是无心之失，不至于判死刑，背后肯定有奸臣作祟，想要害呼延赞。"他把呼延赞留在府中，自己去见宋太宗，把这件事向他奏明。宋太宗说："这件事朕还不知道，这就颁旨赦免他。"八王说："陛下深居宫中，即便宫外有什么冤枉，也不能及时传到你这里。希望能颁一个优诏②，好让呼延赞安心。"宋太宗同意了他的请求，降下圣旨，交给八王，让他带给呼延赞。

①［法场］
旧时执行死刑的地方，也就是刑场。

②［优诏］
皇帝嘉奖官员的诏书。

第七回
宋太宗御驾亲证

　　八王领旨回到府中，见到呼延赞，向他祝贺："我今天给你请了一道圣旨，只要你谨守法令，保证你不会再有危险。"呼延赞谢过之后退下，回自己府上去了。不曾想，马氏因为听说丈夫被斩首，担心家人受连累，跟下人们秘密逃回了山寨。呼延赞只好无奈地一个人住在天国寺里。

　　河东的刘钧听说宋太宗继位以后，招纳太行山的呼延赞为将军，便跟文武百官商议，说："当初宋太祖在位的时候就与我北汉为敌，如今宋太宗继位，河东的境遇仍然堪忧。"丁贵上奏说："往年多亏了杨令公救援并与宋军讲和，才救了泽州，退了宋兵。这些年我们养精蓄锐，兵甲坚利，陛下可以高枕无忧。如今，陛下应该下令，严守各边关，不要让宋兵轻易进攻。我们长期坚守，以逸待劳，宋军无功而返之后，自然也就不敢打河东的主意了。"刘钧同意了丁贵的建议，下令各边关严防死守，将晋阳城的城池挖深，城墙加高，严阵以待。

　　消息传到汴京，宋太宗与群臣商议如何征讨河东。杨光美上奏说："河东这次严防死守，早有防备，不可能很快拿下。陛下要想征讨河东，应该等到他们内部出现矛盾，然后进攻，才能取胜。"宋太宗犹豫了半天没说话。曹彬上奏说："我们国家兵强马壮，对付一个孤立的河东地区，岂不是摧枯拉朽，有什么好犹豫的？"宋太宗听了曹彬的话，决定御

驾亲征，并任命潘仁美为北路都招讨使^①，高怀德为正先锋，呼延赞为副先锋，八王为监军，率领十万精兵出征。

退朝之后，潘仁美等来到教场，为各部分配兵马。他把军中的老弱士兵都分给了呼延赞。高怀德发现之后，说："先锋的作用很重要，逢山开路，遇水安桥。现在你把老弱士兵都分给呼延赞，要是误了国家大事，谁来负责？"潘仁美说："那你说这些老弱士兵分给谁好？"高怀德说："所谓老弱士兵，并非就什么都不能做，但是冲锋陷阵就不太合适，你应该把他们分给随驾的将领。先锋军中应该都是精兵强将。"潘仁美无话可说，只能照他说的去做。

第二天，宋太宗安排好朝中事务之后，离开汴京，起驾亲征。只见路上旌旗闪闪，剑戟层层。不到一天，宋军到了怀州城下。忽然哨军^②回报，前方有伏兵拦路，不知是谁。呼延赞听后，带着部下来到军前观看，发现是李建忠、耿忠、耿亮、柳雄玉、马氏等人。呼延赞下马问道："哥哥怎么不在山寨守着，跑到这里来做什么？"李建忠说："马氏回到寨中，说你被陷害了，我们愤怒不过，听说圣上御驾亲征，就带着人来挡住去路，要捉住陷害你的人，为你报仇。"呼延赞听后，就把当初八王如何搭救自己的事情说了一遍。

话还没说完，高怀德带着部下赶了过来，得知原来是呼延赞的兄弟们，就说："既然我们在这里相逢，就说明我们有缘分，为什么不奏明圣上，一起征讨河东，共谋富贵？"李建忠说："为朝廷效力是我们长久以来的心愿。"高怀德立即上奏宋太宗，说："呼延赞的八位兄弟个个都是猛将，现在他们愿意跟随陛下亲征。"宋太宗非常高兴，说："这次一定能收复河东！"他封李建忠等八人为团练使，等平定河东，回到朝中，再补发诰命^③。

第二天，宋军来到天井关外，安营扎寨。河东守关的将领是铁枪邵遂，此人有万夫不当之勇，听得宋兵来到，便与部下王文

①［招讨使］
　　唐朝时期设立的官职名称，一般在遇到战争的时候临时任命，职责包括镇压起义、接受投降、讨伐叛逆，以及遇到突发情况来不及上奏朝廷的时候，有权力做决定。这一职位常常由大臣、将帅等地方军政长官兼任。

②［哨军］
　　军队中负责侦查巡逻的士兵。

③［诰命］
　　又称诰书，是皇帝封赏官员的专用文书。诰是以上告下的意思。诰命开始用于西周，秦朝、汉朝和唐朝用得比较少，从宋代开始，凡文武官员的升迁、换职、贬职、封赏都需要用诰命。再后来，针对不同官职、不同用途的诰命，其用料、图案也都不一样。到了清代，太上皇、太皇太后、皇太后布告天下臣民的文书也被称为诰命。

杨家将

忽然哨军回报，前方有伏兵拦路，不知是谁。呼延赞听后，带着部下来到阵前观看……

　　商议对策。王文说："宋军声势浩大，不能跟他们正面交锋，一边坚守，一边派人到晋阳去求救兵，等援兵到了，前后夹击，才能取胜。"邵遂说："如今敌人正好疲惫，不如趁机攻击，何必等什么援兵？"说完便率领部下出关迎战。

　　两军对阵，呼延赞挺枪跃马，来到阵前，大声喝道："要是不投降，就是自取灭亡！"邵遂说："你要是现在就退去，饶你一命；不然，杀你个片甲不留。"呼延赞大怒，举着枪杀向邵遂，邵遂抢刀招架。两人打了

三十多个回合，不分胜负。呼延赞想要活捉邵遂，于是假装失败，往自己阵中跑，邵遂紧追不舍。呼延赞等邵遂离自己很近的时候，突然调转马头，大喝一声，把邵遂活捉。

高怀德见呼延赞活捉了对方将领，就率兵杀入敌人阵营，北汉军大败，死伤无数。王文不敢迎敌，骑马逃走，去投靠陆亮方了。宋军攻进天井关，宋太宗进驻关中。呼延赞绑了邵遂来见宋太宗。宋太宗说："这等逆臣留着也没什么用。"于是下令推出去斩首示众。

第二天，宋军来到泽州。泽州守将是袁希烈，他知道宋军到了，便与副将吴昌商议，说："宋军兵强马壮，并且有呼延赞这样的猛将，如果与他们正面交锋，胜算肯定很小，进攻不如守城。"吴昌说："泽州城池稳固，将士精良，可攻可守，先让我去跟他斗一斗，要是输了，再守城也不迟。"袁希烈答应了他的请求，给他派了五千人马。

吴昌披挂上阵，开东门，率领部下出城，摆开阵势。对面的宋军先锋呼延赞横枪跨马上前。吴昌说："我们北汉历来就在河东地区，大宋为什么一再来侵扰？"呼延赞说："我大宋以仁义之兵，统一天下，只有河东还没有收复，你们死到临头，不如快快投降。"吴昌大怒，挥舞大刀，杀向呼延赞，呼延赞举枪迎敌。两人刚刚交战，宋军就击鼓进兵，北汉军还没作战便阵脚大乱。吴昌体力不支，调转马头，往自己阵中逃去，呼延赞趁势追击。吴昌见宋兵英勇，不敢进城，率领部下绕城逃走了。呼延赞快马加鞭，紧追不舍，大喝道："贼将不要走！"吴昌回头见呼延赞追得紧，就按住刀，弯弓搭箭，射向呼延赞，结果被呼延赞躲过。吴昌愈发慌乱，只顾向前，不料连人带马掉进了沼泽里。呼延赞令部下上前把他捉住，并俘虏了他手下两千多人。

呼延赞把吴昌押到宋太宗面前，宋太宗吩咐左右把他推出去斩首，并下令攻城。吴昌的部下回到城中，把战败的事情告诉了袁希烈。希烈大吃一惊，说："不听我的劝告，果然被敌人杀死了，这该怎么办？"袁希烈的妻子张氏是绛州张公瑾的女儿，相貌丑陋，人称"鬼面夫人"，但她武艺高超，谁也近不了身。听完丈夫的话之后，她上前说道："将军不要惊慌，我有退敌的妙计。"袁希烈说："如今城中的形势火烧眉毛，夫人你有什么妙计？"张氏说："宋军声势浩大，只能智取。明天你先率领部下出战，假装失败，引敌人到树林中，我在那里埋伏好弓箭手，到时候万箭齐发，一定能获胜。"袁希烈觉得这个计策很妙，就吩咐部下去准备。

第二天，袁希烈带部下六千精兵出城迎敌。两军摆开阵势，宋军前锋呼延赞首先出马，高声喊道："贼将为何不赶紧献出城池，居然还敢来挑战？"袁希烈说："我今天就捉了你，为吴昌报仇！"说完，他举着斧头杀向宋军阵中。呼延赞骑在马上，手举长枪，两人打在一起。斗了二十多个回合，袁希烈假装失败，骑马逃走。呼延赞率领部将祖兴趁势追击。来到树林中，袁希烈放出信号，张氏率领埋伏在那里的伏兵一起射箭。万箭齐发，宋兵死伤不计其数。呼延赞知道中了计，调转马头，正好遇到张氏。两人只打了两三个回合，呼延赞就被张氏刺中左臂，最后忍痛冲出重围，祖兴率领部下随后杀出。袁希烈骑马回来追杀，把祖兴一斧劈落马下，宋兵大败。袁希烈与张氏两军合并，打了胜仗之后，回到城中。

呼延赞回到军中，对张氏刺了自己一枪怀恨在心。他对马氏说："今天这一仗不但失败，还折了大将祖兴，部下也伤损大半。"马氏说："对手是谁，居然能赢你？"呼延赞说："袁希烈不值一提，他的妻子张氏枪法不在我之下，而且又善于用兵。如果要是让她来守城，那么泽州可能就很难攻下了。"马氏说："不要担心，她的伏兵之计只能用一次，我也给你出个计谋，保证能攻下泽州。"呼延赞说："你有什么计谋？"马氏说："先将部下安稳住，就说你被敌人重伤左臂，不能出战。等敌兵听到这个消息之后，肯定懈怠防守。然后你再安排一些老弱士兵去河边洗马，做出一副准备班师回朝的样子。我与你在城东高处观察局势，等袁希烈出兵之后，先让高将军跟他作战，我们趁城中空虚，杀进城去，泽州唾手可得。"呼延赞听后非常高兴，说："这计策高明，肯定能一雪前耻。"随后呼延赞秘密下令，让各营按兵不动。

果然，不出几天，袁希烈就跟张氏商议。张氏说："前天呼延赞被我伤了一枪，宋军中如果少了这个人，肯定会军心不稳。我们应该乘势不断派兵骚扰，宋军自己就会撤退。"袁希烈当即率领七千精兵，从南门冲出。宋军不战而逃，袁希烈率军直冲宋军阵中。这时高怀德出战，两人刚

刚交手，后方就传来消息，说宋军打进泽州东门了。袁希烈大吃一惊，赶紧往城中赶，恰好遇到杀来的呼延赞。呼延赞大喝一声："贼将不要走！"袁希烈不敢恋战，突围逃走。呼延赞紧追不舍，不出半里就追上了，呼延赞手举金鞭，把袁希烈打落马下而亡，其部下纷纷投降。

张氏杀到城东，遇到马氏，大杀一阵，最后带着残部，向绛州逃去。高怀德率兵攻进泽州城。呼延赞派人向宋太宗传捷报，宋太宗非常高兴，下令到城中驻扎。

第八回

智取接天关

　　宋军攻下泽州之后，第二天就抵达了接天关。接天关的守将是陆亮方，他跟王文商议说："宋军兵临城下，应该用什么计策对付？"王文说："这里关隘险固，只能坚守，等宋军粮草耗尽之后再出兵。"陆亮方按照他的说法，按兵不动。宋军前锋呼延赞在关下屯兵，让部下攻关。但是每次宋兵靠近，关上就往下射箭、扔石块，宋军不能靠近。呼延赞无计可施，跟李建忠商议说："陆亮方坚守不出，怎样才能取胜？"李建忠说："这里关隘坚固，易守难攻，不能让部下贸然进攻，否则白白增加死伤。不如暂时撤离，把它围困，有机可乘之时再出兵。"呼延赞犹豫了半天，没有做出决定。

　　又过了几天，呼延赞派人去打探消息，回报说："关隘坚固，人马都不能靠近。"呼延赞更加郁闷。这时忽然有人来报："营外有一个老兵，要见将军。"呼延赞传唤这位老兵来到帐中，问他有什么事。老兵说："听说将军攻不下接天关，小人特来献计，希望能助将军一臂之力。"呼延赞十分惊愕，问他："你有什么计策能攻下接天关？要是真能攻下的话，我定会奏明圣上，让你荣华富贵。"老兵说："这接天关地势极高，所以名叫接天关。守将陆亮方不过是一介勇夫，没有什么本领，但是他有王文辅佐。王文深谋远虑，精通兵法。要是他们坚守不出，恐怕众将士就是围城一年，也攻不下来。将军不知道，这山后有一条小路，虽然崎岖，但却是唯一的通道，不过这条路有李太公把守。如果将军派人去问他借

过，就可以从这条路直接到达河东地区。"

呼延赞听后十分高兴，说："真是老天眷顾我。"呼延赞要把这位老兵留在军中，等事成之后奏明皇上，为他邀功。但是老兵却说："小人不愿意升官发财。"说完之后就走了。营中的军人报告说，这老兵一出门就忽然不见了，只有一阵清风吹过。呼延赞听后十分惊讶，当即跪下拜天，感谢神明指点。

第二天，呼延赞派柳雄玉带步兵五千，去李太公那里借路。柳雄玉率领部下，直接从山后的小路来到关下，派人进去通报。守将李太公，名荣，有两个儿子，大儿子李信，二儿子李杰，两人都会武艺。李太公听说宋兵围了接天关，更加严守此地。忽然有人来报："宋将派人来见太公。"李太公让人传唤来者。来的人说："我大宋攻打接天关，但是无奈关中守备严固，一直攻不下来。听说这里有路可以直通河东，所以特来问太公借路。若是肯借，朝廷自有重赏，少不了金银财宝，加官晋爵。"

李太公听后，笑着说："这里是河东咽喉重地，接天关与我相互接应，怎么可能给宋军借路？要是允许你们进军，岂不等于割肉喂人，自取其败？我不杀你，你快回去告诉你们主将，要是有胆，早早来交锋厮杀。"这人回去把这些话都告诉了柳雄玉。柳雄玉听后勃然大怒，带兵到关下挑战。只听关上忽然一声鼓响，李信带着五百精兵出关迎战。柳雄玉猝不及防，被李信一枪刺死。李信冲进宋兵阵营，大杀一阵，然后回到关中。柳雄玉部下回到军中，将此事报告了呼延赞。呼延赞大吃一惊，说："事情没成，还损失了一员大将，如果两处的敌人联合来挑战，该怎么防御呢？"他找来李建忠商议，李建忠说："可以趁着接天关不敢出兵作战，让高将军前去攻打；我等率兵去攻打李太公那里，要是打下来，那这两关就算是都到手了。"呼延赞同意这个计划，派人去通报高怀德出兵，自己与李建忠率兵来到关下挑战。

李太公正在与两个儿子商议如何打退宋兵，李信说："敌众我寡，不能硬拼，可以派人去接天关通报，让他们来这里支援，等援军来了再出关攻打宋军。"李太公听从了这个建议，派人去接天关通报。陆亮方与王文商议说："宋军攻不下接天关，只好从背后攻击，如果那里保不住，接天关也就危险了，你赶紧带兵去救援。"王文说："将军说得对，小将这就出发。"然后王文带领三千精兵，前去救援。王文的到来让李太公十分高兴，两人商量如何迎敌。王文说："太公坚守城关，我与令郎①一起出去破敌。"李太公同意了他的计划。

①[令郎]
　　对对方儿子的一种尊称。

　　第二天，王文与李信一起出关作战。呼延赞也摆开了阵势，在马上指着王文骂道："手下败将，还不赶紧献上城关投降，又来送死？"王文笑着说："今天我就杀你个片甲不留。"说完，舞着方天画戟骑马冲向呼延赞，呼延赞提枪迎敌。两人交战不出几个回合，王文佯装逃走。呼延赞知道王文擅长用兵，想把他活捉，就拍马去追。这时，一声炮响，左边杀出一员猛将，正是李信。李信举着枪绕到呼延赞后面，呼延赞被激怒，先是追上王文，把他一枪扫落马下，看到手下把他捉住之后，又回过头来再与李信交战。李信看到王文被捉去，心里发慌，不敢恋战，收兵回到关中，呼延赞也只好收兵回营。

　　王文被押到帐中，呼延赞亲自为他松绑，并且请他入座，向他谢罪："刚才冒犯阁下，还望恕罪。"王文说："小人被将军捉住，生死在将军手上，为什么对我这么殷勤？"呼延赞说："小将本出生于河东，如今为大宋效力。你也是有勇有谋的人，为什么要屈居在这样的地方？不如弃暗投明，跟我一起作战，建功立业，扬名后世。"

　　王文听了呼延赞的一番话，沉默了半天，说："良禽择木而栖，贤臣择主而事。我王文不是什么贤臣，愿意跟从将军，听将军差遣。"呼延赞非常高兴，跟他商议如何攻下城关。王文说："这件事应该随机应变。如今李信知道我被你捉去，肯定会死死守在城里，不会出来作战，将军又能怎么样？不如先去攻打接天关，再回来对付这里，到那时就易如反掌了。可以先让李将军带人埋伏在关下，我趁着夜色假装攻打将军的阵营，引陆亮方带兵出城来接应，到时候将军跟着我杀进关去。"呼延赞非常赞成此计，立即安排手下去布置。

王文被押到帐中，呼延赞亲自为他松绑，并且请他入座，问他谢罪……

　　呼延赞带着老弱士兵攻打接天关。陆亮方听说宋兵又来攻打，心想："肯定是别处攻打不下来，所以又来攻打这里。"于是下令，让部下严加防守。二更左右的时候，呼延赞下令，让士兵们点起火炬，呐喊放炮，全力攻击。关上不断放箭扔石块进行抵御。忽然，王文从东北角带着兵冲杀过来，宋军阵脚大乱。王文杀到关下，大喊道："宋军被打败了，关上赶紧出兵接应。"守军听到是王文的声音，通报了陆亮方。于是陆亮方带着手下出关接应。这时一旁的呼延赞突然转出来，把陆亮方手下的部队截为两段，王文又乘虚杀回。陆亮方知道自己中了计，赶紧勒马逃走，结果被呼延赞一枪刺死在马下。李建忠率领伏兵一起杀出，冲入关中。敌军进退无路，纷纷弃甲投降。

攻下接天关，呼延赞喜出望外，对王文说："这座雄关要不是阁下的妙计，恐怕一年也攻不下来。"王文说："侥幸而已，不值一提。"呼延赞派人去向宋太宗传捷报，太宗车驾进驻接天关，河东之地尽收眼底。李太公听说接天关已经被攻下，感叹道："宋军真是神兵啊。"然后他带着两个儿子弃关逃到了河东。

绛州守将张公瑾听说宋军攻打下了接天关，整天担惊受怕，不知该如何应对。张公瑾手下刘炳对他说："如今宋军声势浩大，那些坚固的关隘都被攻破了，何况绛州地势低平，很容易陷落，再说守军太少，怎么能抵挡住宋军？不如投降，免得百姓受苦。"张公瑾接受了这个建议，派刘炳找宋军纳降。

呼延赞把这件事奏明太宗，太宗说："不战而降是明智的选择，可以答应。"呼延赞第二天带军马来到绛州城下，张公瑾开门迎接。太宗车驾进入城中，安抚百姓，并下令前锋呼延赞、高怀德等部队合并，一起进攻河东。

刘钧听到这个消息之后，立刻召集群臣商议对策。丁贵上奏说："宋军远道而来，粮草难免供应不足，不可能待太长的时间。陛下应派人去大辽，请求萧太后出兵截断宋军的粮草补给；同时调集军马，准备坚守。"刘钧听从他的建议，一边派人前往大辽求救，一边吩咐下去，要将士们严阵以待。

使臣来到大辽，见到萧太后，向她奏明了求救的事。萧太后与文武百官商议如何应对，左丞相①萧天佑上奏说："河东地区与大辽交界，大辽与北汉是唇亡齿寒②的关系，希望陛下能发兵去救援。"萧太后准奏，当即任命南府宰相耶律沙为都统，冀王敌烈为监军，率兵二万去救援。

耶律沙率领部下离开大辽，来到白马岭安营扎寨。宋太宗听说大辽出兵援助晋阳，非常生气，说："河东的贼臣逆子，辽国竟然敢出兵相助？"于是太宗吩咐手下诸将，先打辽兵，再攻晋

①[左丞相]

从春秋时期开始，有的朝代设置左丞相和右丞相，有的只设置一个丞相。往往左丞相职位要高于右丞相，有的朝代左丞相负责朝政，右丞相不过是个虚职。

②[唇亡齿寒]

要是嘴唇没有了，牙齿也会感到寒冷，用来比喻两者之间关系紧密，利害相关。

阳。呼延赞对高怀德、郭进说："辽兵到来，诸位认为应该如何破敌？"郭进说："兵贵神速，趁着敌人没有安稳下来，直接杀过去。我听说辽兵驻扎在白马岭，离这里不过四十里，中间有条河阻碍了他们的来路。小将先出发，带部队渡过河去袭击；你们在后，带兵来协助，肯定能击败辽军。"呼延赞说："这个主意不错。"于是郭进带兵先出发了。

辽军营中，耶律沙与敌烈商议说："宋军喜欢突然袭击，我们刚到这里，他们肯定会来偷袭，以挫伤我军士气。我军与宋军中间隔着一条河，我们在那里先埋伏好，等他们渡河的时候，发起进攻，肯定能捉住他们的将领。"敌烈说："如果先让敌人渡河，我军看到他们的气势，难免会胆怯，不如我们抢先一步渡河，迎着他们，肯定能成功。"

第九回

刘钧敕书召杨业

　　敌烈不听耶律沙劝告，执意要率领部下渡河，结果还没到岸上，忽然听到东边锣鼓齐鸣，喊杀声震天，原来是郭进的人马赶到了。两军摆开阵势，郭进挥舞着大刀骂道："北汉自取灭亡，你们竟敢来救援，活该惹祸上身！"敌烈也骂道："你们中原连年征战，贪得无厌，要是早早退去，还能活命。"郭进拍马上前，敌烈抡刀迎战，两人斗了二十多个回合。这时突然杀出一位猛将，原来是呼延赞，他挺枪跃马，横冲直撞，冲散了辽军的阵势。敌烈大怒，奋力挡住郭进和呼延赞的攻势。对岸的耶律沙看到敌烈形势危急，赶紧派部下渡河去救他。就在这时，南边高怀德又率兵赶到。两军交战，箭如雨下。敌烈渐渐体力不支，突围逃走，结果被郭进追上，手起刀落，斩死在河里。

　　看到对方主将被斩，宋军士气高涨。辽军大败，被杀死在河里的辽兵不计其数，尸体堆起来把河水都堵住了。耶律沙带着残存的部下从小路逃走，呼延赞、高怀德率兵追击。就在这危急时刻，突然山后杀出一队人马，为首的正是辽国大将耶律斜轸。原来萧太后担心辽军有什么闪失，于是派耶律斜轸屯兵在山后，以防不测，没想到刚到这里，就碰到耶律沙被追杀。耶律斜轸带领部下，奋力杀退宋军。高怀德等人整合部队，向太宗传去捷报。太宗非常高兴，下令进攻晋阳。

　　刘钧知道辽兵被打败，既吃惊又害怕，召集群臣商议对策。右相郭有仪上奏说："宋军势力太强，难以迎敌，不如投降称臣，一来可以免除灾

祸，二来可以拯救满城百姓。"刘钧沉默不语。中尉宋齐丘上奏说："河东城池坚固，要是背水一战，谁胜谁负还不一定，怎么能轻易就投降称臣呢？臣推荐一人，肯定能破敌。"刘钧问道："这人是谁？"齐丘说："这个人当初住在幽州，姓马名风。当年黄巢叛乱[1]的时候，如果有人听到他的名声，便不敢入城。马风使一根铁管枪，与王彦章[2]齐名。如今他就隐居在嵩山。虽然他年龄已高，但是武艺尚在，如果陛下把他召来，担任将帅，肯定能打退宋兵，收复失地。"刘钧问道："谁愿意替朕去嵩山一趟？"卷帘将军徐重说："臣愿意前往。"刘钧便派他前往嵩山。

徐重来到嵩山，远远望见一座茅草庵。走进庵门，只见一个身长八尺，黑面银须的人正端坐在石墩上看经书。徐重上前施礼，说："这里是马将军的住处吗？"那人起身问他："阁下从哪来？"徐重回答说："小人奉汉主之命，特来请马道士下山，率兵击退宋兵。"那人说："贫道就是马风，但我已经年老体衰，不能跟当年相比。"马风把徐重请到庵中，两人按主宾次序入座。马风问他："宋朝皇帝带兵北伐，正将是谁？"徐重回答："宋军中身经百战的将军很多，其中先锋呼延赞无人能敌，近来攻城拔寨都是这人的功劳。有人推荐阁下，说阁下能率军击退宋军，于是陛下派小人来请阁下下山，还希望阁下能答应。"马风笑着说："贫道筋骨衰老，鬓发苍白，已经年近九十，决不能跟往日相比。再说很长时间没有摸过弓箭，没有上过马了，怎么能担此重任呢？如今杨令公屯兵在应州，为什么不请他帮忙，却来找我？你赶紧回去复命，别耽误了军情。"徐重听完这番话，不敢再强求，只好告辞离去。

徐重回到河东，见到刘钧，把马风的话复述了一遍。刘钧知道马风不肯答应，闷闷不乐，只好再与群臣商议退敌的计策。丁贵上奏说："事到如此，国难当头，只好再请杨令公出山了。"刘钧说："杨家屡次出兵为我解难，前些年泽州之战，还与宋军

[1] [黄巢叛乱]

即黄巢起义，是唐朝晚期由黄巢领导的一次农民起义，主要是反抗唐朝朝廷的黑暗和残酷统治。这次起义长达六年，涉及唐朝的半壁江山，是当时时间最长，涉及面最广，影响最大的一次起义。这次起义被平定后，唐朝国力大衰，不久之后就灭亡了。

[2] [王彦章]

五代时后梁的名将，骁勇善战，每次出征都打先锋，常用一根铁枪，被称作王铁枪。

杨家将

杨令公收到圣旨，与王贵商议计策……

① [寡人]

寡德之人，古代君主的自称。

讲和，并结下盟约，寡人①怀疑他们与宋朝私通，所以不想再召他们。"丁贵说："陛下以仁义待人，杨家父子乃是忠义之士，怎么可能出卖国家呢？"刘钧准奏，派人带着圣旨去山后见杨令公。

在圣旨中，刘钧称河东危急，只有晋阳城没有失守，宋朝新立的皇帝带兵来围城，百姓面临灾祸，并赞杨家父子忠君爱国，希望他们带兵来救援，他日宋军退去，一定重赏。

杨令公收到圣旨，与王贵商议说："宋军屡屡侵犯河东地

区，如果不去救援，就是违抗圣旨；如果前去救援，就破坏了当年跟宋朝达成的协议，失信于人。你有什么计策？"王贵说："将军是河东的大将，主上有难，不可不救，不必为了一些小的信义而犹豫。"杨令公觉得他说的有道理，当即派王贵领兵镇守应州，自己亲自率六个儿子，三万精兵，前往河东救援。

消息传到宋军中，主帅潘仁美召集众将商议作战。高怀德说："杨令公实力很强，自从当年周世宗时起，没有人赢过他。如今他又带兵来战，一定要小心谨慎，不可贸然进攻。"呼延赞说："小将也曾听说杨家父子天下无敌。我先带手下去跟他一战，试一试他的实力如何。"潘仁美下令，派呼延赞前去迎敌，呼延赞率八千人马出发了。

杨令公率领兵马来到卧龙坡安营扎寨，有人回报，说十里外有宋军挡住去路。杨令公笑着说："敌人不知道我们的实力，真是自讨苦吃。谁愿先去跟他较量？"话还没说完，五郎杨延德说："我先去。"杨令公批准，并给他五千精兵。杨延德披挂上阵，带着精兵摆开阵势。两军对垒，杨延德骑着马提着斧头来到阵前，高声喊道："来者还不赶紧退去，免得自取灭亡！"呼延赞大怒，说："无名小将，今天饶不了你。"说完挺枪跃马，杀向杨延德，杨延德挥舞着板斧迎战。两人交锋，打了四十多个回合，不分胜负。呼延赞在马上想："都说杨家父子是英雄，果然名不虚传。"两人准备再打，但是胯下的马累得跑不动了。杨延德说："战马累了，明天再战。"两军各自收兵回营。杨延德回去见到杨令公，告诉他："这位宋将与儿子连战四十多个回合，不分胜负。"杨令公说："最近听说宋军中有一位叫呼延赞的将军，武艺超群，难道就是这个人吗？明天我亲自跟他较量较量。"杨令公下令继续前进，把兵营扎在了离宋军只有几里的地方。

杨七郎立功心切，晚上偷偷带着三千士兵出寨，去袭击宋军兵营。当时潘仁美与郭进、高怀德等人正在商议作战计策，灯火突然灭了，潘仁美说："难道是杨家军要来劫寨，上天给我们暗示？"于是他下令弓箭手做好准备，以防不测。同时高怀德等人各自镇守兵营，埋伏好，等敌人到来。

杨家将

杨七郎以为宋军没有防备，带领部下高喊着冲进宋营。忽然营内一声梆响，早就埋伏好的弓箭手万箭齐发，顿时间箭如雨落，被射死的人不计其数。杨七郎赶紧调转马头逃走，被高怀德、郭进两人追杀出五里地，杨七郎的部下损失大半。杨令公知道后勃然大怒，说："不按军令行事，导致众多人马损失，按军法应当处斩。"于是杨令公下令，让人押七郎出去斩首示众。军令刚下，张文求情说："七将军虽然有罪，但是为国效劳，情有可原，还希望令公饶恕他一回。"杨令公说："父子虽然是亲人，但法令不能徇私，一定要斩。"众将都为杨七郎求情，杨令公的愤怒缓解了一些，最后下令把七郎衣服脱去，在帐前杖打四十。杨七郎被打得血肉淋漓，一边的围观者无不心惊胆战。杨七郎匍匐着谢罪后退下。

杨令公对众人说："我们初来乍到，先不要与宋军交锋，等过几天时机成熟了再与宋军作战，审时度势，伺机行动，无往不胜。"众将听后退下，此后杨家军坚守不出。

宋帅潘仁美得知杨家军到来，积极应战，两军的军营南北对立。一连十几天，两军都坚守军营，按兵不动。潘仁美派身手好的士兵去前方打探敌军动静，回来报告说："杨家军正在整理兵器，看样子是想跟我军大战一场。"潘仁美随即下令，诸将出兵作战，高怀德为左翼，呼延赞为右翼，郭进负责前后救应。安排好之后，众将各自回营整顿，准备迎敌。

第二天天亮，两军对垒，潘仁美先驱马来到阵前，与高怀德、呼延赞一字排开。对方阵营中，杨业头戴金盔，身披银甲，骑白马，穿着红袍，左有杨延朗，右有杨延昭，父子齐上阵，威风凛凛。潘仁美在门旗①下心中暗自惊叹，上前一步，问道："这次特意来征讨河东逆贼，令公为什么屡次出兵救援？"杨令公厉声说道："你家主人已经占据了中原，但还不知足，连年出兵远征；当年我已经与你们讲和，这才没过多久，你们又来侵犯，这又是为什么？我受国家恩待，所以特来救援，你们早早退

① [门旗]

古时候行军打仗，军营和阵势前面都会立起大旗，被称作门旗。

52

兵，不会伤了往日的和气；如果有半个不字，一定让你们片甲不留，到那时再后悔可就晚了。"

潘仁美听后恼羞成怒，问部下："谁先出马，活捉了这个匹夫？"话没说完，这边呼延赞已经挺枪出马，向杨业刺去。看到呼延赞杀了过来，杨延朗也跃马上前，截住了呼延赞，两人打成一团。七十多个回合之后，两人仍旧不分胜负。就在这时，宋军突然鸣金收兵。原来是太宗看到杨家父子都是英雄豪杰，想要招抚他们，认为只要招抚了他们，河东就不愁打不下来。

第十回

八王议施反间计

　　太宗回到兵营，夜里闷闷不乐。八王揣摩他的心思，问他："陛下闷闷不乐，是不是因为没有想出如何招降杨家父子？"太宗问他："你有什么好的计策？"八王点点头说："依我看，可以派人到河东去施反间计，定能让杨家父子来归降。"太宗很高兴，说："好倒是好，只是恐怕没人能担此重任。"八王又说："这件事需要派杨光美去办，一定能成功。"当时杨光美正在旁边，当即出列说："臣愿意前去。"太宗非常高兴，给他黄金千两，锦缎千匹，以及很多奇珍异宝，用来贿赂。杨光美连夜赶路，晚上就来到了赵遂府中。

　　赵遂是刘钧面前的红人，说话很有分量。杨光美来到赵遂府上，先贿赂他左右手下，得以被引见。见到赵遂之后，杨光美又送上黄金、锦缎。赵遂本就是个小人，贪图钱财，看到这么多财宝高兴得合不拢嘴。他问杨光美说："大人是宋朝大臣，为什么要贿赂我这样一个偏远地方的老头子呢？不知道是为什么事，小人一定照办。"杨光美说："皇上知道大人是刘钧的宠臣，你说话刘钧会照办，所以特意派我来略表诚意。河东与中原原本没有深仇大恨，这次出兵，不过是想要讲和，但是无奈杨业父子从中阻拦，让两国不能和好。如果杨业作战失利，河东地区肯定会跟着受苦；如果杨业作战获胜，刘钧不免就会对他宠幸有加，而将你冷落，对大人来说，实在是不幸。希望大人帮忙在刘钧面前说句话，让刘钧疏远杨业，我们自然会退兵。到那时，两国和好，河东与中原之间永远太平，这样大人

也就更加得宠，免得被别人取代。还希望大人认真考虑一下。"

赵遂收了杨光美送的财物，又听了他这一番话，心中不免对杨家父子起了嫉妒之心，于是说："大人放心，赵遂自有办法，定能除掉杨业父子。"赵遂款待了杨光美，并暗地里把他送回。赵遂心里琢磨："收了宋人这么多礼物，如果不能除去杨业，等他立下战功，岂不是既成全了他，又伤了宋人的脸面？"于是他拿出一些金银，叫人散布谣言，说杨业收了宋人的贿赂，准备与宋军一起征讨河东，等事成之后，与宋人一起瓜分河东。这个谣言开始大肆传播。赵遂又派人秘密通知宋人，不要出兵交战，等他个十天半月，谣言肯定会起到作用。

太宗知道这个消息之后，非常高兴，问杨光美说："这件事可信吗？"杨光美说："赵遂是个小人，只知道贪图富贵，并且忌妒杨业，这件事确信无疑。陛下只需传令下去，让各营坚守，不要出战，如此一来，赵遂就能离间刘钧和杨家父子。"太宗听后，拍手称好，下令军中各营不要出战；如果敌人来请战，不要理会。刘钧每天都催促杨业出战，杨业奉令每天出兵，但是无奈宋军不肯出战，杨业也无计可施。河东地区又有传言，说杨令公收了宋朝的金银财宝，不肯出战，准备叛国。听到这种传言，杨业愈发心慌，每天带将士到宋军营前叫战，结果宋军置之不理，只能空跑一场。

赵遂连夜入宫见刘钧，说杨业收了宋人的金银珠宝，准备向宋军投降。刘钧大吃一惊，问他："这件事国舅你是怎么知道的？"赵遂说："这件事我很久之前就知道了，当初宋军围困泽州，杨业带兵来救援，最后和宋人讲和。当时正是国家用人之际，我也就没有上奏这件事；如今他又故意拖延，不肯进攻宋军。现在事情已经彻底败露，内外没有人不知道，流言四起，百姓担惊受怕。"刘钧相信了他说的话，问他该怎么把杨业拿来问罪。赵遂说："陛下降下圣旨，宣他回朝商议国事，预先在大殿上埋伏好士兵，等他一来，就把刀扔地上当信号，伏兵一起出来把他捉住。"

第二天，刘钧派使臣到军营中宣旨，召杨业回朝。杨业来到殿前，拜见完毕，刘钧拔出佩刀，扔在地上。两边的伏兵听见刀声，一齐冲出，将杨业捉住。杨业大吃一惊，不知自己犯了什么罪，就问道："臣无罪，陛下为什么要捉我？"刘钧怒骂道："你私通宋军，准备谋反，还说自己无罪？"说完下令把杨业推出去斩首。丞相宋齐丘苦苦为杨业求情，说："杨业父子，忠勤为主，怎么可能谋反呢？陛下不要轻信谣言，耽误国家大事。"刘钧说："他有三反之罪，怎么可能是无凭无据的谣言？屡日不出兵，这是一反；不派人请敌人出战，这是二反；往年私自与敌人讲和，这是三反。有这三条罪状在，就不可能再留他。"丁贵上奏说："眼前宋军兵临城下，先让杨业去迎战，如果他作战不胜，再杀他也不迟。"刘钧准奏，让人放了杨业，命令他回去击退宋军。

杨令公默默退下，回到军中，对几个儿子说："肯定是宋朝人贿赂了别人来陷害我，故意使汉主疏远我们父子。刚才要不是宋丞相等人相助，差点儿连性命都保不住。如今让我去杀退宋兵，才免我一死；不然，仍要拿我问罪。可是敌人拒不出兵，让我怎么退敌？"杨延德说："大人不要担心。既然汉主听信谗言，驱逐我们父子，那我们就带人马回应州，等宋兵攻破河东，那时再怀念我们父子，就让他后悔去吧。"杨令公说："我本想尽忠报国，所以带兵来援救，岂有再回去的道理？你们明天只管出战，其他事以后再商议。"杨延德心怀愤恨，退下后与手下部将秘密商议，想要归降宋朝。第二天，杨延嗣、杨延朗两兄弟出阵叫战，宋军阵营里一个人也没有出来。天色晚了，杨延嗣等人只好收兵回营。

太宗听说刘钧要杀杨业，于是跟谋臣商议如何把他召到自己手下。杨光美说："陛下应该抓住眼下的机会，引诱杨家来归降。"太宗说："只是眼下还没有想出好的计策。"杨光美说："臣有一计，不出半个月，河东唾手可得，杨家父子肯定会归降我大宋。"太宗很感兴趣，问他说："你有什么妙计，赶紧说来。"杨光美上前，在太宗耳边说了几句。太宗高兴地说："这件事非你去办不可。"

杨光美欣然领命，先派人通知杨业，然后直接来到杨业军营中。杨业说："当年就是因为这个人来议和，我对他太好了，所以汉主才会对我起疑心；如今他又来这里，看他这次要说什么。"杨业安排二十个精壮的士兵埋伏在帐外，并嘱咐他们说："等我大喝一声，你们就出来把他捉

杨业下令把他推出去斩了，杨延嗣说："大人息怒，先听听他说什么，听完再斩也不迟。"

住。"安排好之后，不到一会儿，杨光美昂首挺胸进入帐中。杨业端坐不动，两边站着七个儿子。杨业问杨光美说："你来这里干什么？"杨光美说："特来劝将军归顺宋朝。"杨业大怒，大喝一声，帐外冲进二十个人，一下子就把杨光美捉住捆绑了起来。杨业下令把他推出去斩了，杨延嗣说："大人息怒，先听听他说什么，听完再斩也不迟。"杨业说："你就说说看，要是讲不通，就拿你试刀。"

杨光美面不改色，大声说道："我听说良禽择木而栖，贤臣择主而侍。如今将军来救援河东，本想竭尽全力效忠国家；谁想到竟然被人猜忌，不能为自己证明。我大宋皇帝仁德兼备，四海敬仰，只有河东没有平定，它还能维持多久？希望令公能仔细考虑，弃暗投明。"杨业听了这番话，沉默了半天，开口说："我不杀你，放你回去，让你们的勇将出阵作战。"杨光美不慌不忙，退出帐外，并故意从袖子里掉出一封信。这封信被下人们捡到，送到了杨延德手里。他拆开信封，只见里面是一座府邸的格局图，上面标有无佞宅、梳装楼、歇马亭、圣旨坊，还写着"接待杨家父子之所"几个字。这座府邸非常美丽，杨延德与杨七郎等人看了又看。杨七郎说："不要说让我们进去住，就是看一眼也心满意足了。"杨延辉说："这件事先别说出去，等着看看汉主这边势头怎么样，如果不善待我们父子，我们就造反归顺宋朝。"大家都保守秘密，不让杨令公知道。

一连几天，刘钧都派人来督战，又不给粮草，也没有赏赐。杨令公越来越慌，跟儿子们商议，要分兵出战。杨延朗说："不是我们不肯出力，只是军中粮草入不敷出，手下将士毫无斗志，一旦出兵，肯定会自己先乱了阵脚，怎么可能取胜？不如先带兵回应州，再作打算。"杨业说："你们要是这样做，怎么有脸面见世人？"杨延德说："大人如果一味求战，恐怕将士们会造反。"众人纷纷附和，再加上刘钧屡次来问罪，杨业最后只得下令回应州。一夜之间，杨家军退回了应州。

消息传到宋营中，太宗立即召集群臣商议。杨光美说："暂时停止攻打河东，先想办法让杨家父子归降，到那时，不愁攻不下河东。现在趁着杨家军退回，可以在应州散布谣言，就说刘钧因为杨家父子私逃，准备与大辽勾结，出兵讨伐。人们听到这样的消息，肯定担惊受怕，到那时陛下再派人去游说，肯定能成。"太宗同意他的建议，立即下令，派人去山后散布谣言。

不出几天，杨令公就听到了谣言，军中上下无不人心惶惶。杨令公无计可施，满面愁容。夫人佘氏看他这副样子，就问他："令公从晋阳回来之后，就整天苦闷，到底是为什么？"杨令公长叹不已，把自己如何得罪了汉主的事情说了一遍。佘氏说："你可曾跟儿子们商议过这件事？"杨

令公说："他们劝我投降，我想这不是什么长久之计。"佘氏说："如果大宋能厚待你们父子，归降就是长久之计，有什么好忧郁的？"杨令公说："不知道宋朝皇帝会怎么对待我，要是还不如汉主，反而让我背上不忠的名声，到时候就进退两难了。"杨令公说完这番话，走出军中。

正好五郎杨延德进来，问母亲："刚才父亲说的是什么事？"佘氏把杨令公刚才说的话告诉了他。杨延德说："我父亲有辅佐君王的才干，平定叛乱的武艺，何愁归降后不会得到厚待？"说完之后，就把当初捡到的府邸画拿出来给母亲看，并一一指点，详细说明。当时杨五郎的两个妹妹也在一旁，大的名叫八娘，十五岁；小的名叫九妹，十三岁。听说宋朝给杨家提供的生活如此富贵，都劝母亲去说服父亲归顺宋朝。佘氏说："你们先不要提这件事，等我找机会劝他。"第二天，佘氏与杨令公坐在一起喝酒。酒至半酣，夫人问他说："妾听说军中将士都在担心大辽会出兵，这件事的确让人忧虑，让令公陷入进退两难的境地。时光流逝，建功立业的事情越来越渺茫，真是可惜。不如听从孩子们的建议，放弃河东，归顺宋朝，建功立业，博取功名。不然的话，只能是一介武夫。"杨令公听了这番话，说："夫人说的有道理，我明天就与众将商议归降的事。"

杨令公一夜没睡，第二天召集众将，商议归顺宋朝的事情。王贵说："这件事非同小可，如果不先敬重自己，别人也就不会敬重你。所以，应该先派人通知宋朝皇帝，等他派大臣和将军带圣旨来，然后再归降。"杨令公觉得他说得对，就派部将张文前往宋军营地见太宗，通报杨令公归顺的事情。

太宗召集文武百官，问道："杨令公要来归顺，我们该怎样对待他？"八王上奏说："陛下不能怠慢杨家父子，应该在文武官员中选出两人，带着圣旨去表明心意。如此一来，他们肯定会消除疑虑，一心归降。"太宗问："谁愿意去？"话声刚落，杨光美说："文臣派牛思进去，他言词清朗；武臣派呼延赞去，他英气慷慨。这两人去，肯定万无一失。"太宗准奏，当即下诏，派这二人带着圣旨和厚礼前往应州，去见杨令公。

到了应州之后，文臣宣读诏书，杨令公收到诏书，拜谢过之后，请牛思进与呼延赞进入帐中，分宾主入座。牛思进说："主公知道令公真心归降，特派我二人来到这里，当面约定。军中众人盼着令公早日到来，如同久旱盼甘霖，请令公不要再迟疑。"杨令公说："我守在这样一个偏僻的地方，上不能为汉主尽忠，下不能为宋朝立功，让天下人耻笑。"呼延赞说："令公此言差矣。令公文武全才，效忠国家，只是刘钧听信手下宠臣的谗言，不想让你父子大业有成。这是天意，绝非偶然，注定令公要在宋朝建功立业，留名于世。"杨令公见眼前二人通情达理，更加敬佩，安排手下摆下酒宴，大家开怀畅饮。

第二天，杨令公与夫人商议归降的事，佘氏说："令公既然有意归顺于宋朝，何必再三商议？"于是杨令公安排儿子调集边防军马，装载府上库里的金帛，准备起行，归顺宋朝。

第十一回

杨家将归宋

　　牛思进与呼延赞回到宋营，见到太宗，上奏说："杨家父子一会儿就带部下来归降。"太宗对八王说："杨业即将到来，你带大臣们到路上去迎接。"八王领旨，率领大臣们在白马驿站等候。忽然有人回报，说北方旌旗蔽日，尘土遮天，想必是杨家军马来到了。八王听后，率领众人出驿站观望。不一会儿，杨令公也收到消息，知道前面驿站中有宋朝官员在迎候。杨令公下马前进，只见百官站在道路两边，鼓声阵阵。八王先向杨令公施礼，说："奉主公之命，众臣在此迎候令公。"杨令公不知道这人是谁，也就没在意。一旁的呼延赞怕杨令公失礼，上前告诉他说："这是宋朝皇帝的嫡侄金铜八王。"杨令公大吃一惊，赶紧跪在路边。八王连忙扶起他，与他一起进入驿舍。酒席早就安排好了，众臣济济，殷勤劝酒，大家其乐融融。

　　第二天，八王与杨令公的马齐头并进，来到宋军营中。太宗得知消息后，下令召见杨令公。八王带杨令公来朝见，杨令公在帐外跪下，请求恕罪。太宗不仅抚慰了他，还授予他边镇团练使一职，统率自己的兵马，等班师回京之后，再商议升迁的事。杨业谢恩之后退下，带着自己的兵马驻扎在城南。太宗下令，大举进攻河东。

　　刘钧得知杨业离开应州，归顺了宋朝，吓得魂飞魄散，寝食难安。宋齐丘与丁贵等人坚守城门，宋军一连几天攻城，都没有进展。潘仁美派人把晋阳城层层围住，鼓声震天。只见城上乱箭射下，乱石扔下，如同下雨

杨令公大吃一惊，赶紧跪在路边。主连忙扶起他，与他一起进入驿舍。八

一般。丁贵等人一边死死抵抗，一边去见刘钧，求他向辽国借兵。刘钧派人连夜前往大辽求救。

晋阳城久攻不下，太宗于二月初三亲自来到军前督战。高怀德、呼延赞等人分别攻打不同的城门，城墙倒塌，死伤者不计其数。太宗下诏书，让汉主出来投降。使者到了城下，守军不让通行。太宗大怒，与将士一起屯兵城下，摆开阵势，两军互相对射，各有伤亡。

当天夜里，太宗在中营过夜，忽然有人来报，说："夫人到了。"太宗睁开眼睛，见有一顶轿子，里面走出一位妇女，交给太宗一张白帖。太宗问她："你是什么人？"妇人回答说："妾乃是河东小圣，今天特意

来献计献策。"太宗看到纸上写着八个字："壬癸之兵，可破晋阳。"太宗看完之后，再抬头看那妇人，发现人已经不见了。太宗发现原来刚才是在梦中，此时天已近五更。太宗召集八王、杨光美到营中，把昨晚的梦详细说了一遍。杨光美说："壬癸属于北方，莫非是在指点陛下从北门攻打，可以攻破晋阳？"太宗觉得这个说法有道理，第二天下令，大军一起攻打北门。

外援迟迟不来，粮草已经断绝，城里的人惶惶不安。刘钧夜里梦见一条金龙，从北门随水滚入，城墙随即塌陷，吃惊醒过来之后，发现天色渐渐亮了。忽然有人来报，宋朝皇帝派人来城里下诏书，说是如果投降，肯定以礼相待。刘钧看到眼前局势紧迫，再加上昨晚做的梦，赶紧召集文武百官来商议，说："我父子在晋阳二十多年了，怎么忍心让这里的百姓跟着受罪？如果不投降，敌人肯定会屠城，怎么能心安？不如为百姓着想，投降宋朝。"群臣听后，无不落泪。这时有人来报："国舅赵遂，已经打开北门，带着宋军入城了。"刘钧大哭。

潘仁美率先进城，派人传旨给刘钧，说："宋君宽仁大量，并没有加害的意思。"刘钧这才放心，派李勋交出印绶①文籍，表示投降。太宗下诏接受刘钧投降。太宗的车驾来到北门城台，并在那里大摆筵席，派乐工奏乐，太宗与手下大臣喝酒取乐。刘钧带领百官，身穿缟（gǎo）衣②纱帽，跪在城台下请罪。太宗赐给他袭衣③玉带，召唤他上城台。刘钧叩头谢罪。太宗说："朕不会加害于你，请你放心。"刘钧谢恩之后，带领太宗的车驾进入晋阳府。百姓纷纷来到街上，举着香花灯烛，表示欢迎。

来到大堂，太宗入座，北汉诸官都跪在大堂下，表示归降。太宗授刘钧为检校大师、右卫上将军，并封他为彭城郡公，仍旧统领河东地区。

太平兴国四年，太宗决定班师回朝。潘仁美进言说："河东地区与幽州接壤，辽国屡屡侵犯我边疆，如今陛下的车驾在这里，将士们愿意效命，可以趁这个机会，一举平定辽东，建立千

①［印绶］
古时候的印章和系在上面的丝带。在印章上系丝带是为了方便随身携带。印章是权力的象征，献出印章就意味着让出手中的大权。

②［缟衣］
古时居丧或遭其他凶事时所穿的白色衣服。

③［袭衣］
古代行礼的时候穿的上衣。

杨家将

秋伟业。"话还没说完，杨光美就进言说："如今刚刚平定河东地区，将士们作战时间太久，况且粮草还没运到，陛下应该班师回朝，进攻辽国的事情以后再议。"

一时大家众说纷纭，太宗不知该怎么办，回到行宫之后，召集八王、郭进、高怀德等人来商议这件事。当初围攻晋阳的时候，将士们不知道太宗也在军中，有人想要拥立八王，但被八王拒绝。等攻下晋阳之后，太宗听说了这件事，故意拖着不给将士们行赏。八王说："晋阳之战，陛下还没有赏赐将士，如今又要起兵征战大辽，恐怕将士们会受不了。不如依杨光美的说法，先班师回朝，再慢慢商议对策，这样最好不过了。"太宗大怒，说："等你坐天下的时候，再来决定这些事吧。"高怀德说："潘仁美的建议是想稳固边防，这里离幽州近在咫尺，如果能成功的话，天下太平指日可待。希望陛下恩准。"太宗下定了攻打辽国的决心。

第二天，太宗下令攻打辽国，派众将士以及杨家军向幽州进发。当时正值春末时节，处处花红柳绿，风景美好。没用多久，大军就来到易州城下。潘仁美派人到城里去下战书。

易州的守将是辽国刺史^①刘宇。听说宋军到来，他正在与部将郭兴商议如何应对，忽然有人来报，说宋营派人来下战书。刘宇拿着战书问郭兴说："你觉得应该如何应对？"郭兴回答说："依小人之见，宋军刚刚平定河东，乘着士气旺盛前来征讨，怎么能抵挡得住？不如派人到宋军中去观察动静，找机会献上城池，投降归顺，这才是上策。"刘宇说："这件事非你去办不可。"郭兴领命，来到宋营中，见到高怀德，心里不免惊慌。高怀德问他："如今兵临城下，你来见我是为了什么事？"郭兴说："宋军犹如天兵，战无不胜，今天主将特意派小人来投降，希望能救一城百姓的性命。"高怀德听后非常高兴，立即带他去见潘仁美，说明来意。潘仁美说："既然要投降，那就明天打开城门，迎接圣驾。"郭兴答应后告辞退去。

① [刺史]

汉朝时期设立的官职名称，起初其职责是监察地方，后来职权越来越大，逐渐演变成了地方军事行政长官。

第二天，刘宇打开城门，以示归降，迎接太宗车驾入府中驻扎。宋军得到两万士兵，十五万车粮草，六百匹骏马。太宗依旧任命刘宇镇守易州，并下令大军朝涿州进发。

涿州的守将是辽国判官①刘厚德，他得知宋兵已经拿下了易州，便召集部下商议对策。部下建议说："宋君仁明英武，平定四海，不如开城投降，还能荣华富贵。"刘厚德听后，立即派人到宋营中投降。潘仁美收到投降书，第二天便护送太宗车驾进入涿州城。刘厚德跪在堂下请罪，太宗仍旧让他镇守涿州。太宗出兵不过才二十来天，就接连平定了易州和涿州。

消息传到幽州，萧太后大惊，紧急召集百官商议。左相萧天佑上奏说："陛下不要惊慌，臣推荐两个人，一定能击退宋军。"萧太后问："你推荐谁？"萧天佑说："大将耶律奚底、耶律沙，二人智勇双全，如果让他们带兵迎敌，肯定能大获全胜。"萧太后准奏，任命耶律休哥为监军，耶律奚底、耶律沙为正副先锋，统领五万精兵迎敌。耶律休哥等人领到命令后，带兵出城，准备与宋军作战。

潘仁美得到消息后，召集众将商议作战。呼延赞说："小将愿意先出战，挫败辽军的士气。"潘仁美准许，交给他八千步兵。高怀德说："小将也愿意前往助战，一起建功。"潘仁美也交给他八千军马。呼延赞与高怀德各自领兵出发，到军前部署。

第二天，两军在幽州城下摆开阵势，宋军朝北，辽军朝南。辽军大将耶律奚底全身披挂，率先出战。宋将呼延赞横枪勒马，站在门旗之下，问："来者何人？"耶律奚底大怒，说："我乃萧太后驾下大将耶律奚底。"呼延赞骂道："辽蛮匹夫！也敢出战？"说完之后跃马举枪，杀向耶律奚底。耶律奚底拿着斧子迎战。在两军的呐喊声中，二人打了几个回合，不分胜负。这时，辽将耶律沙骑马冲出，两人一起与呼延赞作战。呼延赞以一敌二，不落下风。宋将高怀德也冲出来助战，挥舞长枪，挡住了耶

① [判官]

隋朝时设立的官职名称，到了唐朝，担任临时职务的大臣可以自己选择中层的官员担任判官，辅佐其工作。

律沙。四人一阵恶战，两军相互射箭，从早晨一直到下午，仍旧没有分出胜负，双方互有死伤。呼延赞大声喊道："马已经累了，明天再战。"于是两军各自收兵回营。

第十二回

宋军兵败幽州城

呼延赞与高怀德回到营中，告诉潘仁美辽军大将十分英勇，没能分出胜负。潘仁美说："耶律沙骁勇善战，你们需要谨慎对待。"呼延赞等人退出。潘仁美上奏太宗，说："辽兵势力正盛，今天作战没能取胜，臣非常忧虑。"太宗说："朕亲自上阵，与辽军一决雌雄。"八王进谏说："陛下应当保重自己的身体，作战的事自有将帅出力，不必亲自冒险上战场。"太宗置之不理，第二天下令要亲临阵地督战。

耶律休哥正与众将商议如何击退宋军，忽然有人来报，说："宋军倾巢而出，要与元帅一决胜负。"耶律休哥听后对耶律沙说："大将耶律学古在燕地屯兵，正好在宋军的后方，可以让他出兵袭击宋军后方；我与诸位在高粱河从正面吸引敌军，前后夹击，一定能取胜。"辽军刚刚摆开阵势，宋军就铺天盖地冲来。宋军前锋呼延赞来到阵前，高声叫道："蛮军选善战的人出来作战。"话音未落，辽将耶律沙冲了出来，大喝一声："宋将赶紧退下，免得被活捉。"呼延赞手握长枪，向耶律沙冲去。耶律沙抢刀迎战，两人打在一起，三十多个回合不分胜负。辽军大将耶律奚底骑马赶来，从侧面袭击，高怀德一马当先，挡住了耶律奚底，四人混战在一起。

就在这时，忽然听到宋军后方数声炮响，如天崩地裂，原来是辽军大将耶律学古带着手下的部队从后方杀来。宋军不知道来者是谁，先自己乱了阵脚。耶律休哥站在将台上，望见宋军乱了阵势，派出一支军马，冲进宋军阵营。太宗赶紧下令，让众将来护驾。潘仁美听到之后，策马赶来，恰好遇到耶律休哥的士兵，只一个回合，潘仁美就被挑落马下，幸亏郭进及时赶到，才将他救出。

两军混战，听说太宗有难，宋将们都赶来护驾。太宗一个人骑马突出重围，落荒而逃，耶律休哥的部下兀环奴、兀里奚二人紧追不舍。杨业看见之后，对儿子们说："皇上有难，还不赶紧去营救？"杨延昭拍马赶到，大喝一声："辽蛮不要走！"兀环奴被激怒，抡刀向他砍来。战了不到两个回合，兀环奴便被杨延昭一枪刺在胸口，掉下马去。杨延昭杀散追兵，看到太宗站在坝上，问："陛下的马哪里去了？"太宗说："已经被敌人乱箭射伤，不能骑了。"杨延昭说："陛下快骑臣的马，臣徒步杀出去。"太宗担心杨延昭没有马不能作战，就说："你该骑马杀敌，我坐驴车出去。"杨延昭说："敌兵太多，陛下赶紧上马，不要顾我。"

在这危难关头，杨七郎骑马赶到，见到杨延昭，问他："宋军已经乱了阵势，哥哥为什么不赶紧保护陛下离开？"杨延昭说："你快把马让给陛下骑，我在前面杀出一条血路来。"杨七郎扶太宗上马。杨延昭怒声如雷，突出重围，结果被兀里奚带兵拦住。杨延昭瞄准兀里奚，一枪刺去，正中他的咽喉，兀里奚顿时气绝身亡。三个人绕过西营，辽军乱箭射来，杨延昭被困住，冲不出去。就在这时，杨业、高怀德、呼延赞三人冲杀过来，救出太宗，向定州逃去。

潘仁美收拾残军，只见遍野横尸，血流成河。宋军损失了八九万士兵，丢失的兵器、物资更是不计其数，易州、涿州重新被辽国夺回。耶律休哥率军大获全胜，带部队回到幽州。

太宗逃到定州，众部下也陆续赶到。太宗说："今天要不是杨业父子拼死保卫，朕恐怕性命难保。"八王说："陛下是天子，自有万物庇护，贼兵自然不会伤到你。今后还希望陛下保重身体，不要再去冒险，如果诸将没有及时赶到救援，陛下该如何是好？"太宗点头表示同意。太宗召杨业来到帐中，赏赐他缎帛二十匹，黄金四十两，并对他说："这些赏赐你先收着，等班师回朝，再赏战功。"杨业收下赏赐，谢恩后退出。八王上

在这危难关头，杨七郎扶太宗上马。杨延昭瞄准兀里奚，一枪刺去，正中他的咽喉，兀里奚顿时气绝身亡。

奏说："眼下粮草、军饷不足，将士们士气低落，希望陛下班师回朝，抚慰臣民。"太宗答应，即日下诏班师回朝，命令潘仁美为前队，杨业为中队，其余诸将及其部下护卫圣驾。圣旨一下，诸将收拾行李，离开定州，向汴京进发。大军一路上没人说话，没用多久，便回到了汴京。

这天文武群臣朝见完毕，太宗说："朕时常提醒自己幽州之辱，不要

杨家将

①［司徒］

古代非常重要的官职，与太尉、司空并称三公。

②［参知政事］

简称参政，唐朝时期设立的官职名称，是全国权力最高的政务长官之一。这个职务最初时是临时设立的，用来平衡宰相的权力，到了宋朝成为常设的官职。

忘记报仇雪恨。你们都说说自己的意见。"司徒①赵普和参知政事②郭贽等人上奏说："我军兵强马壮，钱粮充足，一定能将辽军消灭。但是将士围攻晋阳时间太长，还没有缓过劲来，等到了秋后，已养精蓄锐，才是图谋进取的好时机，到那时再起兵征讨也不迟。"太宗同意他的看法，下令在大殿上摆下酒席，宴请攻打晋阳的将士。当天大家尽兴而归。

第二天，太宗降下圣旨，封杨业为代州刺史兼兵马元帅，杨业的儿子们也都被封为代州团练使，并赐金水河边的无佞宅给他们居住，其他财宝无数。很多大臣都认为杨业没有立什么大功，这样的赏赐太重。太宗说："朕与人相处要讲诚信，怎么能对自己的大臣言而无信呢？"所以依旧坚持原先的赏赐。杨业上奏，要求撤销儿子们的职务，并说："臣文不能立国，武不能定乱。蒙陛下施恩，赐我金水河边的无佞宅，还封我为代州刺史。这样的恩德就是粉身碎骨，也不能回报。臣日夜思考如何报答陛下。臣的儿子们并未建功立业，却都被封为团练使，臣不敢当，希望陛下收回对他们的授封。"

太宗听完这番话，同意了他的要求，杨业谢恩之后退下。此时边境上一番太平景象，太宗整天与大臣们在宫中商讨治国之道，商议出兵作战将帅的升迁和调动。

耶律休哥自从战胜了宋军，野心变得更大，萧太后对他也非常倚重。萧太后设宴款待文武众臣，耶律休哥上前说："宋军刚逃回去，尚未安顿下来，依旧对辽军心怀恐惧，臣想趁此时率大军杀过去，直捣汴京，以报幽州被困之辱。希望陛下恩准。"萧太后说："你说的很有道理，只怕宋军兵强马壮，没那么容易被打败。"燕王韩匡嗣上奏说："臣愿意与耶律将军一起出兵伐宋，我们审时度势，伺机行动，一定能取胜。"

萧太后下旨，任命韩匡嗣为监军，耶律休哥作救应，耶律沙为先锋，率十万精兵征伐大宋。韩匡嗣等人接受任命，即日起兵，从幽州出发，向遂城进发。

　　当时正值九月，秋风中落叶飘零，大雁哀鸣。几天之后，辽军来到遂城西北五十里的地方，安营扎寨。遂城守将是宋朝的刘廷翰，他听说辽军突然来犯，便与副将崔彦进、李汉琼等人商议说："上次皇上在幽州打了败仗，辽国想趁着锐气来袭击，大家认为该如何退敌？"崔彦进说："如果开城迎战，胜负不好说，要是假装投降，把他们引进城里来，肯定能将他们擒获。"刘廷翰说："这个计策非常妙，但他们如果起了疑心，不肯接受投降，那该怎么办？"李汉琼说："我们先把粮草和军饷交给他们，他们肯定会相信我们。"刘廷翰对这个计策很满意，立即派人到辽军阵营中，请求投降。韩匡嗣说："你们主人说要投降，有什么凭据？"使者说："主人派我来献上粮草，供将军使用，稍后他会亲自率部下来投降。"韩匡嗣相信了他的话。耶律休哥说："宋军气势不弱，现在不战而降，恐怕是在耍花招，想要引诱我们，元帅应该保持警惕，不要相信他们。"韩匡嗣说："他都把粮草交给我们了，怎么可能不是真的？"于是不听耶律休哥的劝阻。

　　第二天，辽军来到遂城城下。刘廷翰得到消息后，安排崔彦进率领一万骑兵藏在城东门，等辽兵入城后，从一旁杀出。崔彦进领兵去了。刘廷翰安排李汉琼率领一万步兵藏在城西门，等敌人一到，就放下闸桥，乘势进攻。安排好之后，刘廷翰自己率领精兵秘密从南门出城，以作接应。

第十三回
杨令公大破辽兵

韩匡嗣派人去打探消息，探子回来报告说："宋军大开西门，没有人马进出。"韩匡嗣不信，亲自率轻兵来察看，只见吊桥装备齐全。护骑尉刘雄武上前说："元帅不要轻易入城，我看城里像有伏兵，不早早离开的话，恐怕会中计。"韩匡嗣猛然醒悟，说："你说得对！"赶紧下令后面的部队停止前进。就在这时，忽然门闸边几声炮响，震耳欲聋。李汉琼带着步军率先杀出。韩匡嗣大吃一惊，勒马就逃。李汉琼提刀追赶。辽将刘雄武奋力迎敌，与李汉琼打在一起，不出几个回合，被李汉琼一刀劈于马下。宋军大举进攻，辽军大败，自相践踏，死者不计其数。耶律沙快马赶来，救出韩匡嗣，杀回营中。崔彦进带领部下杀出，正遇到耶律沙，两人战在一起。耶律沙看到宋兵声势浩大，不敢恋战，与韩匡嗣拼死突围，逃往易州。崔彦进带兵追击，辽军一路上丢弃的辎重①数不胜数。刘廷翰从城南绕出来，跟崔彦进等人会合，一起追击辽军。辽军中只剩下耶律休哥还在抵抗。刘廷翰下令收军，回到城中。耶律休哥带着残部回去见到韩匡嗣，说宋兵太厉害了，暂时没有对策，不如先回幽州，再作商议。韩匡嗣又忧虑又害怕，最后只能率领部下回到幽州。

萧太后听说辽军出师不利，急忙召集耶律休哥，问他："没有遇到敌人大军，怎么会失败呢？"耶律休哥把宋军如何使用计

①［辎重］
　　古代军事用语，表示一切军用物资和生活物资，包括粮草、衣被、武器、装备等（实际上也包含装载运输这些物资的车辆、工具）。

谋说了一遍。萧太后说："你也在军中，为什么不加以阻拦？"耶律休哥说："臣曾竭力反对，但是韩匡嗣不听。"萧太后大怒，下旨将韩匡嗣处斩，以正国法。耶律沙等人竭力为他求情，说："韩匡嗣犯下的罪过，按理说不应该求情，但念在他是先帝时的老臣，还希望陛下饶他一死。"萧太后的怒火缓解了一些，最后撤销了韩匡嗣的官职，把他降为平民，并任命耶律休哥为主帅，耶律斜轸为监军，再率领十万精兵，讨伐大宋，报仇雪耻。第二天耶律休哥等人便率军出征了。

消息传到遂城，刘廷翰召集手下诸将商议说："辽军这次回来，一定会与我们死战，我们坚守城池，不与他们正面交锋；同时，派人向朝廷求援，等救兵到了，再商议如何作战。"众人领命，各自坚守城门，按兵不出。

汴京收到边境传来的捷报，说：近日宋辽鏖战，宋军大胜。就在大家正讨论的时候，又有人来报，说："辽军又来侵犯遂城，希望发兵救援。"太宗听后，对大臣们说："遂城是幽燕的咽喉要地，辽国这次出兵，恐怕势在必得。如果遂城失守，那么泽州、潞州也将不保。谁愿带兵去救援？"杨光美上奏说："杨业父子常想建功立功，以报答陛下的恩德。如果把这个任务交给他们，肯定能击退辽军。"太宗答应了他的建议，封杨业为幽州兵马使，让他率兵五千，去遂城救援。杨业领命后，安排长子杨渊平统领留下的部队，自己和杨延德、杨延昭率领部队第二天离开汴京，向遂城进发。杨家军在离遂城不远的赤冈安营之后，杨业先派人到城中去送信。刘廷翰得知来救援的人是杨业，喜出望外，召集手下商议说："杨业是当今的虎将，辽兵不是他的对手，你们整顿好兵器，准备接应。"

杨业父子率兵在平原上排开阵势，忽然见到远处来了一队人马，旌旗蔽日，尘土漫天。杨业来到阵前，看到敌军中一员大将黑脸，大耳朵，怒目圆睁，此人正是耶律沙。耶律沙勒马问杨业："你是什么人？报上姓名来。"杨业笑着说："贼人敢来我大宋边境挑衅，今天你死到临头，还问我什么大名？"耶律沙问部下："谁先出战，挫一挫宋军的士气？"话没说完，骑将刘黑达应声而出，纵马舞刀，朝杨业杀去。杨业正准备亲自

杨家将

刘黑达应声而出，纵马舞刀，朝杨业杀去。五郎杨延德一骑飞出，抡斧挡住刘黑达。

迎敌，五郎杨延德一骑飞出，抡斧挡住刘黑达。两人在两军的呐喊声中打斗，战到第七个回合，杨延德假装露出破绽，调转马头逃走。刘黑达立功心切，紧追不舍，就在快要追上的时候，杨延德调转马头，当面一斧，把黑达连头带盔，劈死在马下。

辽军中的耶律胜骑马赶来，挥舞着大刀要替刘黑达报仇。杨延昭挺

枪而出，与他交战，两人杀作一团。杨延昭奋力一刺，把耶律胜刺死在马下，鲜血四溅。

杨业看到两个儿子都打了胜仗，就趁势指挥大军冲向辽军阵营。耶律沙挥舞大刀，奋力作战，但无法阻挡杨家军，只能逃走。杨业骑马杀入敌人阵营，左冲右突，如入无人之境。辽军大乱，死者无数。刘廷翰打开西门，带兵冲出。耶律斜轸带领部下向瓦桥关逃去。杨廷翰与杨业会合，一起追击，杀得辽军血流成河，死者无数，还得到了很多辎重衣甲。

杨业大获全胜之后，带领部下在遂城南边驻军，他与手下诸将商议说："辽军退到了瓦桥关，我们应当趁势追击，将他们一举剿灭。"刘廷翰说："耶律休哥智勇双全，不好对付，既然已经逃走，元帅就先在遂城好好休息，时机一到，再出兵征讨。"杨业说："兵贵神速，不给敌人留时间，出其不意才能破敌取胜，这次一定要出兵追击。"诸将得到命令，率军杀向瓦桥关，并在黑水东南摆开阵势。

耶律休哥听说宋军追来，与耶律斜轸商议说："杨家父子果真勇猛，杀我将士如斩瓜切菜一般，没人敢与他们交锋。如今他们来进攻瓦桥关，我们只能坚守，不能出战；等他们粮草耗尽，再出兵作战，一定能一雪前耻。"耶律斜轸同意他的做法，于是下令诸将，坚守关口，按兵不动。宋军乘势攻打瓦桥关，无奈关上石头与弓箭纷如雨下，宋军根本无法靠近，一连攻打了十几天，都不能破城。

杨业带领几十个人骑马出关，察看地形，远看靠左一带是辽军屯粮草的地方；右边是黑水河，岸边就是辽军的兵营。杨业视察一番，回到军中召刘廷翰来商议，说："辽军坚守不出，是想等我军粮草耗尽，然后再来攻打。如今正是严冬时节，北风大作，草木干枯，如果用火攻，肯定可以破敌。"刘廷翰说："小将也正有此意，只担心耶律休哥已经识破了这一点。"杨业说："我自有办法将他制服。"杨业派人去找来一位老乡，问他："瓦桥关左侧有没有小路可以通行？"这位老乡说："只有一条小路，人马很难通行，但如今被辽兵用石头树木堵住了。"

杨业听后，让人赐这位老乡酒食，接着召来杨延德，对他说："你带步兵五千，卸下盔甲，轻装上阵，秘密从那条小路上过去，每个人都带好火具，等两军交战的时候，放火烧掉辽军的粮草。"杨业又对杨延昭说："你带五千骑兵，趁黄昏渡过黑水河，敌人肯定会等你渡到一半的时候出兵袭击，那时你就退回岸上，假装逃走，我会安排人马接应你。"杨业对刘廷翰说："你与崔彦进率领部下，等杨延昭退兵的时候，在岸边接应。敌人看到关后起火，肯定会乱了阵脚，那时我们就出兵攻击，一定能大获全胜。"杨业安排好之后，自己站在高处，统领全局。

话说耶律斜轸看到宋兵久攻不下，有些懈怠，整天跟手下的人一起饮酒作乐，同时派人去打探宋军的消息。有人回报，说："宋军准备渡过黑水河，偷袭燕城。"耶律斜轸笑道："人家都说杨业用兵如神，我看徒有虚名。"说完，命令耶律高率领五千精兵在岸边严守，趁敌人渡河的时候出兵袭击。耶律高领兵去了。耶律斜轸又派耶律沙、韩暹（xiān）带一万人马，袭击宋军阵营。安排完毕之后，耶律斜轸与耶律休哥两军会合，等待接应前方。

黄昏时分，杨延昭带兵渡黑水河，还没走到一半，耶律高便率领精兵杀了出来。杨延昭一边作战，一边退回南岸。辽军渡过黑水河，与杨延昭部队交锋。杨延昭边战边退，不一会儿突然听到几声炮响，两岸箭如雨下。刘廷翰早已在岸边等候，正好遇到耶律高，两人打成一团。耶律沙与韩暹两人率领辽军攻打宋营，喊声如雷，勇往直前。此时杨延德已经带领步兵偷偷穿过小路，听到前面开始交战，便让部下放火烧毁辽军粮草。正值狂风大作，火势凶猛，守粮草的辽军纷纷逃走。耶律高见关后起火，赶忙原路杀回，结果被刘廷翰赶到近前，斩落水中。此时耶律沙已经知道中计，带兵来救援，杨延昭、刘廷翰等人合兵一处，一起进攻，辽兵纷纷丢盔弃甲，四散逃命。杨延德带兵从关后杀出，耶律休哥掩护耶律斜轸向蓟州逃去，宋军乘机夺取了瓦桥关。此时天还没亮，到处火光冲天，浓烟滚滚，被杀死的辽兵不计其数。

第二天天亮，杨业说："我们可以乘势追击，围攻燕城。"刘廷翰说："杨令公已经威名远扬，辽军都被吓破了胆，但是如今粮草供应不上，不适合深入敌人境地作战。"杨业表示同意，于是在瓦桥关驻军。

耶律斜轸又吃了败仗，愤怒不已，准备整合将士，再与杨业决一死

战。耶律休哥对他说："胜败乃兵家常事，元帅不必以此为耻，可以奏明圣上，等援兵一到，再去征战宋军。"耶律斜轸听从了他的建议，派人去奏明萧太后。萧太后得知前方又打了败仗，吃惊地问："宋军由谁统领，竟然如此无敌？"上奏的人说："是当年河东山后的杨令公。"萧太后说："久闻大名，人称'杨无敌'，果真名不虚传。"说完，萧太后派大将耶律奚底率领五万人马前去救援。耶律奚底领命后当天就从幽州出发了。

第十四回
太宗大宴众将士

消息传到宋军营中，杨业与众将商议说："既然辽军又来侵犯，我们就与他作战。等我上报朝廷，备足粮草、军饷，一举平定幽州，然后班师回朝。"刘廷翰等人纷纷表示同意。杨业派团练使蔡岳回汴京奏明太宗。太宗听说前方接连打了胜仗，并且大军已经兵临幽州，非常高兴，又问辽国有什么消息。蔡岳说："辽国将士深受其辱，现在又带着兵马来战。杨主将屯扎在瓦桥关，因为粮草不足，所以没敢进兵，特意派臣来奏明圣上。"太宗与群臣商议，准备亲自上阵，征讨大辽。

枢密使张齐贤上奏说："圣人做事都会三思而后行。自古以来，边疆上的纷争不都是由外敌所致，很多是因为守边的将士导致的。如今应该加强边关守备，让关内百姓休养生息，这样辽国就不会再对中原造成什么威胁。"赵普也上奏说："张齐贤说得对，希望陛下能召杨业回京，并下令严整边防守备。"太宗赞同两人的说法，当天就下诏书并派人送往前线，召集北伐部队班师回朝。

杨业收到圣旨之后，与诸将商议说："朝廷既然命令班师回朝，我们可以将部队分为前后两队，谨防辽军从背后袭击。"杨延德说："大人连胜辽军，再有十几天的时间就能攻下幽州，实在是机会难得。不如我们先去攻打幽州，等获胜后再班师回朝，以报答朝廷的知遇之恩，岂不是更好？"杨业说："我也想这样，但是圣旨已经下了，又怎能违抗？如果不班师回朝的话，就是抗旨不尊，即便是建了一些微小的军功，也是功不抵

过。"杨延德听后不敢再说什么。第二天，杨业安排刘廷翰坚守遂城，自己率领部下离开瓦桥关，向汴京方向进发。

杨业回到京都，随即入朝去见太宗。太宗赏赐了他很多金银财物，另外设宴款待出征的将士，君臣开怀畅饮之后才散去。

这一年，大宋改年号为雍熙元年①。十月的时候，太宗想起了华山隐士陈抟（tuán）。陈抟是亳（bó）州真源人，多次考进士都没考中，于是游历四方，以山水为乐，最后隐居在华山灵台观。他每次入睡后，一百多天不醒来，所以有人称他是"大睡三千，小睡八百"。当初陈抟骑驴过天津桥，听说宋太祖攻下了汴京，大笑着从驴身上掉了下来，说："从此天下就太平了。"太宗派人到华山去召陈抟赴京。

陈抟收到传召后，跟随使臣一起回到汴京，朝见太宗。太宗对他非常尊敬，并安排他到中书省②。宋琪与他交谈，问他："先生有什么修养之道可以传授吗？"陈抟笑着说："小道不过是山野之人，既不知道神仙炼丹的事，也不懂得养生的道理，没有什么可以传授的。不过，就算是我懂得如何升天，对当今世上又有什么作用呢？如今圣上气色很好，有天子的仪表，又博古通今，平定四海，是千载难逢的明君。"第二天上朝的时候，宋淇将他的话转述给了太宗听。太宗于是下诏，赐陈抟"希夷③先生"的名号，并亲笔写下"华山石室"四个字送给他，将他送回华山。陈抟谢过之后告辞离去。

当时边境安宁，太宗想与百姓共享太平盛世，便下诏书，赐京城的百姓饮酒三天。诏书传下去之后，京城的百姓无不欢呼雀跃。到了这天，太宗亲自登上丹凤楼，与群臣一起观看百姓饮酒。从楼前到朱雀门，一路上都安排人奏乐，并有山车④、旱船等项目穿梭其中。一时满城中都回荡着乐声，观看的人也熙熙攘攘，一副富贵景象。

第二天，太宗在后苑设宴，宴请群臣，并与大臣们一起饮酒赏花。正在赏花的时候，平章事宋琪上前说："小臣不才⑤，愿

① [雍熙元年]

雍熙元年为公元984年，是宋太宗的第二个年号，北宋使用这个年号共四年，即984—987年。雍熙年间最大的事件是宋太宗决定收复北部16州而发动的雍熙北伐，但是这场战役以北伐军失败而告终。

② [中书省]

汉朝时设立的古代官署的名字，最初叫中书令，后来改为中书监，晋朝之后改名为中书省。隋唐时期这个机构的权力发展到最大，其主要职责是顺应皇帝的意思，掌管国家大事，发布政府命令。到了明朝和清朝，中书省逐渐被废除。

③ [希夷]

"希"指视而不见，"夷"指听而不闻。

④ [山车]

一种带棚子的车，主要用来在庆典和仪式上娱乐。

⑤ [不才]

没有才能的人，是对自己的谦称。

杨家将

平章事宋琪上前说："小臣不才，愿意赋诗一首。"太宗看后非常高兴，李昉和吕蒙正也各自出来献诗。

意赋诗一首。"说完便展开花笺，下笔写了一首诗。太宗看后非常高兴，让人给宋琪赐酒。李昉和吕蒙正也各自出来献诗。

太宗看完这三首诗，认为各有特色，下令让人将这三首诗刻在赏花亭下。太宗又说："国家虽然暂时安稳，但军事上不可有丝毫懈怠。如今辽蓟还没有平定，朕日夜为此担忧。现在在座的诸位，都出来练练骑马射箭，比试一下武艺。"

太宗命令军校在后苑的空隙地方立起箭垛，在一百步远的地方划好

界线。将武官分为两队，王爷们都穿红袍，元帅将军们都穿绿袍，每个人都带着弓箭，骑在马上等候太宗发号施令。太宗说："今天有能射中箭靶红心的人，赏赐骏马和锦袍，若是射不中，就派出去镇守边关。"话音刚落，穿红袍的队伍中冲出一个人，原来是秦王廷美。只见他勒马上前，弯弓搭箭，一下子正中箭靶红心，一边观看的人都暗暗称奇。廷美跳下马来，到太宗面前请赏。太宗高兴地说："没想到侄儿射术如此精湛。"太宗赐给他骏马和锦袍，廷美谢恩后退下。忽然穿绿袍的队伍中也冲出一个人，口中喊道："小将愿意试一试。"原来是大将曹彬，只见他纵马上前，弯弓搭箭，一箭正中红靶心，一边观看的人都感叹不已。曹彬下马来到太宗面前跪下，太宗同样赐他骏马和锦袍。当天君臣尽欢后散去。

夜里秦王等人从后苑出来后，路过楚王元佐的门口。元佐是太宗的长子，自幼聪明，长相也像太宗，太宗对他喜爱有加。后来他身染重病，总不能痊愈，听到外面有乐声传进屋子里，便问下人："是谁夜里路过府门竟敢奏乐？"下人们回答说："今天圣上在后苑宴请诸王和武将，比试射术，并奏乐助兴。刚才秦王射中靶心，太宗赏赐他骏马和锦袍，他退下的时候奏乐相送。"元佐大怒，说："他人都被请去赴宴，唯独不请我，这是把我遗弃了。"他一边愤怒一边饮酒，一直到半夜，最后放火把自己的宫室烧了。城中人都被吓坏了，官军赶来救火，但已经来不及了，可惜一片雕梁画栋，绣阁琼楼，全部烧成了灰烬。第二天太宗知道了其中的缘由，下诏书将元佐废为庶人①，并安置到均州。元佐惭愧不已，但是无奈诏书已下，只好带着仆人去了均州。

① [庶人]

庶民，没有官爵的平民。

第十五回
高怀德自刎岐沟关

　　耶律休哥等人一直想找机会一雪遂城之耻，便经常派人去汴京打探消息。探子回报，说宋朝君臣整天饮酒作乐。耶律休哥听到这个消息，上奏萧太后说："臣上次出师未捷，辽军大败，罪该万死。如今听说宋朝君臣整天寻欢作乐，朝政荒废，不如趁此机会出兵攻打汴京，以雪前耻。"萧太后听后，说："你连年征战，每次都出师不利，宋朝国势强大，不可冒进，这件事还应该慢慢商议。"耶律沙上奏说："如今机会难得，不如趁其不备，出兵征讨，可以将他们一举拿下。"萧太后看到众人都有这个意向，便下旨，任命耶律休哥为监军，耶律沙为先锋，其余将士供他们调遣。耶律休哥领命之后，很快便率领十万精兵，向朔州、云州方向进发。

　　消息传到汴京，太宗得知后大怒，说："蛮人又来挑衅，朕应该亲自征讨。"宋琪等人上奏说："辽军又来侵犯边境，我们将帅充足，何必劳烦陛下亲征，要是在战场上有什么意外，反而有损国威，只需派遣大将去对付就行了。"太宗还在犹豫，张齐贤也竭力劝阻，说："如果陛下御驾亲征，车马劳顿，百姓跟着吃苦，希望陛下体恤百姓。"于是太宗打消了亲征的念头，并任命曹彬为都督，潘仁美、呼延赞、高怀德等人为副将，率兵十五万，征讨大辽。

　　曹彬等人领命之后，各自安排部下准备出征。太宗又下令："潘仁美先带兵去云州、朔州，曹彬等人带十万将士，放出话去，要攻打幽州，路上行军要放慢脚步，不要贪功。辽军知道大军到来，肯定先救范阳，顾不

上山后。"曹彬等人领命退下。大军离开了汴京，潘仁美、杨业、高怀德率三万人马，向寰（huán）州进发。曹彬、呼延赞向新城进发。

　　曹彬率领大军来到新城外五十里的地方下寨。新城的守将是辽军大将贺斯，他得知宋兵到了城外，便打开城门，带兵出来迎战。两军摆开阵势，曹彬一身盔甲，精神抖擞，站在门旗下，对贺斯说："我主仁明英武，统一天下，不如赶紧投降，保你荣华富贵。"贺斯大怒，说："你无故带兵犯我边境，要是能赢得了我手里这把刀，我就投降。"曹彬看着手下诸将说："谁去捉住这个贼人？"呼延赞应声而出，挺枪跃马，向贺斯杀去。贺斯挥舞大刀，上前迎战，两军呐喊声不断。两人打了三十多个回合，贺斯体力不支，调转马头逃走。呼延赞快马追上去，从背后将他一枪刺落马下。辽兵看到大将被杀，阵脚大乱，曹彬乘势调动大军，杀向辽军，大获全胜，夺取了新城。

　　第二天，宋军来到飞狐岭，守城的是辽将吕行德。吕行德知道宋兵来到，与手下招安使大鹏翼等人商议说："宋军十分强大，我们不是他们的对手，不如解甲投降，免得将士们吃苦。"大鹏翼等人说："宋军远道而来，肯定疲惫不堪，不如乘势攻击，怎么能一上来就投降呢？"吕行德于是派大鹏翼带手下兵马出城迎敌。只见宋军漫山遍野，浩浩荡荡，大鹏翼让手下士兵稳住阵脚，自己来到阵前，大声骂道："宋军贪得无厌，如今犯我边境，今天就杀你个片甲不留。"宋军阵中呼延赞挺枪而出，大鹏翼抢斧迎战。两人打了五十多个回合，呼延赞假装逃走，大鹏翼紧追不舍，呼延赞看到大鹏翼离自己越来越近，大喝一声，吓得大鹏翼措手不及，被呼延赞从马上活捉。宋军乘势进攻，辽军投降的士兵不计其数。曹彬下令在城下将大鹏翼斩首示众。

　　第二天，吕行德出城投降。宋军攻下飞狐岭之后，长驱直入，来到灵邱。灵邱的守将是胡达，他得知宋军到来，带兵出城迎战。呼延赞来到阵前，厉声骂道："来者快快下马投降，饶你不死，不然只有死路一条。"胡达大怒，骂道："不要猖狂，今天就捉了你献给皇上。"说完抢着刀冲了过来，呼延赞举枪迎战。两人打了一百个回合，不分胜负。呼延赞心想："这贼人武艺高超，不能硬拼，需要智取。"随即调转马头假装逃走，胡达在后面紧追不舍。等绕到阵前，呼延赞按住长枪，拿出金鞭，此时胡达刚刚追到身边，呼延赞怒目圆睁，高举金鞭，一下子打在了胡达头上，胡达当场毙命。曹彬率军一拥而上，辽军大败。宋军攻下了灵邱，并得到五千投降的士兵，还有众多的车马辎重。曹彬对呼延赞说："近来作战，都是将军的功劳，我不能与你比。"呼延赞说："都是元帅的神机妙算，小将哪有什么功劳？"曹彬对呼延赞的气量敬佩不已，并派人向太宗报捷。

太宗得知前方消息后大吃一惊，说："没想到进兵速度如此之快！"于是太宗派人到灵邱去降旨，命令曹彬等潘仁美的人马到了再一起进兵。曹彬领到圣旨后，正在犹豫，忽然有人来报说潘仁美已经带着大军离开雄州，来与自己会合。曹彬大喜，立即安排骑军前去迎接。第二天，潘仁美来到灵邱，见到曹彬，才知道曹彬已经率军接连攻下了几座城池。两军会合后，当天就向涿州进发。

耶律休哥在云州屯兵，得知宋军已经来到涿州的消息，便下令行军，在涿州城南安营扎寨，与宋军的营寨只相距五里。耶律休哥召来耶律沙，对他说："宋军深入我国境内，他们长途跋涉，一定非常辛苦，你带两万人马到城南坚守，等看到宋军显露出疲惫的状态，就出兵袭击。"耶律沙领命退下。耶律休哥又对华胜说："你带一万步兵，到灵邱的树林中埋伏，阻拦宋军的粮草补给。"华胜领命退下。安排好之后，耶律休哥晚上就派轻骑兵到宋军营地里去骚扰，白天就以精兵虚张声势。

曹彬不断安排手下将领到城下去叫战，可是辽军一直按兵不动。宋军看到辽军部队精锐，也不敢贸然进攻。一连十几天，宋军晚上不断受到辽军骚扰，而且粮草渐渐耗尽，曹彬派人去打探才知道最近运来的粮草半路上都被辽军抢走了。曹彬非常吃惊，与潘仁美等人商议，说："我们率军深入敌境，粮草军饷供应不上，辽军肯定会出兵来袭击，到时候肯定会打败仗。不如先撤回雄州，等粮草军饷充足之后，再来征讨。"潘仁美同意他的说法，当即下令退回雄州，并派人将这件事回汴京奏明太宗，要求援助粮草军饷。

太宗收到消息之后有些不高兴，说："面对敌人临阵退缩，等待粮草

支援，实在是下策。"于是太宗急忙派人制止曹彬退兵，下令让他带兵沿白沟河前进。曹彬立即召集诸将，商议如何进兵。潘仁美说："对手声势浩大，我们又不熟悉这里的地理环境，不如屯兵雄州，等待时机，这才是上策。"高怀德说："如果在这里逗留，反而让敌人知道我们粮草已断，他们肯定会来袭击，不如先虚张声势，向前进发，或许能有机会获胜。"曹彬见手下议论纷纷，不得已，下令让士兵各自带粮食前进。就在宋军快要到达涿州的时候，耶律休哥得到了消息。他马上派人通知耶律沙趁机出兵；同时他又派耶律呐带一万人马，到巢林里埋伏好，等待宋军到来。安排完毕之后，耶律休哥与耶律奚底带兵出岐沟关，与宋军交战。

快到中午的时候，宋军已经走了一天一夜，当时正值夏天，人马饥渴，酷暑难耐。耶律休哥率辽军摆开阵势，挡住了宋军的去路。看到辽军声势浩大，宋军士兵心中不免胆怯。高怀德率先出马，大骂道："辽贼快来投降，饶你一死。"耶律奚底被激怒，挥舞战斧，向高怀德杀来，高怀德举枪迎战。两人战了五个回合，耶律奚底调转马头逃走，高怀德在后面紧追不舍。曹彬见状，调动大军进攻，耶律休哥率军一边阻拦，一边往关中撤退。等宋军来到关口，忽然巢林中一声炮响，耶律呐率领伏兵杀出，将宋军截断。曹彬大惊，率军逃走，辽军万箭齐发，曹彬的坐骑中箭而死。就在这危难关头，呼延赞及时赶到，大叫道："跟着我一起杀出去！"呼延赞在前，曹彬在后，两人拼死杀出重围。

此时耶律沙带兵从潘仁美后面抄袭，将潘仁美困住。高怀亮奋勇杀敌，怎奈辽军人多势众。呼延赞保护曹彬回到营中，又见南边杀声震天，便对曹彬说："肯定是宋军被围困了，我去救援。"说完就骑马赶去。在路上呼延赞正巧遇到潘仁美，只见他丢盔卸甲，十分狼狈。呼延赞杀退追兵，保护潘仁美回到营中。高怀亮正在与耶律沙大战，但是后面已经没有人马接应他，结果被耶律沙赶到关口，一刀砍死。高怀德突出重围，前来营救，耶律休哥指挥辽兵在后面追杀。高怀德血染战袍，他部下将士也所剩无几。耶律呐带兵赶到，乱箭齐下，满天飞箭如同蝗虫一般。高怀德臂膀中箭，他忍着疼痛把箭拔出来，继续作战，又杀死了几十个辽兵。最后见形势危急，知道自己已经无路可退，高怀德心想："我身为宋朝大将，

杨家将

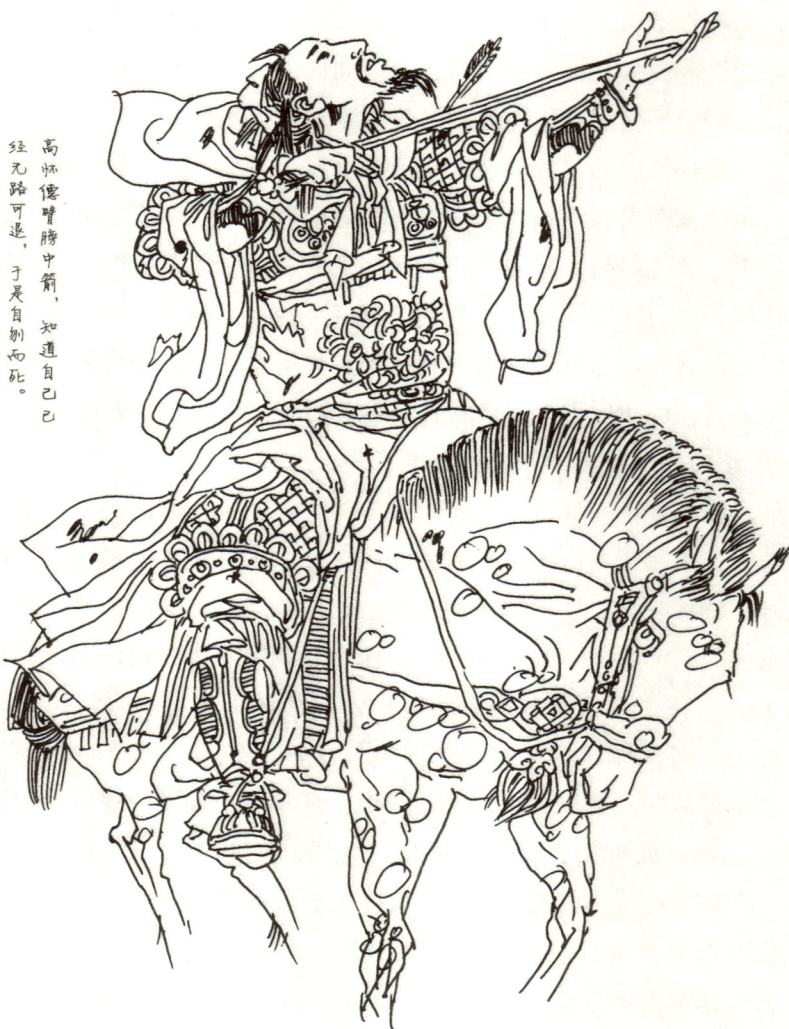

高怀德臂膀中箭，知道自己已经无路可退，于是自刎而死。

绝不能被敌兵侮辱。"于是自刎而死。可怜高怀德兄弟二人，都死在了这场战斗中。

　　高氏兄弟阵亡之后，耶律休哥等人将部队会合到一起，乘势追击宋军。当时恰逢大雨，宋军无法前行。呼延赞保护着曹彬、潘仁美等人来到马河边上，得知高怀德兄弟二人都已经战死，曹彬等人哀痛不已。就在这时，忽然听到炮声连天，原来是耶律休哥带兵追来了。曹彬不敢停留，连夜渡过河去。耶律休哥看到宋军已经渡过河去，于是收兵回营。第二天，

河里满是浮尸，河水都被阻断，岐沟关下被丢弃的盔甲辎重堆积如山。曹彬等人退到新城，清点将士，发现损失了六万多人，曹彬派人到汴京去请罪。

太宗得知前方打了败仗，大吃一惊，说："都怪寡人考虑不周！"于是太宗立即下令让曹彬班师回朝。曹彬领旨之后，安排副将米信坚守新城，自己跟随大军回到汴京。回到汴京之后，曹彬入朝见太宗，跪在台阶下请罪。太宗安慰他说："你们不熟悉地势，被贼兵暗害，今后要以此为戒。"曹彬谢恩退下。太宗下诏，命令呼延赞屯兵定州，田重进屯兵灵邱，以防辽兵再来侵袭。呼延赞等人领命后退下。曹彬因出师不利而闷闷不乐，上奏要求辞去自己的兵权。太宗答应了他的请求，将他降为房州刺史。太宗又怀念战死的高怀德，封他的两个儿子高磷、高风为代州团练使。

耶律休哥大胜宋军之后，派人传捷报给萧太后，并请求大举南下。萧太后看到捷报后非常高兴，派人到涿州对耶律休哥说："等到秋后粮草充足兵强马壮之时，再起兵南进。"耶律休哥领旨后按兵不动。太宗得知辽军在云州驻守，仍旧有侵犯的野心，便召集群臣，商议对策。八王上奏说："辽军越来越猖獗，陛下只需下令边关守将修整兵器、军械，不时骚扰辽国边境，让敌人疲于奔命，边境的隐患自然就消除了。"太宗同意他的看法，立即下令给边境守关的将帅。

这天，太宗在大殿上对众臣说："先帝在的时候，有一个心愿未了，那就是去五台山还愿，临终的时候还特意托付此事。如今朝廷的事情并不多，朕准备前往五台山，帮先帝还愿。"话刚说完，寇准出列上奏说："虽然先帝确实有这个心愿，但是事情要分轻重缓急，近年大宋与辽军征战不断，将士们不得安宁。再说，五台山在辽国境内，耶律休哥在云州、朔州等地屯有重兵，倘若陛下车驾一动，敌人便能知情，要是趁机袭击陛下，该如何是好！不如等边境安宁了，再去也不迟。"太宗听后半天没说话。潘仁美上奏说："臣保举一人，让他护送陛下前去还愿，保证万无一失。"太宗问："你保举何人？"潘仁美说："代州刺史杨业的长子杨渊平，这人文武双全，敌人也敬畏三分。若是让他护送车驾，肯定万无一

87

杨家将

①［禁军］

古时候直接归皇帝管辖，担任护卫帝王或皇宫、首都警备任务的军队，也被称为禁卫、亲卫、御林军等。

失。"太宗非常高兴，于是下诏书，任命杨渊平为护驾大将军，让他带两万禁军①，护送圣上前往五台山。杨渊平领旨之后，准备妥当，等待出发。没过几天，太宗车驾便离开汴京，在杨渊平的护送下浩浩荡荡向晋阳进发。

第十六回

杨渊平战死幽州城

太宗的车驾离开汴京，一路前行。五台山上的寺院长老智聪率领众人在龙津驿站迎驾。车驾来到寺门外，有人带领太宗进入寺庙，在龙椅上坐好，文武官分列两边。太宗下令，让仪司官①把香礼交给寺庙的僧人，在佛案前整齐摆好。僧人们敲动钟鼓，太宗躬身下拜，祷告说："朕今天来到这里，一是为了帮先帝还愿，二是为天下百姓祈福，三是愿天下安宁，四海太平。"当天晚上，太宗在元和宫中就寝。

第二天，大臣们上奏说："陛下已经还完愿了，应该早点回汴京，免得发生意外。"太宗说："朕平时深居宫中，难得有机会来这里一次，我们暂缓一天再离开。"大臣们不敢再说什么。太宗让寺里的僧人给他带路，并带着大臣们一起来到寺外，欣赏美景。太宗望见前面有一座山，与幽州和晋阳相连，山上有一座奇峰，层峦叠翠，非常优美。太宗看过之后，又指着前面一片开阔的地带问道："那野草连天的地方是哪里？"潘仁美上奏说："那里是幽州，自古以来就是建都的好地方，那里风景也很好。"太宗说："朕应该与文武诸臣去那里游玩一番。"八王赶紧上奏说："幽州是辽国萧太后居住的地方，陛下要是去那里，就等于自投罗网，还是赶紧整理车驾回汴京好。"太宗说："当初唐太宗平定辽东的时候，也是亲临战场，如今朕有千军万马，

①［仪司官］
掌管庆典、仪式礼仪的官员。

89

还会怕她萧太后不成？众臣只要跟着朕去就是了，不要担心。"八王不敢再劝阻。

当天车驾离开五台山，来到邠（bīn）阳城境内。这时，前方忽然旌旗蔽日，尘雾遮天。有人来报，说前面有辽军拦路。太宗问："谁去探视一番？"话音刚落，有人应声出列。此人身高六尺，威风凛凛，原来是保驾将军杨渊平。他率领骑兵来到阵前。辽军阵营的旗门下面有一位大将，只见他面如黑铁，眼若流星，手中拿着一柄大杆刀，胯下骑着一匹赤鬃（zōng）马，这人正是辽将耶律奇。耶律奇大叫道："宋人赶紧离开，饶你们不死，不然的话，就是自取灭亡。"杨渊平大怒，说："你这蛮人，竟敢来阻拦圣驾，真是自寻死路。"说完之后挺枪跃马，杀了过去。耶律奇挥舞大刀，上前迎战。两军呐喊声震天响，两人一阵恶战。打斗了一会儿，耶律奇发现自己不是杨渊平的对手，于是调转马头逃走。宋军乘势追击，辽兵大乱，自相践踏，死者无数。杨渊平追出去五里，回来见太宗，把击退辽兵的事上奏。太宗听后非常高兴，下令车驾进入邠阳城中驻扎。

耶律奇带着残兵回到幽州，奏明萧太后："宋朝皇帝就驻扎在邠阳城，臣与他作战被打败。"萧太后大吃一惊，问宋朝皇帝为什么要来这里。有大臣回复说："宋朝皇帝前天在五台山还愿，顺便来这里游玩。"萧太后说："以前诸位大臣要兴师动众去讨伐他，没想到如今他自己送上门来，有这样的好机会，为什么不把他捉住呢？"话没说完，天庆王耶律尚上奏说："臣愿意带兵前去，一定活捉了宋朝皇帝回来献给陛下。如果有人跟我一起去，助我一臂之力就更好了。"此时韩延寿出列说："臣愿意一同前往。"萧太后大喜，派他们领一万精兵前去。耶律尚当天就带领部下离开幽州，来到邠阳城下，将城池四面围住，水泄不通。

太宗车驾被困在邠阳，他后悔不已，只能派杨渊平出兵作战。杨渊平上奏说："辽军刚到，士气正旺，如果在这时候跟他们交锋，必输无疑，不如等几天再战，肯定能取胜。"太宗准奏。

耶律尚亲自督战，辽军在城下猛攻，杀声震天，城里人听到无不心惊胆战。太宗亲自登上城楼观望，只见四处都是辽兵，黑压压一片。太宗对

身边的大臣说："辽军人太多，我们如何脱身？"潘仁美上奏说："陛下不要担心，杨业就屯兵在代州与幽州相接的地方，只要派出一人去求救，肯定能打退辽军。"太宗问道："谁愿意去代州一趟，传谕给杨业，让他来救援？"杨渊平站出来说："臣愿意前往。"太宗把圣旨交给他，他藏在身上，披挂上马，从东门杀了出去。刚出城门，正巧辽将刘弼路过，将杨渊平拦下。杨渊平二话不说，一枪就把刘弼刺落马下。杨渊平杀出重围，来到代州，把圣旨交给父亲杨业，并将事情的经过都告诉了杨业。杨令公领命，立即带兵出发。父子八人离开代州，前往邠阳。

消息传到辽军阵营，天庆王得知后，召集诸将商议，说："杨业不好对付，他们父子来救驾，肯定会拼命作战，我们不如先把城外的兵马撤了，放他们进城，然后再围城，不出一个月，他们君臣就会被困死在城中。"大家都表示同意。于是天庆王下令，辽军人马撤退五里。

杨业得到前方消息，说："辽军不战而退，肯定有阴谋，我们先进城去见陛下，再想办法脱身。"杨渊平随即整顿军马，进入城中，朝见太宗。太宗看到杨家父子，十分高兴，说："要不是你们来救援，敌人怎么会退去？朕听说辽军听到杨家父子的名字就闻风丧胆，看来果真如此。"杨业上奏说："蛮人性格多变，捉摸不定，这次他们退兵肯定还会再来围城。希望陛下赶紧整顿车驾，臣父子拼死保卫陛下离开。"话音刚落，就有人来回报，说："辽军重新杀回，将城池围住。"太宗大惊，说："果然不出你所料。"杨业说："辽军人太多，车驾难以出门，等臣先去看看敌人的声势，再想办法离开。"太宗准许，杨业退下。

第二天，杨业率领儿子们登上城楼观望，不禁感叹道："辽军兵马如此强壮，我们父子虽然能杀得出去，但如何能保护文臣不受伤？就算是诸葛亮在世，恐怕也无计可施。"杨渊平说："那总不能在这里坐以待毙吧？"杨令公说："我倒是有一个计策，只是找不到如此尽忠的人。"杨渊平笑着说："大人平日里常说，要以死报答宋朝国君，如今陛下有难，儿子不孝，愿意以死相报。"杨令公非常高兴，说："这个计策要是成功了，可以保住君臣的安全。我明天就上奏圣上，实行计划。"

第二天，杨令公去见太宗，上奏说："臣昨天看到敌军声势浩大，陛

杨家将

①[纪信救高祖]

纪信是汉高祖刘邦部下的大将。公元前204年，刘邦被项羽围困在荥阳城里，不能逃脱，最后纪信献计，假装投降。夜里刘邦混在一群妇女中从西门逃脱，而纪信假装刘邦，坐在龙车上出城投降。最后项羽发现刘邦是纪信假扮的，一气之下让人放火烧毁龙车，纪信也被烧死。

下要想离开这里，只有一个方法，就是效仿汉朝时纪信救高祖①离开荥（xíng）阳的做法：先找人假扮陛下，在西门向辽军递交投降书，然后臣保护车驾与文官们从东门逃走。"太宗说："这个计划虽然很妙，但是由谁来假扮朕？"杨令公说："臣的长子杨渊平愿意担当此任。希望陛下赶紧下诏，然后派人到辽军中去投降，要是晚了，计划泄露，就难办了。"太宗听后，于心不忍，说："寡人平日里没有给你们父子什么大恩，今天竟然要损失亲人来救我，真是于心不忍啊。"杨渊平上奏说："事情已经迫在眉睫，若是辽军攻破城池，恐怕就全军覆没了，到那时即便留着我们父子又有何用。奋力保护陛下突出重围，是臣子应尽的责任，又有什么好可惜的？"

话没说完，守城将士来报，说："南门快要塌了，辽兵正在往上爬。"杨渊平说："陛下赶快脱下龙袍。父亲与六郎延昭、七郎延嗣保护车驾从东门出去。小人与弟弟二郎延定、三郎延辉、四郎延朗、五朗延德出西门假装投降。不然的话，君臣都逃不掉。"太宗迫不得已，脱下龙袍，并把天子的车驾等物一并交给杨渊平。

杨渊平派人到辽军阵营中去递交投降书。辽军大将天庆王拿到宋朝皇帝的投降书，召集众人商议该如何应对。韩延寿说："宋军被围困在城中，无法逃脱，所以出来投降，也在情理之中，将军应当接受。"

②[白旗]

在古代战争中，用白色的旗帜表示投降或议和。

宋军在城西门立起白旗②，表示投降。辽军在城下摆开阵势，等太宗出城投降。就在这时，太宗跟文官武将一起出了东门，往汴京方向逃去。杨渊平端坐在车上，前后打着几面黄旗，把他挡住。辽将天庆王高喊："既然宋朝天子愿意归降，就请出车驾相见，绝无伤害之意。"杨渊平在车里听到这番话后，让左右掀开罗幔，只见天庆王骑在马上，一副旁若无人的样子，十分傲慢。杨渊平大怒，大喊一声："不杀此贼，不足雪耻！"当即弯弓搭箭，一箭射中了天庆王。天庆王倒地而死。看到天庆

杨渊平跳出车驾，厉声喊道："我乃杨令公之子杨渊平！谁敢来战！"

王已死，杨渊平跳出车驾，厉声喊道："我乃杨令公之子杨渊平！谁敢来战！"辽兵大吃一惊。韩延寿大怒，下令辽军一起进攻，捉拿杨渊平。韩延寿挺枪跃马，朝杨渊平冲了过去。杨渊平还没来得及迎战，就被韩延寿一枪刺死。杨延定骑马来救，耶律奇拍马而出，两人打在一起。虽然杨延定占据上风，怎奈部下已经被冲散，辽兵将他围住，斩断马腿，将他掀翻在地，结果杨延定死在乱军之中。杨延辉看到形势不妙，冲出重围逃走，不出一里，他的坐骑就被芦苇草里的长钩套索绊倒了。杨延辉还没等站起来，就被赶来的辽兵杀死。杨延朗知道兄弟们被杀，慌乱中冲出重围，结果被追来的韩延寿、耶律奇，以及辽军精兵围住，最后没办法突围，被辽军捉住，他的部下全都战死。

第十七回

杨五郎五台山出家

杨延德突出重围，只听到后面喊杀声不断，回头一看，辽兵正在追赶。杨延德转过树林，心想当初在五台山，智聪禅师送给他一个小匣子，说遇难的时候再打开，于是他从怀里掏出小匣子，打开发现里面有一把剃刀、半纸度牒①。杨延德领会了禅师的意思，于是把手中斧子的把柄去掉，只将斧头揣着在怀里，然后脱下战袍和头盔，挂在树上，又截短了头发，一个人向五台山走去。

①［度牒］

政府机构发给僧人以证明其合法身份的凭证。

辽军东冲西撞，直到黄昏才知道宋朝皇帝已经从东门逃走，现在已经逃出去有二百里了。韩延寿懊悔不已，只好收兵回到幽州，向萧太后上奏说："宋朝皇帝假装投降，从东门逃走，只杀了三员宋朝将领，另外还活捉一位，现在已经大胜而归。"萧太后非常高兴，说："既然这次赢了杨家父子，宋人肯定被吓破了胆，征讨的事情等以后再说也不迟。"萧太后下令将活捉的将军押上来，问道："你在宋朝担任什么职位？"杨延朗并不屈服，厉声说道："我被你们抓住，活不过今天，问那么多干什么？"萧太后大怒，说："还差杀你一个人吗？"于是下令让军校将他押出去斩首。杨延朗毫无惧色，说："大丈夫要杀要剐随你便，怎么会怕死呢？"说完之后一脸凛然，慷慨赴死。

萧太后见他出口不凡，长相英俊，不忍心杀他，便对身边杨延德脱下战袍和头盔，又剔短了头发，一个人向五台山走去。

的萧天佐说："我想饶了这人，把琼娥公主许配给他，招他做驸马，你觉得怎么样？"萧天佐说："招降是仁义的事情，这又有什么不可以？"萧太后说："只是担心他不顺从。"萧天佐说："要是以后对他以诚相待，他不可能不顺从。"萧太后把自己的打算告诉了杨延朗，杨延朗沉思了半天，心想："我现在已经被俘虏，就是死了也没什么用处，不如先答应下来，等以后再伺机报仇雪恨。"于是杨延朗说："太后饶我不死已经是我的幸运了，怎么还敢当驸马呢？"萧天佐说："陛下看你仪表堂堂，所以要把公主许配给你，你有什么好推辞的？"最后杨延朗答应下来。萧太后让人给他松绑，并问他姓名。杨延朗心想："辽国人恨姓杨的人，所以不能说自己姓杨。"于是他隐姓埋名，说自己姓木名易，在宋军中担任代州团练使一职。萧太后非常高兴，让人选了一个黄道吉日，安排公主与木易成亲。

太宗回到汴京，慰问杨业说："朕这次能逃过一难，多亏了你们父子拼命救驾，也不知道杨渊平他们怎么样了？"杨业上奏说："臣的长子性格刚烈，肯定被捉了。"话刚说完，就有人上报，说："杨渊平因为射死辽军大帅天庆王，结果全军覆没。"太宗听后，惊叹道："杨将军因寡人而死，这都是寡人的过错！"说完泪流不止。杨业说："臣曾经发誓要以死回报陛下，今天我的几个儿子命丧战场，这是份内的职责，陛下不要太过忧伤。"太宗再三抚慰杨业，然后让他退下。

第二天上朝，太宗又对文武大臣提起杨业父子的功劳。潘仁美上奏说："如今边境战事不断，杨业父子又是忠勤之将，陛下应该授他帅位，以发挥他的才干。"太宗准奏，当即封杨业为雄州防御使。杨业告辞离去，太宗走出大殿，对他说："你这次上任专门负责镇守边关，有事的话我会召你回来。如果没有召你，千万不要离开。"杨业跪地领命后离去。回到无佞府，杨业吩咐八娘、九妹好好照顾母亲，自己与六郎、七郎父子三人一起赶赴雄州上任。

耶律休哥听说宋军在邬阳大败，屡次派人上奏萧太后，要求乘机出兵，攻打中原。萧太后召集群臣，商讨出兵的计策。右相萧挞懒上奏说："臣愿意领兵出征。"萧太后说："你带兵出征，先占领金明池、饮马井、中原旬这三个地方，供我军屯兵之用。"萧挞懒领命后与大将韩延寿、耶律斜轸带二万人马，从瓜州出发南下，一路上只见旌旗闪闪，遮天蔽日。

辽军在胡燕原安营扎寨。消息传到汴京，大臣们奏明太宗，太宗大怒，说："辽兵屡次侵犯我边境，朕这次要御驾亲征，以雪邬阳被围困的耻辱。"寇准上奏说："陛下刚刚回到汴京，怎么能再轻易出去？这件事只需安排将士们去做就行了，他们一定能将辽军击退。"太宗问道："谁

可以代替朕出征？"寇准说："太师潘仁美对边境非常熟悉，可以担此重任。"于是太宗下旨，封潘仁美为招讨使，率兵去前线作战。

潘仁美领旨后回到府中，一脸不高兴，他的儿子潘章问："大人今天为什么不高兴？"潘仁美说："圣上派我去边境作战，圣旨不可违抗，只是军中没有先锋，我正在为这件事发愁。"潘章说："先锋就在眼前，大人为什么不推荐他呢？"潘仁美问道："你指的是谁？"潘章说："镇守雄州的杨业父子可以担任先锋。"潘仁美说："你要是不说我还差点儿忘了。"第二天一早，潘仁美入朝见太宗，上奏说："这次出兵缺少先锋，必须去雄州召杨业父子回来，有他们在，击退辽军就不成问题了。"太宗准奏，派人去雄州召回杨业父子。

杨业领命，立即带兵回到汴京，入朝见太宗，太宗封他为行营都统先锋。杨业领命后退下，回到家中，正碰到令婆与太郡柴夫人在堂中闲聊。令婆问他说："老将军为什么又回来了？"杨业说："北边辽军侵犯边境，陛下下诏召我回来，安排我为先锋，出兵征讨。现在特意回来见夫人一面。"令婆说："这次出征的主帅是谁？"杨令公回答说："是潘仁美。"令婆一下子变得不高兴，说："这个人当初在河东被你羞辱过，所以总想着加害你们父子，幸亏陛下英明，没有让他的奸计得逞。如今他担任主帅，对你们父子发号施令，况且五个儿子已经不在了，只有你们父子三人，很难说他不会再害你们，令公你难道不知道吗？"杨业说："潘仁美想要害我，我早就知道了，但这是圣上的命令，我怎么敢违抗？"太郡说："儿媳明天就亲自去为公公奏明圣上，求他派一个大臣跟公公一起出兵，担任保人，这样潘仁美就不敢害你了。"令婆说："明天我跟太郡一起去。"杨令公非常高兴，让人摆下酒宴，与各位饮酒聊天。

第二天，杨令婆与太郡夫人一起入朝，去见太宗，太宗亲自出来相迎。太宗如此尊敬令婆是因为令婆手中有一根龙头拐杖，拐杖上挂着一个小牌，上面有八个大字"虽无銮驾，如朕亲行"，这是当年先帝太祖皇帝亲笔御书的。太宗问她们说："朕没有召见你们，令婆与郡夫人来朝中有什么事吗？"太郡站起身来，上奏说："听说陛下派兵征战辽军，主帅潘仁美与先锋杨令公素来不和，恐怕这次出征潘仁美会暗害令公。念在杨令公父子对国家尽忠的份上，请陛下善待杨令公。"太宗说："出兵作战的事情，别人不可能代替，太郡有什么好的建议吗？"太郡说："陛下若是一定要派杨令公打先锋，可以挑选一位有名望的大臣随他一起出征，担任保人，这样我们的顾虑就可以消除了。"太宗说："这个办法很好。"于是太宗下令，让文武百官推荐一个人跟随杨业出征。诏书刚下，八王上奏说："臣举荐一个人，一定能胜任。"太宗问他是谁。八王说："行营都总管呼延赞，这个人一向尽职尽忠，可以担任保官。"太宗高兴地说："此人的确很称职。"太宗当即下令，命呼延赞跟随杨业一起出征。令婆与太郡向太宗告辞后离去。

杨业听说呼延赞担任保官，喜出望外，重新回到雄州，调动人马准备出征。

第十八回

李陵碑杨业殉国

潘仁美率领大军离开汴京，浩浩荡荡向瓜州进发。到了黄龙隘，宋军安营扎寨，分为东西两个大营，呼延赞屯兵在东边，潘仁美驻扎在西边。潘仁美与部下刘君其、贺国舅、秦昭庆、米教练四人商议说："我一直痛恨杨业父子，但一直没有机会报仇，这一次本想除掉他们，没想到来了个保官呼延赞，让我无法下手。"米教练说："太师不要担心，小人有一计，能先除掉呼延赞，后除掉杨家父子。"潘仁美问他："你有什么妙计？"米教练说："对面就是辽军大营，他们知道我们到来，肯定会来挑战，那时太师下令说先锋还没来，保官应该代替他出战。呼延赞虽然勇猛，但是如今年纪大了，不可能支撑太长时间。等他与辽军交锋的时候，我们不要出兵救他，他肯定被辽军捉去。"

果然，辽军得知宋军到来，便集合人马，把宋军阵营包围起来。辽军人马雄壮，气势高涨，一副势在必得的样子。看到辽军来围攻，潘仁美派人请呼延赞到营中商议对策。潘仁美说："如今辽军来挑战，先锋军还没到，不知道你有什么退敌的计策？"呼延赞说："兵来将挡，水来土掩，既然奉陛下的命令前来征战，就应当尽职尽忠，与辽兵作战，这有什么好犹豫的。"潘仁美说："你先上阵杀敌，我率大军在后面接应你。"

呼延赞披挂上阵，率领部下冲出大营，不巧正遇到辽将萧挞懒。呼延赞厉声骂道："赶紧带兵撤退，免得被杀，不然让你们片甲不留。"萧挞懒大怒，骂道："年老匹夫，竟敢来这里卖弄！"说完挥舞大刀，直奔呼延赞而来，呼延赞举枪迎战。两人打斗了八十多个回合，萧挞懒体力不支，调转马头逃走，呼延赞紧追不舍。就在这时，刚刚散去的辽兵一下子又聚集起来，呼延赞回头，不见后面有人接应，他又怕深入敌人境地，便打算勒马回营。路过树林的时候，突然杀出一队人马，把呼延赞拦住，原来是辽军大将耶律斜轸。耶律斜轸大喊："宋将赶紧下马束手就擒，饶你不死。"呼延赞大怒，带领部下跟辽军打了起来，怎奈辽军人多势众，无论如何也不能突围。此时呼延赞的部下已经损失大半，他想带领部下从偏僻的小路突围，骑校说："小路上恐怕有埋伏，不如走大路安全。"于是，呼延赞带领残部向大路逃去。谁知萧挞懒又带兵赶了回来，此时呼延赞前后受敌，形势十分危急。正在这时，突然东边旌旗招招，鼓声震天，一队人马杀了过来，原来是杨业的部队。杨业策马提刀，大声叫道："辽军不要逃！"萧挞懒部将贺云龙上来迎战，不出几个回合就被杨业一刀斩于马下，辽军顿时大乱。杨业父子乘势率军冲入辽军阵营，救出呼延赞。杨延昭奋力作战，挡住追来的敌军，保护呼延赞回到营中。呼延赞卸下盔甲，对杨业说："今天要不是杨将军来救我，恐怕我已经丢了性命。"杨业说："小将来迟，让你受惊了，还望原谅。"呼延赞安排杨业在自己兵营里屯兵。

　　第二天，有人上报潘仁美说："杨业率领人马从东边赶来，把呼延赞救回了兵营。"潘仁美听到这个消息之后又气又恨。刘君其说："杨业这次来迟，已经违背了军令，太师按照军法判他死罪，他也没话说。"话还没说完，杨业就来参见。潘仁美问他："带兵出征这样的大事，你怎么会来晚了呢？"杨业说："陛下命令在下回雄州调集军马，十三日才起程，故此耽搁了时间。"潘仁美勃然大怒，说："前线的战事这么紧张，你是先锋，不但拖延，还拿圣上来推脱责任。"说完之后喝令手下把杨业推出去斩首。杨业被绑在辕门外，大声叫道："我死了没什么好可惜的，只是大敌当前，却斩杀自己的将军，这不是为国着想。"此时消息已传到了呼延赞那里，呼延赞骑马赶来，给杨业松绑，并带着他来到潘仁美营中。见到潘仁美之后，呼延赞问："如今你担任招讨使，昨天两军交战，你不派一兵一卒来接应，反而在一边看热闹，要不是杨将军前来营救，肯定要打

败仗。没想到你今天竟然要擅自斩杀杨业。临出发前，圣上亲自赐给我一把金锏，专门用来保护杨业父子的安全。要是再有这样的事情发生，不要怪我翻脸不认人。"潘仁美羞愧得满脸通红，无言以对。说完之后，呼延赞带着杨业愤怒地离开了潘仁美的营帐。

潘仁美被骂了一顿，半天说不出话来。米教练说："大人不要担忧，小人再出一计，把呼延赞支开，再除掉杨业就易如反掌了。"潘仁美说："你又有什么计策？"米教练说："军中的粮草已经不多了，大人可以命令呼延赞回去催运粮草，等他一离开再对付杨业，就没人保护他了。"潘仁美同意了这个计划，当即下令让呼延赞回去催运粮草。

呼延赞收到命令后闷闷不乐，杨业对他说："军粮是大事，这件事非你去不可，别人不能担当这个重任。"呼延赞说："我不是不肯去，只是有一件事不放心。潘仁美狼子野心，常想着加害于你，我担心自己一旦离开，他又要无中生有，陷害将军，到那时谁来保护你？"杨业说："这次辽军派出的都是很难对付的劲敌，我等你回来再出战，即便潘仁美想要害我，他也找不到什么借口。"呼延赞说："这次离开不知道什么时候才回来，你们父子坚守在营中，等我回来再商议出兵的事。"不久之后，呼延赞便带着五千人马回汴京去催运粮草了。

潘仁美非常高兴，召集部下商议出战之事。米教练说："可以派人到辽军中去送战书，约好交战时间，然后再定计策。"潘仁美立即派人到辽军大营中去递交战书。萧挞懒收到战书后非常生气，说："明天准时交战。"随后召集众将商议，说："潘仁美没什么好怕的，但是杨业父子骁勇善战，无人能敌。不过，听说杨业父子与潘仁美之间将帅不合，不如乘这个机会，把他消灭。附近有个叫陈家谷的地方，山势险峻，可让一个人带兵去那里埋伏好，等把敌人引到谷中，就把他们包围起来，一定能取胜。"耶律斜轸站出来说："小将愿意担此重任。"于是耶律斜轸带领六千人马去陈家谷埋伏。萧挞懒又对耶律奚底说："你带一万人马，明天摆开阵势与宋军作战。杨业父子熟知兵法，你要假装逃走，慢慢将他们引到埋伏圈里。"耶律奚底领命后退下。萧挞懒安排好众人，又派骑兵到宋营打探消息。

杨家将

潘仁美已经得到辽军的回复，知道明天开战，就跟刘君其商议说："明天应该让谁先出战？"刘君其说："让杨业先出战，大人在后面带兵接应。"潘仁美于是召杨业来到营帐，让他明日出兵。杨业回复说："明天日子非常不吉利，肯定出兵不利，再说呼延赞去催运军粮还没回来，辽军士气正旺，还是等时机成熟再出兵，到时候一定能取胜。"潘仁美非常生气，说："如今兵临城下，怎么能不出兵抵抗呢？要是呼延赞一个月不回来，我们也要等一个月吗？你要是再找借口推脱，我一定上奏朝廷，到时候看你还怎么逃脱。"杨业知道这件事已经推脱不掉，就说："辽军这次出兵非常诡异，要是在平坦的地方，倒也不必提防，但是这次选在陈家谷，那里地势险峻，恐怕会有埋伏。你若是派兵在外边拦截敌军，我带兵进去作战，或许还能取胜，不然的话，说不定会全军覆没。"潘仁美说："你放心出兵，我在后面接应你。"

杨业离开之后，贺怀浦对潘仁美说："明天杨业带兵出战，你可以派兵在陈家谷接应。"潘仁美说："这样的机会实在难得，明天我不派兵接应，看他自己怎么应对。"贺怀浦说："你这是公报私仇。"潘仁美不听他的劝阻，起身离开了。贺怀浦叹息道："小人误国，我怎么能坐视不管呢？"于是贺怀浦去见杨业，对杨业说："明天一战，恐怕出兵不利。"杨业说："我并非怕死，只是担心白白伤了将士还不能立下战功。"贺怀浦说："明天一战，不要指望潘仁美出兵接应，小将愿意跟将军一起出战，相互接应。"杨业说："我们两军分左右两路，一起进攻。"两人商量好了明天的战术。

第二天天亮，杨业率领两个儿子和贺怀浦在狼牙村摆开阵势。耶律奚底骑在马上，手握大斧，厉声喊道："宋将快快投降，免得大动干戈，不然的话，杀你们个片甲不留。"杨业大怒，骂道："蠢贼蛮人，死到临头了还敢带人来打仗？"说完之后挥舞大刀，向耶律奚底杀去，耶律奚底提斧迎战，顿时两军呐喊声不断。两人打了几个回合之后，耶律奚底调转马头逃走，杨业在后面紧追不舍。杨延昭、贺怀浦乘势指挥士兵杀向辽军，辽军丢盔弃甲，向后逃去。耶律奚底看到杨业赶来，边战边逃，杨业见这里地势平坦，料想不会有伏兵，于是尽力追赶。刚进陈家谷口，萧挞懒在

山坡上放炮。伴随着一声炮响，耶律斜轸带领伏兵杀了出来，辽军一下子
把杨业围住。

　　杨业回头一看谷口，不见宋兵的影子，不禁心里一惊，赶紧率领部
下杀回去，结果谷口已经被耶律斜轸堵住了。辽兵万箭齐发，宋军死者不
计其数。杨延昭、杨延嗣看到父亲被围困在谷里，拼死往里冲，结果箭石
齐下，不能靠近。耶律奚底又带兵抄了回来，正遇到贺怀浦。两人交战，
不到两回合，贺怀浦就被耶律奚底一斧劈于马下，他的部下也都被辽军杀

杨业拿开金盔，连叫几声："皇天！皇
天！我心可鉴！"喊完一头撞在碑上。

杨家将

死。杨延昭对杨延嗣说："你赶紧杀出重围，回去向潘仁美求救，我杀进谷里去救父亲。"这时杨延昭听到谷中杀声连天，知道宋军被围困，不禁怒喊一声，杀进谷里去了。刚进谷中，碰巧遇到辽将陈天寿，两人交战只一个回合，杨延昭就把陈天寿刺落马下。杨业见到杨延昭，急忙问他："辽兵人多势众，你赶紧走，不然俩人都要被他们捉住。"杨延昭说："孩儿杀出一条血路，保护爹爹出去。"随即举枪血战，冲出重围，萧挞懒从一边攻击他们，拖住了杨业。杨延昭回头发现父亲没有跟着出来，想再次杀入谷中，怎奈部下已经全部战死，他只好往南跑去，等待救兵。

杨业已经与辽兵鏖战多时，身上的战袍都被血染透了。他站到高处，只见四下都是辽兵，不禁长叹道："本想杀敌报国，没想到竟然沦落到如此地步！现在还不知道生死，要是被辽人捉住，更是奇耻大辱！"他环视四周，发现部下还剩百十人，就对他们说："你们都有父母妻子，不要跟我一起死，赶紧沿着山谷冲出去！"部下们说："将军在这里，我们怎么能苟且偷生！"于是他们保护着杨业一起走出胡原。杨业看到前面立着一块石碑，上面刻着"李陵①碑"三个字。杨业心想："当初汉朝的李陵对国不忠，没想到自己今天会来到这里。"他对部下说："我不能保护你们了，今天我就在这里报答圣上，你们自寻出路吧。"说完之后，他丢开金盔，连叫几声："皇天！皇天！我心可鉴！"喊完一头撞在碑上。可怜一代豪杰，如此命丧黄泉。

杨业撞碑死后，不一会儿辽兵就赶到了，宋军残兵竭力抵抗，最终全部牺牲。辽将上前割下了杨业的头颅，回去邀功。萧挞懒收兵回营。

①［李陵］

字少卿，陇西成纪人，西汉著名将领，祖父是著名大将李广。李陵曾经率军与匈奴作战，结果因为寡不敌众，被匈奴俘虏，战败后李陵投降了匈奴。汉武帝知道后非常生气，下令灭了李陵三族，彻底断绝了他和汉朝的关系。

第十九回

瓜州城七郎遇害

　　杨延嗣奋力冲出重围，回到军营，对潘仁美说："我父亲被辽兵围困在陈家谷，希望大人赶紧出兵援救。"潘仁美说："你们父子不是号称无敌吗？怎么刚一开战，就来求救？我的人马有别的安排，不能出兵。"杨延嗣听了这番话大吃一惊，说："我们父子为国效力，你怎么能眼看着不管呢？"潘仁美让手下把杨延嗣推出帐外。

　　杨延嗣站在帐外大骂："老匹夫！要是我能活着出去，就跟你势不两立！"潘仁美大怒，说："乳臭未干的小子，还谈什么报仇，如今你的生死就在我手里，我看你是自寻死路。"潘仁美下令把他捆绑起来，并让人向他箭射。结果所有人都无法射中杨延嗣，潘仁美大吃一惊，说："真是神奇，为什么这么多人都射不中他？"杨延嗣听后，心想反正今天难逃一死，就说："大丈夫不怕死，只是牵挂父亲和兄长的安危。"他告诉射箭的人说："你们把我的眼睛蒙住才能射中我。"弓箭手依照他的说法去做，结果杨七郎被射得体无完肤，见到的人无不伤感。

　　潘仁美看到杨七郎被射死了，让人把他的尸体扔进了黄河里。这时忽然有人来报，说："辽兵在陈家谷围困杨业的部队，杨业已经死了，还被割掉了头颅，现在辽兵朝着这边杀过来了。"潘仁美听后大惊，说："辽兵人多，我们不是对手，要不赶紧撤退，肯定会被捉住。"于是潘仁美下令立即撤军。刘君其等人也都吓得惶惶不安，连夜向汴京逃去。

　　看到宋军逃走，辽兵乘势追击，大部分宋兵被杀死，他们丢弃的辎重、

杨家将

杨延嗣告诉射箭的人说："你们把我的眼睛蒙住才能射中我。"结果杨七郎被射得体无完肤……

盔甲不计其数。萧挞懒大获全胜，屯兵蔚州，并派人向萧太后传捷报。

　　杨延昭的部下陈林、柴敢两人，战败后躲进了芦苇丛里，等辽兵退去之后才沿着河岸出来。两人在河边突然发现上游漂下来一具尸体，仔细一看，吃惊地说："这不小主杨七郎吗，怎么会被乱箭射死？"话刚说完，忽然有人骑马赶到。陈林、柴敢正打算躲开，这人已经来到面前，二人一看原来是杨延昭。杨延昭看到他们便问："你们为什么在这里？"陈林说："我们战败后暂时在这里躲避，正打算打探将军的消息，河上漂来一具尸体，没想到竟然是七郎。他满身是箭，体无完肤，惨不忍睹，不知道是谁干的。"杨六郎下马，仰天长号，说："我们父子为国效忠，为什么会落得如此下场？肯定是七郎向潘仁美借兵求救，潘仁美不肯，把他杀

死了。"于是杨延昭让陈林、柴敢两人把尸体捞上岸，并在岸边就地掩埋。陈林说："将军下一步要去哪里？"杨延昭说："你们两人先随便找个地方安身，我从小路走，去打探一下父亲的消息，要是还被困在谷中，我就连夜回汴京求救，要是已经被害，我就去报仇雪恨。"陈林、柴敢听从杨延昭的安排，三个人洒泪告别。

杨延昭一个人来到陈家谷，半路上遇到两位樵夫，问他们："这里是什么地方？"樵夫告诉他："转过山谷的东边，就是幽州的沙漠，前面是胡原。"杨延昭骑马向前，只见到处尸骨累累，都是战死的宋兵。杨延昭来到李陵碑旁，看到一位大将卧倒在地，头颅被砍去。他下马仔细查看，发现原来是自己的父亲。他抱着尸体痛哭道："上天不保佑我们父子，致使我们这次兵败，真是不幸！"说完他擦干眼泪，把父亲的佩剑埋在沙土里，并在上面插上断戈①做标记。等他骑马走到谷口的时候，被辽将张黑嗒拦住，张黑嗒大声喊道："赶紧下马投降，或许能饶你一命。"

① [戈]

古代的一种兵器，横刃，一般用青铜或铁制成，装有长柄。

杨延昭大怒，挥枪就向张黑嗒杀去。两人交战，打了不到几个回合，四下里的辽兵都围了上来。杨延昭虽然英勇，但无奈寡不敌众。就在这危急关头，山后忽然杀出一位大将，手起斧落，就把张黑嗒砍死在马下。杀退辽兵后，这位大将下马来见杨延昭，原来是五郎杨延德。兄弟二人相认后抱头痛哭。杨延德说："这里到处是贼兵，你先跟我到山里去，再作打算。"于是五郎带着杨延昭去了五台山。

到了五台山，来到寺庙里，杨延昭说："当初与哥哥在幽州失散，一直不知道你的去向，今天为什么会在这里出现？"杨延德说："当时爹爹保护圣上出了东门，我与几个兄弟一起跟辽兵作战，形势非常危急，为了逃脱，我只好削发为僧，来到五台山的庙里。今天看到陈家谷中杀气连天，有人说是宋军和辽军在交战，我心里放不下，就下山去观看，没想到正碰上弟弟被围困。"杨延昭把七郎和父亲遇害的事情告诉了杨延德，杨延德不胜悲伤，说："亲人的仇不能不报。"杨延昭说："小弟应该回汴京上奏圣上，为父亲和弟弟申冤。"杨延昭当晚在寺庙里过了一夜，第二天辞别杨延德，回汴京去了。

消息传回汴京，太宗得知杨业战死沙场，宋军大败，于是赶紧召集文武官员商议，说："杨业父子精忠报国，今天听说他们战死沙场，朕非常痛心。"八王上奏说："最近呼延赞回汴京催运粮草，曾经对臣说主帅潘仁美与杨业之间有仇。当时臣就想潘仁美可能会坏事，没想到果真是这样。陛下应该追究潘仁美出师不利的原因，给后人以警示。"太宗同意他的建议，下令让人调查潘仁美的罪过。

潘仁美听到这个消息之后，坐立不安，与刘君其商议说："如今朝廷要追究我打败仗的责任，有人说杨六郎要回汴京告我的状，要是让圣上知道这件事，呼延赞肯定也会站出来为他作证，到那时，恐怕我全家性命难保。"刘君其说："如果等到杨六郎先告状，那就百口莫辩了，不如趁着杨六郎还没回来，先派人藏在黄河渡口边，把他杀掉，斩草除根，以绝后患。"潘仁美听了他的建议，立即派亲信秘密前往黄河边埋伏，等待杨六郎出现。

杨延昭离开五台山后，向大路上走去，在经过一个山林的时候，突然听到几声鼓响，林子里冲出了二十多个人，拦住了他的去路。杨延昭抬头一看，发现贼人的两位首领很眼熟，就问："两位是不是陈林、柴敢？"这两人听到后赶紧上前来，跪倒在地，说："原来是大人。"于是他们把杨六郎请到了寨子里。两人对杨延昭说："当初与大人分别之后从别人手里夺了这个寨子，在这里暂时安身，没想到会遇到大人。"杨延昭把父亲被害的事情告诉了他们，并说要去汴京告御状。陈林说："潘仁美已经派了几十个高手在黄河边的渡口等着你过河，不过还有另外一条小路可以过河。小人送大人过河，保你平安。"杨延昭听后说："这个贼人害死我一家，现在又来害我。"在寨子里过了一夜之后，第二天陈林安排手下秘密送杨六郎去了雄州。

萧太后自从收到萧挞懒传来的捷报，便决心征讨中原。当时辽国有位名叫王钦的官员，他原本是朔州人，从小便入宫服侍萧太后，为人机巧狡

诈。王钦秘密上奏说："中原地区十分团结，并且有数不清的文臣武将，现在只不过打了一场胜仗，怎么可能就这样轻易攻占中原？不过，臣有一计，不出一年就让中原归降陛下，让宋人无可奈何。"萧太后问他说："你有什么妙计？"王钦说："臣装扮成南方人，混到宋朝去，争取求得功名①。如果成功的话，那宋朝有什么动静，有多少兵马，有什么国家计策我都会一清二楚，然后派人秘密回来报告给陛下。到那时，趁着宋朝空虚，陛下举兵南下，便可一举成功，整个天下都是陛下的了。"萧太后听了王钦的计策非常高兴，说："如果这件事成了，我赐给你一个中原的重镇。"

第二天，萧太后与群臣商议此事，左相萧天佑上奏说："王钦的这个计策可行，希望陛下批准。"萧太后准奏。王钦收拾好行李，来跟萧太后告别。萧太后看到他后笑着说："你打扮成南方人真的很像，看不出和他们有什么区别，不过千万要保密。"王钦说："臣自有办法。"告辞后王钦离开幽州，赶往雄州。

杨延昭从雄州赶往汴京，当时正值五月，酷暑难耐，他来到路边的亭子里坐下歇息。不一会儿，一个人向他走来，这个人头戴黑纱，身穿绿罗衣，脚穿麻鞋，一副儒家人的打扮。这人来到近前，杨延昭起身向他行礼，问他："不知先生从哪里来？"那人回答说："小人朔州人氏，姓王名钦，字招吉。我从小读书，就在这里住，现在打算去中原考取功名，没想到在这里与你相遇，敢问阁下大名？"杨延昭没有隐瞒自己的身份，全部告诉了他，顺便也把自己遭受的冤屈说了一遍。王钦听后非常气愤，就问他："既然你们父子如此尽职尽忠，现在被人谋害，为什么不到皇上面前去告御状，申诉冤屈，反而在这里一个人悲伤？"杨延昭说："小人正准备去汴京告御状，只是没有人会写状纸，所以才在这里迟疑。"王钦说："这件事不难，既然你遭受了天大的冤屈，那小人愿意使出平生所学，为你写御状。"杨延昭给他跪下，说："你要是肯帮我，真是万幸啊！"

① ［功名］

功业和名声，古时候也指科举中榜。

杨家将

杨延昭把王钦请到驿馆里，并备好酒菜招待他。一边吃饭，杨延昭一边把自己的遭遇说给王钦。王钦听后唏嘘不已，问他："你说的这些事谁是主谋？"杨延昭说："潘仁美和他手下的刘君其、米教练等人是害死我父亲和兄弟的主谋，这几个人无论如何不可饶恕。"王钦听后很快写好了御状，拿给杨延昭看。杨延昭看后，觉得写得准确生动、凄婉悲愤，非常高兴，说："这份御状保证能帮我报仇雪恨。"喝完酒之后，王钦与杨延昭告辞离去。杨延昭对他说："以后与阁下在汴京相会。"王钦答应了他。

两人告别后，杨延昭带着御状直奔汴京。有人把消息报告给潘仁美，潘仁美大吃一惊，召刘君其等人来商议如何应对。刘君其说："先发者制人，后发者制于人①。我们不如先告杨业父子一状，就说他们贪功恋战，结果导致战败，杨延昭还当了逃兵。圣上肯定会先怪罪于他，把他处斩。"潘仁美说："这个计策很好。"于是，他立即依计上表奏知朝廷。

当天杨延昭来到汴京，正碰上七王元侃的车驾，杨延昭拿出御状，拦住车驾，要求七王主持公道。侍卫们不知道他是做什么的，不由分说就把他捉住，正要捆绑，被七王喝（hè）止。七王说："不要阻拦他，让他陈冤。"下人们从杨延昭手里接过状纸。七王下令把杨延昭带回府里。杨延昭跟随车架，来到寿王府，跪在台阶下。七王先问了他有什么冤屈，又看了一遍状纸，发现写得非常好，感叹道："写状纸的人有治世之才。"于是问他："这份状子是谁写的？"杨延昭不敢隐瞒，把王钦的来历说了一遍。七王听后非常高兴，说："本王正需要这样的人才，既然他要考取功名，我录用他就是了。"七王又问道："这人现在在哪里？"杨延昭说："住在汴京东角门龙津驿站里。"七王听后，告诉他："你这件事是国家大事，我处理不了，你赶紧去阙门②外面击鼓喊冤，让圣上知道，让他来为你做主。赶紧去，不要被别人发现。"杨延昭接过御状，与七王告辞，赶往阙门去了。七王派人去驿站中把王钦请回了府中。

① [先发者制人，后发者制于人]

此句出自东汉·班固的《汉书·项籍传》。原指在战争中的双方，先采取行动的往往处于主动地位，可以制伏对方。后来泛指先下手采取主动。

② [阙门]

阙是指皇宫门前两边的望楼，阙门是指皇宫的大门。

110

第二十回

杨六郎汴京告御状

　　杨延昭来到阙门前，击鼓鸣冤，要求见圣上告御状，结果被守军捉住交给狱官。狱官问清楚了其中的缘由，把状纸上交给了太宗。太宗看完之后，悲愤不已。正在此时，枢密院交上了潘仁美的奏折，参奏杨业父子贪功恋战，导致兵败。太宗沉默了半天，说："潘仁美上奏说杨业父子有罪，杨延昭告状说潘仁美陷害杨家，两人各执一词，到底谁对谁错？"南台御史黄玉上奏说："将士在外，凡事要听从元帅发号施令，不然的话如何行军作战？今天杨业父子只为贪功，违抗军令，导致全军覆没，罪恶深重；杨业已经被敌人杀死，但他的儿子却反过来诬告主帅，这实在是欺君罔上。死者也就不必再追究责任了，但是杨延昭应该拖出去斩首。"黄玉是潘仁美妻子的哥哥，所以竭力帮他说话。八王上奏说："杨业父子对朝廷有功，当初先帝对他们都十分敬重。如今他们被人陷害，陛下怎么能不为他们做主呢？这件事我很早就知道了，希望陛下能把潘仁美交给衙门，让官员审理，查个水落石出。"太宗准奏，安排参知政事傅鼎臣来审理潘仁美一案。

　　傅鼎臣领旨后回到衙门，把潘仁美、刘君其、秦昭庆、米教练等人抓进大牢。傅鼎臣对潘仁美说："我们曾经一起为官，但是现在皇命难违，如果你真犯了法，就请你自己如实招来，免得动刑。"潘仁美说："小人奉皇上之命带兵抵御辽军，他们父子自己打了败仗，全军覆没，反而来诬陷我。如果朝廷不查明这件案子，冤枉了将帅，以后谁还敢带兵打仗，为国出征？希望大人明察。"傅鼎臣听完这番话后一时不知道该如何是好，暂时让部下先把这些人带回大牢。

就在这时，忽然有人上报："潘仁美府上黄夫人派使女来，说有要紧事要告诉大人。"傅鼎臣让人带她来到后堂。使女跪在台阶下，说："夫人让我带来黄金一百两，玉带一条，希望大人多行方便，以后还有重谢。"傅鼎臣本来就是个好利的小人，看到这些财物不胜欢喜。他让下人把这些财物收起来，对使女说："你回去跟你家夫人说，这件事不要担心，肯定没问题。"使女告辞后离去。

八王知道傅鼎臣是贪财的小人，担心潘仁美会让家人去贿赂他，就秘密派人在衙门口监视。当监视之人看到潘仁美家的使女进入府门，就派人通知了八王。八王很快就赶到了，恰好在府门外碰到了来贿赂的使女。八王手提金锏，来到后堂，傅鼎臣见了吓得面如土色，连忙上前迎接。八王厉声问道："你是朝廷重臣，为什么要收潘仁美的贿赂，陷害杨家？"傅鼎臣说："小人没有收贿赂，殿下何出此言？"八王让人把潘府来的使女带上来，严加拷问。最后这个使女无法抵赖，只好如实招供。八王生气地说："你还想狡辩吗？"傅鼎臣哑口无言，自己脱去朝服官帽，跪下请罪。

八王让人备马，立即入朝见太宗，向他奏明这件事。太宗听后非常吃惊，说："要不是你有先见之明，朕险些被这些奸臣蒙蔽。"太宗又问道："傅鼎臣该如何治罪？"八王说："私受贿赂，应该削去官职，罢为平民。"太宗同意，于是立即下旨，罢去傅鼎臣官职，将他贬为庶民。八王又上奏："西台御史李济，忠诚又公正，可以让他来审判潘仁美一案。"太宗准许，下令任命李济为此案的审判官。李济领旨后，开堂审案，大堂之上左右军尉威风凛凛，刑具一字摆开，见到的人没有心里不害怕的。

不一会儿，狱官把潘仁美、杨延昭等人带上堂来进行审问。潘仁美竭力推脱责任，说："杨业是自己打仗战死的，和我没关系。"李济非常生气地问他："你是宋军的主帅，打了败仗回来，还用部下的死来推脱责任。我再问你，杨七郎犯了什么罪，竟然被你乱箭射死？傅鼎臣已经因为

你断送了前程，今天你要是如实交代，免得我动刑；不然的话，不要怪本官无情。"潘仁美低着头不回应。李济下令让军校把刘君其、秦昭庆、米教练等人一起带上堂来，严加拷问。这三人受不了酷刑，全都招供。他们把如何陷害杨业和射死杨七郎的事情和盘托出。李济把审判的结果上奏给太宗，并将潘仁美等人继续关押，等候发落。

太宗看过案宗后大怒，说："朕念在潘仁美是先帝功臣的份上，屡次饶恕他，这次他如此蔑视王法，如果不治罪，无法警示守边的将士。"太宗问八王："该如何处置潘仁美？"八王上奏说："潘仁美罪该处斩，

八王上奏说："潘仁美该罢去官职，降为平民；刘君其、秦昭庆、米教练等人，发边充军。杨延昭战败也有过失，发配到地方。"太宗同意……

杨家将

但念及他曾经为朝廷立功，宽恕他一次，罢去官职，降为平民；刘君其、秦昭庆、米教练等人，犯通谋之罪，按理说应该处死，也都宽恕一次，发边充军。杨延昭战败也有过失，发配到地方；至于其余犯人，请陛下决定如何发落。"太宗同意了八王的提议。李济按照处罚拟定文案，罢黜潘仁美为平民，发配刘君其到淄（zī）州充军，发配秦昭庆到来州充军，发配米教练到密州充军，发配杨延昭到郑州。

第二天，太宗对大臣们说："以前杨业父子屡立奇功，没想到都死在了战场上，朕心中不忍，想要封赏他的后人，你们认为如何？"直学士①寇准上奏说："陛下心中牵挂着有功之臣，慰问他们的后代，这是在为社稷②着想，有什么不可以呢？况且杨业父子精忠爱国，是难得的忠臣。如今杨家父子只剩杨延昭一人还在世，朕应当重重抚恤他，以让边疆的将士们安心。"太宗同意了他的说法，派人前往郑州，召杨延昭回京。

当时宋太宗在位时间很久了，但一直没有确立太子。冯拯等人上奏，建议早日立太子。太宗大怒，把他贬职到岭南去了。从此之后，没有人敢再提这件事。七王知道这件事后，秘密与自己的心腹王钦商议说："陛下已经年迈，但是不肯立皇太子，有大臣为这件事上奏，结果遭到贬黜。难道父王是想将王位传给八王吗？如果真是这样的话，我太失望了。"王钦说："殿下想的跟小人一样。如果圣上退位，肯定会将天下让给八王。如果不早做谋划，到时候恐怕后悔莫及。"七王问他："你有什么计策吗？"王钦说："如果能铲除八王，则大事可成。"七王说："陛下非常喜爱八王，如何才能除掉他呢？"王钦说："臣有一计，不知道殿下会不会照做？"七王说："你先说说看。"王钦说："可以召一个能工巧匠来府中，让他打造一把鸳鸯壶，这种壶能同时装两种酒。现在正值春天，百花盛开，景色优美，殿下趁这个机会请八王来府中后苑赏景，并让厨师献上美食，让使者斟上美酒。到时候将毒酒装在壶的外面，好酒装在里面，给八

王斟上毒酒让其饮下，他必死无疑。"七王听后非常高兴，说："真是妙计，事不宜迟，需要抓紧实施。"于是七王派军尉去城西召胡银匠到府中，打造鸳鸯壶。

没用几天鸳鸯壶就打造好了，银匠把壶献给七王。七王仔细查看了一番，果然精巧，一般人看不出其中的奥妙。七王对王钦说："鸳鸯壶打造好了，现在应该做什么？"王钦说："殿下应先杀掉这个银匠，免得泄密。"七王照他说的去做，赐酒给胡银匠。胡银匠饮后倒地而亡。七王下令将银匠的尸体抛入后苑井中。王钦说："殿下明日就可以邀请八王来赏景。"七王于是写好邀请信，派人送到八王府上。

八王收到七王的邀请，让送信的人回复说自己明天一定赴约。七王得到消息后立刻下令让厨师准备明天的筵席。

第二天，七王亲自到府门迎接八王。用过茶后，两人来到后苑，只听女乐人在弹奏，丝竹声十分悦耳。八王与七王分主宾入座。七王笑着说："难得今天春光明媚，何不饮酒助兴？"八王说："既然你有如此雅兴，我怎会推辞，只是这几天感染风寒，体内脏腑都觉得不舒服，为了兄弟情义，我来此赏景，但是酒实在是不能喝。"七王说："如果不能喝酒，那就少饮几杯吧。"不一会儿，厨师端上了美味佳肴。七王安排下人斟酒。下人拿来鸳鸯壶，先斟满一盅，端到八王面前。八王身体不适，闻到这酒气，赶忙掩住鼻子。此时忽然一阵狂风吹过，吹倒了酒盅，酒洒到地上。八王见此情形，就吩咐下人备车，与七王告辞后打道回府了。

计划失败后，七王懊悔不已。王钦说："殿下不要担心，八王并不知道其中的事情，也没有怪罪你，以后再想办法对付他。"七王听后闷闷不乐。

第二十一回

太宗传位

太宗病重，卧床不起，召寇准、八王等人到床前交代后事。太宗说："先帝把天下交付给我，至今已经有二十二年了。现在我应该把皇位传给八王。"八王上奏说："陛下的皇子已长大成人，传位给他们是众望所归，没人敢有异议。现在最重要的是陛下保重身体。我不愿出任国君，还是传位给七王吧。"太宗沉默了很久，问寇准说："你认为该立谁为新君？"寇准回答说："陛下选择继承人，这种事不能问后宫，也不能问大臣，只能自己来决定，选出一位不负天下人所望的君主。"于是太宗说："既然八王不愿为君，那就让七王元侃来继承江山社稷。"寇准说："知子莫若父[①]，既然陛下认为他可以担此重任，那就这样决定吧。"太宗对八王说："朕这次生病恐怕是好不了了，拜托你好好辅佐七王。先帝曾经说过'代代有奸臣'，今天我赐你铁券[②]和十二道免死牌，如果遇到奸臣误国，你就用免死牌来制止。还有，杨业的儿子杨延昭武艺高超，有勇有谋，将来一定能建功立业，需要重用，不要置之不理。"八王一一答应了太宗的要求。没过多久，太宗就驾崩了，八王照着太宗生前的安排一一去办。

太宗驾崩之后，七王继位，史称真宗皇帝。真宗尊母亲李氏为皇太后，下令将太宗灵柩安葬于偃陵。真宗还封王钦为东厅枢密使，封谢金吾为枢密副使，封八王为诚意王，其余文武官员，

①［知子莫若父］

此句出自《管子·大匡》，意思是父亲最了解自己的儿子。

②［铁券］

中国封建王朝皇帝赐给功臣、重臣的一种带有奖赏和盟约性质的凭证（类似于现代普遍流行的勋章），允其世代享有优厚待遇及豁免死罪的一种特别证件，也叫免死券。

太宗病重，卧床不起，召寇准、八王等
人到床前交代后事。

各有升迁。

第二天，参知政事宋琪上奏说："臣蒙先帝之恩，一直担任此职，
也没做出什么贡献，还希望陛下允许臣解职归乡，不胜感激。"真宗说：
"朕刚刚继位，还需要爱卿的扶持，为何要舍朕而去呢？"宋琪说："朝
中人才济济，区区微臣，不足为念。"真宗见他心意已决，也不再挽留。
宋琪辞职之后不久，吕蒙正、张齐贤等人也都上奏，要求辞去官职，真宗
全都应允。如此一来，朝廷里的大事都由枢密使王钦来处理。

杨家将

这天退朝之后，八王走出宫外，忽然一个人上来拦住车驾，喊冤告状。八王问他："你是何人？"那人哭着说："小人是胡银匠的儿子，前段时间我父亲被七王召到府里打造鸳鸯壶，用来谋害殿下。一连几天，我父亲从未走出府门，后来王钦怕此事败露，就杀人灭口。如今小人有冤无处申诉，只能求殿下为我作主。"八王听后生气地说："当初饮酒之际我已猜到几分，那时王钦也在一旁，不想他如此心狠手辣。"八王于是让下人接过状纸，并拿了十两黄金给告状的人。

八王命令车驾返回宫中，入朝去见真宗，结果正遇到王钦和真宗在商量事情。八王上前说："臣在午门接到一纸冤状，状告王钦谋害胡银匠。臣已经准备受理，特意来奏明陛下。"真宗听后大吃一惊，说："王钦常在朕身边，怎么会做这种事情，王兄不要听信奸人的谗言。"八王笑着说："他谋杀胡银匠是为了谋杀本臣。臣以忠心辅佐陛下，陛下为什么要听信王钦的谗言，陷害自家人？若不是太祖皇帝显灵，庇护大宋，江山社稷岂不将毁于一旦？当初若是我愿意做皇帝的话，恐怕活不到今天了。"王钦赶忙上前对真宗说："八王仗势欺人，想要谋害本臣。要是我真的谋害了谁，为何以前不说，偏等陛下继位的时候说？"真宗沉默不语。八王听了王钦这番话勃然大怒，抽出金锏就向他头上打去，王钦躲闪不及，被打中鼻梁，血流满面，逃出了大殿。八王在后面追赶。真宗劝八王说："看在朕的颜面上，暂且饶了他这一次吧。"听到这话后八王停下脚步，指着王钦骂道："你要是再敢作恶，我一定打死你，这次就饶你一命！"说完之后，气呼呼地离开了。八王走后，王钦跪在真宗面前请罪。真宗说："八王是先帝的爱臣，我都要让他三分，何况是你了，今后有什么事躲着他就是了。"

王钦回到府中，对八王怀恨在心，琢磨着如何报复。他写了一封密信，派身边的人连夜送到幽州萧太后手中。信中写道："宋太宗已死，新帝刚刚登基，朝中缺乏良将，如果此时派兵攻打中原，一定能成功。"萧太后看了这封信之后，与大臣们商议。萧天佑上奏说："耶律休哥在云州屯兵，他屡次上奏要求出兵征讨大宋。既然现在宋朝皇帝刚刚去世，不如趁其不备，出兵攻打，一举获胜。"萧天佑话刚说完，卷

帝将军土金秀就站出来说："宋朝皇帝善于用人，边境上守关的将帅都很厉害，不可小觑。王钦的话也不能全信，如果现在盲目起兵南下，胜负难料。臣有一计，不用劳烦一兵一卒，就能让宋朝献出江山。"萧太后问他："爱卿有什么计策？"土金秀说："陛下可以派人传信给宋朝皇帝，告诉他：臣以及麻哩招吉、麻哩庆吉将带着五千人马在河东摆下擂台，邀请他们派人来比武。臣的箭法天下无双，麻哩招吉擅长用枪，麻哩庆吉擅长用刀。宋朝看到书信后，肯定会选出武艺出众的人来较量。要是这些人的武艺在臣之上，那我们就把出征的计划再推迟几年；要是这些人的武艺不如臣等人，那就说明宋朝确实没有能人了，这时陛下可以起驾亲征，攻打汴京，一举拿下中原。"萧太后听了这个建议非常满意，立即派使臣赶赴汴京。

真宗收到信后，与群臣商议如何应对。寇准上奏说："萧太后的这封信，语气傲慢，肯定是认为我大宋朝中无人。陛下应该下旨，挑选文才武将前去比试。"真宗说："先辈良将都已年迈体衰，杨家军也只剩了一个杨延昭，先帝曾经下旨把他从郑州调回汴京，但至今都没有他的消息。这件事其他将帅恐怕不能胜任。"寇准又上奏说："陛下再派人去郑州找一找吧。"真宗准奏，立即派人带着圣旨前往郑州寻找杨延昭，但依旧毫无线索。郑州太守说当初先帝将他赦免，他就回京去了。

使者回来报告真宗说找不到杨延昭。八王上奏说："臣前往无佞府中看看有什么消息。"真宗说："事关重大，你争取找到杨延昭。"八王当天便来到无佞府，见到令婆与太郡夫人。八王问有没有杨延昭的消息。令婆说："六郎被发配到郑州之后再也没有回来过，我也不知道他在哪里。"八王说："陛下刚刚登基，需要有人为国家出力，何必躲藏呢？"太郡说："殿下多给几天时间，我们派人到郑州去找他，找到后让他回来见殿下。"八王明白了其中的意思，于是跟令婆告辞，然后入朝见真宗，说："还是没有杨延昭的下落。"

就在真宗为找不到杨延昭而烦恼的时候，边境上来人上奏，说："辽兵在晋阳烧杀抢劫，人民苦不堪言，希望陛下能快点决断。"真宗问道："谁能胜任这次比武的重任？"寇准上奏说："禁军教练使贾能文武双全，可以胜任。"真宗准奏，任命贾能为亲军使，带领骑兵一万，跟寇准一起前往晋阳比武。贾能带兵离开汴京，向河东地区进发。同时，无佞府派人秘密打听到了消息，得知官军已经出兵前往晋阳。令婆对杨六郎说："贾能不是辽军的对手，国君刚刚登基，看来还需要你亲自去一趟。"杨六郎说："不用母亲说，儿子也是这样想的。要是再有个人跟我一起去就好了。"话没说完，八娘、九妹说："我二人愿意跟哥哥一同前往。"杨六郎说："你们一介女流，怎么能上战场？"八娘说："我们乔装打扮，跟随大军一起行动，没有人能察觉。"杨六郎同意了她的说法，当天就与令婆告辞，带着两个妹妹向晋阳赶去。

土金秀率领辽军在河东地区安营扎寨，整天抢掠边境上的居民，饮酒作乐。忽热有人来报，说宋军到了。土金秀得知后，立即召集麻哩招吉等人商议说："宋军中少了杨家父子，没什么好担心的，等到比武的时候，一定要用心，别让陛下失望。"麻哩招吉说："小将一定使出平生所学，打败宋军，不打胜仗不回来见将军。"

第二天，土金秀让人在平坦的旷野里立起箭靶，并安排部下整齐排开。宋军旌旗闪闪，杀气连天，来到辽军阵前，也摆开阵势。两军对阵，土金秀一身盔甲，站在门旗下面，左边是麻哩招吉，右边是麻哩庆吉，三匹马一字摆开。宋军阵营中寇准上前一步，一身戎装的贾能紧随其后。寇准说："自从幽州自立为王之后，为什么屡屡侵犯我大宋边境，骚扰我边境居民？"土金秀回答说："我们圣上听说大宋新君刚即位，邀请他来晋阳比武，并趁这个机会商谈停战的事情，结为友好联盟。大宋君主为什么不亲自前来？"寇准厉声说道："大宋天子刚刚登基，四海之内无不仰望，陛下整天和文武官员讨论治理国家的大事，怎么会有时间来跟你比武？"土金秀一时语塞，无以应对。

第二十二回
宋辽晋阳比武

麻哩招吉挺枪跃马，冲到阵前，大叫："宋军中有没有人敢出来比试一下，不要光耍嘴皮子。"话没说完，寇准背后的贾能应声而出。贾能挥舞长枪，绕到阵前，大喝道："就让我来跟你比试比试。"此时金鼓齐鸣，两军呐喊声不断。麻哩招吉和贾能在场上打了十几个回合，不分胜负。麻哩招吉的枪法精炼娴熟，贾能有些胆怯。麻哩招吉假装逃跑，引贾能来追赶，结果还没追到辕门，麻哩招吉一记回马枪，把贾能刺落马下。辽军士气大振，宋军士兵大惊失色，人心惶惶。

麻哩招吉正准备冲进宋军阵营，忽然宋军中走出一位女将，正是八娘。八娘跳上青骢（cōng）马①，与麻哩招吉打到一起。几个回合之后，八娘抛出红绫，绊倒了麻哩招吉的马，宋兵趁机上前，把麻哩招吉捉住。寇准非常高兴，就问："这位女将是谁？"八娘下马回答说："小女是杨令公的长女八娘。"寇准感叹道："原来是出自将门，怪不得这么厉害！"说完寇准下令让人把八娘的名字记到功劳簿上。

土金秀看到麻哩招吉被捉住，勃然大怒，准备出马作战，没想到麻哩庆吉早他一步，抢起大刀，冲出阵营，大声喊道："快放了我兄弟！"宋军中的牙将②赵彦舞着大刀来到阵前，两人打在一起。赵彦发现自己不是麻哩庆吉的对手，转头就跑，麻哩庆

①［青骢马］
　青白杂色的马。

②［牙将］
　古代的一种军衔。古时候军队里面，五个人设一名伍长，二十人设一名什长，五百人设一名小都统，一千人设一名大都统，三千人设正副偏将，五千人设正负牙将，一万人设正副将军。

吉在后面紧追不舍。就在这时，宋军中又冲出一位女将，正是九妹。九妹挥舞大刀，拦住了麻哩庆吉，两人打在了一起。两人打了二十多个回合，九妹大喝一声，一刀把麻哩庆吉劈死在马下。

九妹斩杀了麻哩庆吉，下马来见寇准。寇准知道她的名字之后，说道："杨家还有你们在，实在是朝廷的幸运。"寇准下令让人把九妹的名字也记到功劳簿上。

土金秀亲自出战，大声喊道："谁敢来比试射箭？"宋将杨文虎站出来说："我来跟你比一比。"土金秀骑在马上弯弓搭箭，连射三箭，都射中箭靶上的红心，辽军中喝彩声一片。杨文虎也连射三箭，只有一箭射中靶心。土金秀说："你输了我两箭，快点儿把捉走的人放了！"杨文虎说："比射箭我输给了你，你敢来比武吗？"土金秀说："那就等我杀了你，好给麻哩庆吉报仇！"说完土金秀手持方天画戟，骑马来战，杨文武提斧迎战，两人打在一起。结果没出几个回合，杨文虎就被土金秀刺伤了左臂。杨文虎调转马头逃走，土金秀在后面紧追不舍。就在这时，杨六郎提枪上阵，挡住了土金秀。土金秀知道自己不是杨延昭的对手，便说："我们不比打斗，先跟我比射箭！"杨六郎按住枪笑着说："你射箭有什么高明之处，竟然敢在我面前炫耀？"说完之后，杨延昭让手下人拿来自己的硬弓，连射三箭，每一箭都正中靶心，一边围观的人都赞不绝口。杨六郎又对土金秀说："你不要说射箭，先试试看能不能拉得开这张弓！"硬弓传到土金秀手上，他咬牙瞪眼，使尽力气，结果硬弓丝毫不动。土金秀很是吃惊，感叹说："谁要是能拉得开这张弓，那真是神人！"

宋军接连取胜，士气旺盛，辽兵则垂头丧气，准备撤退。这时寇准走到阵前，说："我把今天捉住的辽将还给你们，回去告诉萧太后不要妄想侵犯我大宋边境，否则等大军到了，让你们片甲不留。"寇准说完之后让人把麻哩招吉放了回去。土金秀非常惭愧，无地自容，带着辽军回大辽去了。

宋军回到兵营，寇准把杨延昭召到帐中，对他说："今天多亏了将军相助，不然的话，肯定会被辽兵羞辱一番。你跟我回朝，我向圣上禀明你的战功，圣上肯定会给你加官封爵。"杨延昭谢过之后退下。

杨延昭让手下人拿来自己的硬弓，连射三箭，每一箭都正中靶心。

　　第二天，寇准下令班师回朝。到了汴京，寇准上奏真宗说："这次能战胜辽兵，多亏了杨家兄妹出战。"真宗听后非常高兴，召杨延昭上殿，对他说："你们杨家父子忠君爱国，当初先帝在时就常常赞赏不已；如今有你在，边境就有保障了。"真宗问寇准该封杨延昭什么职位，寇准说："高州正好缺一个节度使，可以让杨延昭来担任。"真宗准奏，随即颁旨封杨延昭为高州节度使。

杨家将

①［巡检］

巡检使的简称，古代官职名称，主要负责训练士兵、地区巡逻，官位很低，一般受县令管辖。

②［武举］

古时候科举分文科和武科，武科乡试中榜就会被称为武举人，朝廷任命后可以成为武将。

杨六郎领旨后推辞说："臣父子当初战败有罪，蒙陛下宽恕，已经是感恩戴德了，怎么敢加官受爵呢？"真宗说："先帝在时，都要表彰你们父子，更何况如今你们又有了击退辽兵的战功，理应赏赐你们，何必推辞？"杨六郎坚决不肯，说："节度使这个官职实在是太高，臣情愿担任佳山寨巡检①一职，节度使实在是不敢当。"真宗说："巡检官职太低，你怎么会愿意出任？"杨延昭上奏说："臣有两个考虑：一来我听说那里有几位良将，我想把他们招入军中；二来佳山是三关的咽喉要地，与幽州相邻，地位重要，我想守住那里，让辽国不敢南下。"真宗听后非常高兴，于是答应了杨延昭的请求，命令王钦派兵给杨延昭，让他带兵前往佳山寨镇守。杨延昭谢恩后退去。

王钦奉旨给杨延昭派三千兵马，结果都是些老弱体衰之人。杨延昭非常生气，骂道："朝廷因为佳山寨靠近辽国，所以派我去镇守，为什么净给我派些没用的人？"当时军中有个人叫岳胜，是齐州人，曾经中过武举②。此人使一柄大刀，有万夫难敌之勇，在军中有"花刀岳胜"的美称。他见杨六郎对老弱士卒不满意，就来到军前，说："将军出身将门就认为自己天下无敌了吗？今天敢跟我比试比试么？"杨六郎说："我先跟你斗武，再跟你比刀。"说完之后，六郎提枪上马，来到辕门外面。岳胜也披挂齐全，提刀纵马赶来，两人打到一起。两人打了七十多个回合，不分胜负。杨六郎感叹说："这人刀法纯熟，力气过人，是个真汉子。"岳胜越打越来劲，杨六郎假装逃跑，引岳胜来追赶。岳胜在后面边追边喊："等我把你捉住，看你还敢不敢夸下海口。"没想到，杨六郎的马一时慌乱，马失前蹄，把杨六郎掀翻在地。岳胜赶到后，挥起钢刀就要劈。恰在此时，杨六郎头上出现了一个白额虎，金睛火尾。岳胜大吃一惊，赶紧下马，扶起杨六郎，对他说："小将不识神人，还请将军恕罪。"杨六郎说："你可以跟我一起去佳山寨，建功立业。"岳胜说："小将愿意倾尽所能，辅佐将军。"

　　杨六郎得到岳胜这员猛将，非常高兴，他回到无佞府与令婆、太郡告辞。令婆问他："当初你父亲官至代州刺史，而你今天却只做了个佳山巡检，有没有觉得对不起先人？"杨六郎说："并非我愿意做这个小官，只是如今国家边境动荡，佳山寨又靠近辽国边境。要是我在这里打了胜仗，照样可以建功立业，何必要一个高高在上的职位呢？"令婆同意他的看法，让人准备酒宴，为他饯行。第二天杨六郎率军向佳山进发。当时正值二月，一路上风和日丽，春暖花开。

　　杨六郎带着部下没多久就到了佳山寨，这里原有的官军都出来迎接。来到帐中，杨六郎下令："如今朝廷因为辽兵屡屡侵犯边境，特派我们来镇守。这里是控制幽州的咽喉地带，你们回去好好整顿队伍，严守边关，不要让敌人窥探。尽忠效国的人有赏，临阵退缩的人军法处置。"众人领命后退下。

　　第二天，岳胜到寨子外面闲逛，发现对面有一座高山，山上长满了树木，一片翠绿。他问当地人："前面那座山是什么地方？"当地人回答说："将军不要打听那里，说起来就让人心惊胆战。"岳胜说："难道那里有什么猛兽？"当地人说："比猛兽还要可怕百倍。"当地人指着前面说："那座山上有个可乐洞，洞里有位寨主，姓孟名良，邓州人士，使一柄大锁斧，没人打得过他。他在那里聚集了几百人，专门打官劫舍，没人敢到他的地盘上去。"岳胜听后，回去见杨六郎，把这些事跟他说了一遍。杨六郎说："我很早就听说这里有位勇士，名叫孟良，要是能让他归顺我们，我们寨子可就更威风了。"岳胜说："小将愿意前去打探消息，回来再慢慢商议如何捉住他。"杨六郎同意了他的请求，派他去可乐洞打探。

　　当时孟良手下的刘超、张盖等人正在山洞里赌博。岳胜在外面拴好马，带着短刀来到洞中，大喝一声。刘超、张盖等人以为是官军来了，吓得四散而逃。岳胜追上前去，一连砍死十几个喽啰兵，顿时山洞里遍地横尸，血流了一地。岳胜说："不如在这里留下我的名字，让他知道我来过，好去找我。"于是他蘸血在墙上写下了佳山寨杨六郎的名字。写完之后，岳胜上马回佳山寨去了。

　　孟良回到洞中，发现自己手下十几个人被杀，大吃一惊，问道："是谁干的？"喽啰兵们对他说："刚才来了一位少年将军，大家都以为他是官军，不敢跟他打斗，结果被他乘虚杀死十几个人。这人临走的时候还在墙上留下了血字，大王看一看就知道了。"孟良看了墙上的字，说："听说杨家将个个威猛，我一定要跟他斗一斗，为兄弟们报仇。"

　　岳胜回到佳山寨来见杨六郎，把自己杀死孟良部下，在墙上题字的事情都说了一遍。杨六郎听后说："这件事要是让孟良知道了，肯定来这里闹事，你们要有所防备。"话刚说完，有人来报："孟良在寨子外面挑战。"杨六郎立即带了两千兵马，与岳胜一起出寨迎敌。

　　杨六郎远远看到孟良长得浓眉大眼，身材魁梧，心想果真是个汉子。杨六郎对他说："阁下相貌堂堂，何不归降？我们一起镇守边关，为朝廷效力，为后代立名，岂不比当土强盗要好的多？"孟良大怒，说："你们父子当初背叛河东，投靠中原，最终都做了无头之鬼。我在这里跟你们无冤无仇，为什么要杀死我的手下？要是能赢得了我手里这把斧子，我就向你投降；不然的话，我把你捉回洞里，拿你的心肝下酒，为我的人报仇。"六郎生气地说："真是欺人太甚！"说完便挺枪杀向孟良，孟良舞斧迎战。

　　两人打了四十多个回合，不分胜负。杨六郎假装失败，骑马逃跑，孟良在后面紧追不舍。就在这时，岳胜从宋军阵营里冲了出来，跟孟良打斗在一起。杨六郎按住枪，弯弓搭箭，一箭射中了孟良的坐骑，孟良被掀翻在地，宋兵一拥而上，将其活捉，押回山寨。杨六郎说："如今你已经被捉住了，快快投降吧。"孟良说："你暗箭射伤了我的坐骑，我才被你捉住，我如何肯服你？"杨六郎笑着说："如果不服的话，我把你放了如何？"孟良说："你要是放我回去，我肯定整顿部下，再来跟你决战。到那时你要是再能捉到我，我就服你。"杨六郎说："今天就放了你，就算你到天涯海角，我也能再把你捉回来。"说完便让人给孟良松绑。

第二十三回
杨六郎喜获三良将

　　孟良被放走之后，岳胜对杨六郎说："孟良是草寇的头目，今天好不容易才把他捉住，为什么要把他放了？"杨六郎说："我跟他打了几十个回合，发现他武艺很好，心里怜爱，想将他收为部下。你等着看，不久之后我还会再把他捉住。"岳胜说："现在他已经走了，等他整顿好手下再来作战，我该用什么计策捉住他？"杨六郎说："孟良虽然勇猛有余，但是谋略不足。佳山南面五里有个地方，地势险峻，无路可退。你带两千人马到那里去埋伏，等敌人进去之后，你就出来截断他们的退路。"岳胜领命，带兵去埋伏了。杨六郎又喊了五个身强力壮的士兵，吩咐他们说："你们几个人先到山谷里去，打扮成樵夫，等敌人路过的时候，你们就按我说的去做。"这几个人听完交待，一起退下。

　　一切安排妥当之后，有人来报，孟良带着人马在寨前挑战。杨六郎随即披挂上阵，来到寨前，大声喊道："今天你可要好好打了，要是再被我捉住，就不会那么轻易放你了。"孟良说："我这次来就是为了报昨天的仇。"说完之后舞斧纵马，杀向杨六郎，杨六郎举枪迎战，两人打在了一起。不出几个回合，杨六郎调拨马头，向山路上逃去。孟良说："这次你还能再用箭射我吗？"说完，在后面紧紧追赶。杨六郎边战边退，引着孟良来到了山谷中。杨六郎故意装出一副惊慌失措的样子，头盔都丢到了地上，最后下马沿着山路逃跑。孟良也下了马，在后面追赶。等他转过山头，发现杨六郎不见了踪影。孟良心想肯定又中计了，连忙往回跑。就在这时，石头后面一声鼓响，岳胜率领埋伏在这里的士兵杀出来，把山谷出口挡住。孟良看到有伏兵，赶紧跑回山谷，从小路向西逃去。路上孟良遇到四五个樵夫，就问他们："这里还有没有别的路能出山谷？"樵夫说："山上还有条小路，通往胡材涧。"孟良说："你们要是能救我一命，我肯定用金银珠宝来报答。"樵夫说："我们倒是有一个办法能救将军，但只怕将军不答应。"孟良说："能救我的命我为什么不答应？"樵夫拿出一根麻绳，说："将军把这根绳子系在腰上，等我们一起使劲把你拉上去，将军就能脱险了。"孟良心想："事情到了这种地步，也只能这样了。"他拿起绳子，系到自己腰上。几个樵夫一起使劲，把他拉到半空中正好不上不下的位置，停下不动了。孟良大叫："为什么停在半空不动了？再往上拉啊！"樵夫说："将军不要急，我们这就去喊人来。"孟良不知道出了什么事，心急如焚。

不一会儿，杨六郎带着岳胜等人来到这里，对孟良说："这次我在半空里把你捉住，你服不服啊？"孟良说："你用诡计暗算我，不是战败被捉，要杀要剐随你，但我还是不服。除非咱俩大战一场，等你在战场上捉住我，我才服你。"杨六郎说："这次把你放了，下次肯定会在地上把你捉住，到时候你不要再反悔。"于是六郎下令把孟良放了。

回到寨中，杨六郎与岳胜商议，说："孟良已经连着被我捉住两次了，他不敢正面来打，肯定会夜里来劫寨。这回把他捉住，看他有什么好说的？"岳胜说："将军足智多谋，一般人不能比，但恐怕今天夜里孟良不会来。"杨六郎说："今天夜里他肯定会来。"六郎下令让人在自己营帐前挖了一个五六尺深的坑，上面铺上树枝，并让士兵们在远处埋伏好，只留下八九个人藏在营帐前，等敌人一中计，就出来把他捉住。大家听从安排，都埋伏好了。

当天夜里，杨六郎坐在营帐里看书。大约二更的时候，孟良果然带着手下来偷袭。他先派人悄悄打探消息，结果回报说军营里的人都歇息了。孟良很高兴，心想这次终于能报仇了。他来到寨子边上，让手下在外面等待，自己一个人骑马杀入营帐。他看到杨六郎在那里看书，没有别人，便提着斧子，用力向前一步，大声喊道："杨六郎不要走！"孟良刚举起斧

子，只听一声巨响，连人带马落到了坑里面。营帐前埋伏的士兵们一下子冲出来，把孟良捉住。孟良带来的两千人马也被宋军团团围住，一个也没能逃脱。大家把孟良押到堂上，杨六郎对他说："你的计谋不出我所料，我这次再放你回去，让你召集人马来跟我作战。"杨六郎下令把孟良放了。孟良说："我虽然是贼，也懂得礼义廉耻。将军真是神人，我怎么敢不投降，我甘愿为将军效力，不会再有别的念头。"杨六郎大喜，说："你要是肯归顺，日后肯定会立功扬名。"

　　第二天一早，孟良见过杨六郎，之后便回到寨子，召集刘超、张盖、管泊、关钧、王滇、孟得、林铁枪、宋铁棒、丘珍、丘谦、陈雄、谢勇、姚铁旗、董铁鼓、郎千、郎万共十六位头目，一起来归顺。杨六郎在寨子里设宴，犒劳众将士，与岳胜等人开怀畅饮。

　　酒至半酣，孟良说："六十里外有一座芭蕉山，地势险恶，那里聚集着一伙强盗，专门抢劫放火，官军也拿他们没办法。其中为首的是鸦州三元县人，姓焦名赞，红脸大眼，四肢强壮，青筋突起，一身肌肉，使一柄浑铁锤，英勇无敌。要是能让这个人来归顺，那我们寨子的实力就会更强了。"孟良说："此人非常厉害，不可大意，需要多带几个人去。"杨六郎说："我以诚信待人，用不着多少士兵。"

　　第二天早上，杨六郎让岳胜等人守着寨子，自己带了三个人，骑马来到芭蕉山。快到山口的时候，只见那里坐着一个人，长相古怪，一副樵夫打扮。杨六郎问他："这里是芭蕉山吗？"那人站起身子，回答说："你是什么人，为什么一个人来这里？"杨六郎说："小人姓杨，名延昭，是杨令公的六儿子，最近来佳山寨出任巡检一职。听说这里有位能人名叫焦赞，所以特意来招他归顺。"那人说："阁下要找焦赞，正好我认识他，可以给你带路，为你引见。"杨六郎喜出望外，跟随他来到山里，只见到处山势险峻，树木丛生。来到洞口外，那人说："你在这里等着，我进去帮你通报一声。"杨六郎就等在外面，那人进入洞中。不一会儿，洞里出来了几十个喽啰兵，把杨六郎捆住，带进了洞里。

　　来到洞中，杨六郎看到上面坐着一个人，正是刚才给他引路的那个人。那人笑着说："还没等我焦赞来请你，你就自己送上门来了，你还有什么好说的？"杨六郎面色不改，厉声回答说："大丈夫视死如归，随便你如何处置。"焦赞说："我不知道吃了多少好汉的心肝，还在乎你一个？"说完就让人把杨六郎吊起来，他准备亲自动手。焦赞刚要举刀，忽然看到杨六郎头顶上冒出一道黑气，气中显现出一只白额老虎，一边咆哮一边摆尾。焦赞大吃一惊，说："此人原来是位神将。"焦赞赶紧派人把杨六郎放下来，亲自给他松绑，跪在地上边磕头边说："小人有眼不识神人，我愿意归顺。"杨六郎说："你要是肯归降，我保你加官进爵，比当

寨子里群雄聚集，兵强马壮，杨家的金字旗号也打了出来，辽国人不敢来侵袭，边境上一片安守。

强盗好多了。"

焦赞很高兴，让手下都来拜见杨六郎，并安排人准备宴席，款待杨六郎。杨六郎刚要饮酒，就听到洞外面喊声大震，锣鼓声不断。杨六郎走到洞外一看，原来是岳胜、孟良等人。大家看到杨六郎安然无事，都下马来相见。原来有人回报说杨六郎被贼人捉走了，大家特意赶来救援。杨六郎把焦赞归顺的事情告诉了大家，众人皆大欢喜，到洞中依照次序入座，开怀畅饮。第二天，杨六郎率领大家离开芭蕉山，并将洞穴付之一炬。

杨六郎招纳了三员大将，派人到朝廷上奏，要求给他们封官，好安抚住手下的人。真宗得知后，与大臣们商议。寇准上奏说："既然杨延昭能招安盗贼，陛下应该答应他的请求。"真宗准奏，派人去传达旨意，加封杨延昭为镇抚三关都指挥正使，封岳胜、孟良、焦赞等人为指挥副使。杨六郎率领众人领旨，等使者离开之后，他又派人去胜山寨把陈林、柴敢招来。此时，寨子里群雄聚集，兵强马壮，杨家的金字旗号也打了出来，辽国人不敢来侵袭，边境上一片安宁。

八月十五这天，正值中秋佳节，杨六郎与众人在寨子里一边饮酒一边赏月。酒至半酣，杨六郎对岳胜等人说："我们父子八人，自从归顺大宋之后，与辽国为敌。我父亲杨令公在瓜州之战中命丧胡原谷，当时我把他的尸骨埋在了李陵碑下。后来我多次想派人将他的遗骨取回来，埋在祖坟里，以尽孝道。但是无奈，我找不到一个心腹之人能代我去办这件事。每当想起这件事，我心里就十分难受。也不知道哪一天才能了了这个心愿。"岳胜说："将军这样孝顺，真是感人。但是到胡原谷一路上都有辽兵阻拦，四处都是敌人，实在是太难了。等再过几年，可能会容易一些。"杨六郎大哭不止，于是下令撤掉宴席，大家也都散去了。

孟良听了杨六郎在宴席上的一番话，心想："杨六郎三次捉住我都没有杀我，对我有恩。今天他有事需要帮助，但是没有人敢站出来答应。不如我趁着天黑悄悄出营，秘密前往胡原谷，把杨令公的尸骨取回来，以报答将军的恩德。"拿定主意之后，孟良没有跟别人说，一个人悄悄离开寨子，前往胡原谷去了。

第二天一早，人们发现孟良不在寨子里，就报告了杨六郎。杨六郎大吃一惊，说："昨天晚上喝酒的时候还好好的，今天怎么就不见了？"岳胜等人说："孟良终究贼性难改，大概是私自逃跑了，不想让将军知道。"杨六郎说："孟良这个人虽然性格粗暴，但有情有义，既然归降了，怎么会私自逃跑呢？"众人胡乱猜测，没有定论，杨六郎闷闷不已。

第二十四回

孟良智盗骕骦马

　　孟良装扮成樵夫，来到胡原谷，寻找杨令公的遗骨，但是找了很久都没有找到。恰好一位辽国老人经过这里，孟良就上前问他："当初杨令公的遗骨埋在了这里，今天怎么不见了？"那位老人回答他说："一个月之前，幽州的萧太后下令，让人把杨令公的遗骨挖走，埋到红羊洞去了。"孟良听后，心想："既然我就是为了这件事来的，要是拿不到遗骨，回去也没法交代，不如潜入幽州，再作打算。"于是他假扮成辽国人，前往幽州。

　　没用几天，孟良就来到幽州城外，恰好遇到一位渔夫。孟良问他："你是不是要入城？"渔夫说："是要入城，赶着明天给太后献鱼。"孟良问他："献什么鱼？"渔夫说："八月二十四日是萧太后生日，按照惯例，每年都要给她进献鲜鱼，以示祝贺。今天是二十三日，明天一早就要进城去献鱼。"孟良听后，心中暗自高兴，心想："这真是千载难逢的好机会。"于是他对渔夫说："我是给将军喂马的，也要入城，咱们一起吧。"于是，孟良紧跟在渔夫后面，没出几步，孟良就抽出匕首，把渔夫杀死了。孟良换上渔夫的衣服，还拿了渔夫的牙牌①，提着鱼进城去了。守城的辽兵听孟良说要给萧太后祝寿，检查了他的牙牌也没问题，就放他进城了。

　　第二天早上，萧太后入朝，文武百官向她贺寿。宫门守卫上

① ［牙牌］

　　古代一种证明官员身份的牌子，因为多用象牙、兽骨制作，所以称为牙牌。牙牌上一般写着官员的官职和履历，上朝的时候需要亮出牙牌，否则不能进入宫门。

奏说:"黄河渔夫来进献鲜鱼,在门外等候。"萧太后下旨,把他召入大殿。孟良上前献上带来的鱼。萧太后说:"今年的鱼比往年的要小,看鱼鳞也不新鲜,这样的鱼也敢拿来进献?"孟良上奏说:"小人往年进献的鱼虽然大,但味道不够好,而这条鱼非常难得,先是在河里网住,又在池子里养了好几天。因为天气太热的原因,所以看上去有些不新鲜了,但是味道实在不是一般鱼能比的,太后尝过之后就知道了。"萧太后听完很高兴,笑着说:"说的有道理,你先退下,等生日过后,跟别的下人一起受赏。"孟良非常高兴,告辞后退下。萧太后下令让人摆下宴席,与朝中的文武官员一起庆祝。当天,宫里乐声不断,君臣都开怀畅饮,直到夜里才尽兴而归。

第二天,大臣们纷纷谢过萧太后的宴请。忽然有大臣来报,说:"西凉国进贡给宋朝一匹骦骦(sù shuāng)马,在路过幽州地界时,被守官截获,特意进献给太后。"萧太后命人把马牵过来,一看果真是宝马,便说:"这匹马是难得的宝马,一定要用心喂养,以备出入之用。"下人答应后牵着马出去了。

孟良听到这个消息之后,偷偷到马厩里去察看,发现果真是匹好马,心想:"先等我拿到杨令公的遗骨,再来偷这匹宝马。"孟良来到红羊洞,只见一片旷野上有一个土墩,边上有块很小的石碑,上面写着"令公冢"三个字。孟良等到天黑才动手,先是挖开坟墓,里面有一具石棺,然后打开石棺,取出遗骨包好。等孟良走出洞口的时候,正被一群辽兵撞到。辽国人要搜查他的包裹,还问他:"你是哪里人?为什么来这个地方?肯定是宋朝的奸细!"孟良回答说:"小人不是奸细,是来给太后献鱼的渔夫。前天给太后献鱼,太后留我们父子吃饭。我父亲因为太后赐酒,就多喝了几杯,没想到醉死过去,这里离家路途遥远,只能先将尸体焚烧,带遗骨回去,怎么可能是奸细呢?奸细来这里岂不是自寻死路吗?"说完之后,孟良大哭起来。辽兵信了他的话,把他放了,让他赶紧离开。

孟良赶紧回到驿站,把遗骨藏好。第二天,他带了一些毒药,来到马厩。见人正在煮豆子准备喂马,孟良偷偷在食槽边上洒下毒药,然后离

开。马中毒之后不进食，养马的人赶紧禀报萧太后。萧太后说："马为什么不进食？肯定是你们没有好好调养。"养马的人说："这样的宝马本来就很难伺候，不进食肯定是得病了。希望陛下下旨，招募懂得给马治病的人，如果能治好，重金赏赐，加官晋爵。要是碰到懂得这匹马性情的人，可以留下来重用。"萧太后同意了，立即贴出榜文，招募能给马治病的人。

孟良听到消息后心想："要是这个计划成了，我带着这匹马回去献给将军，肯定能立下大功。"榜文刚刚贴出，孟良就上前揭了下来。守军带着孟良去见萧太后。萧太后问他："你懂得给马治病吗？"孟良说："小人就是前几天来进献鲜鱼的那个人，也懂得给马治病。不出一两天，肯定治好这匹马。"萧太后说："你要是真能治好，我封你做官。"孟良拜谢后退下，来到马厩察看宝马的病情。孟良仔细查看了一番之后，对旁边的人说："这匹马中毒很深，应该先治标后治本。"原来当初孟良下的毒药是一种麻药，马吃了之后不能开口，所以不进食，看上去像是病了，等麻药的药效过去之后，马就能进食了。过了两天，宝马就恢复了原先的样子。

萧太后听说马的病已经被治好了，非常高兴，立即宣孟良上殿，对他说："治好了宝马都是你的功劳。现在燕州正好缺一位总管，就任命你来担任吧。"孟良心想："我费了这么多心思，都是为了这匹宝马，而不是什么总管。"于是他想出了一个办法，上奏说："多谢陛下赏赐小人官职，只是这匹马的病刚刚治好，血脉还不平稳，小人担心自己上任之后，若是再犯了病，那就麻烦了。不如小人带着宝马去赴任，等宝马病痊愈了，万无一失之后再送回来。"萧太后说："你说的也有道理。"于是萧太后下令让孟良带着宝马去燕州上任。孟良领旨后告辞退下。回到驿站，孟良取出杨令公遗骨，骑上宝马，冲出幽州城，连夜向佳山寨赶去。

巡逻的辽兵发现之后，回幽州报告给萧太后。萧太后得知这个消息，大吃一惊，说："被奸人暗算了！"萧太后立即派萧天佑率五千轻骑兵追赶。萧天佑领旨，带兵冲出幽州，去追赶孟良。

孟良已经离开幽州城二百里了，眼看着边关就在眼前。可这时，后面

杨家将

回到驿站，孟良取出杨令公遗骨，骑上宝马，冲出幽州城，连夜向佳山寨赶去。

尘土遮天，旌旗蔽日，他知道是辽兵追过来了，于是急忙赶到关口。守关的士兵认得孟良，连忙回寨子里通报。杨六郎听到这个消息，立即下令，派岳胜、焦赞等人出兵接应孟良。岳胜率兵来到关前，恰好遇到孟良匆匆赶回，累得满脸大汗。孟良说："后面有辽兵在紧追，你要小心。"岳胜说："你先回关，我来挡住辽兵。"孟良骑马跑回了寨子里。

岳胜摆开阵势，不一会儿萧天佑就赶来了。萧天佑冲着岳胜破口大骂："贼人竟然偷我大辽的宝马，立刻还回来的话，饶你们不死；不然的话，冲破边关，寸草不留。"岳胜大怒，说："蛮人竟敢来挑衅！"随即

136

舞刀跃马，冲杀过去，萧天佑举枪迎战。二人打了四十个回合，突然焦赞大喝一声，率兵从一旁袭击。辽军前后受敌，四散逃走。焦赞又乘势率兵一番追杀，最终辽军大败。

杨六郎看到孟良回来了，又听说大败辽兵，非常高兴。他问孟良为什么私自前往幽州，孟良将前后经过说了一遍。杨六郎拜谢孟良，说："多谢你的恩德，现在快把父亲的遗骨取出来给我，我立即把这件事告诉母亲，让她安葬在祖坟；这匹宝马我会派人献给圣上，替你请功。"杨六郎派人带着宝马回汴京，去见真宗。

真宗得到宝马后非常高兴，对群臣说："杨延昭刚刚去镇守三关，先是收服了三员大将，如今又夺了这匹宝马进献，功劳不小，朕应该重赏。"八王上奏说："杨延昭忠君爱国，陛下确实应该重赏。"真宗派使臣带着绸缎、牛羊和美酒前往佳山寨，赏赐杨延昭。

这天忽然有人向真宗汇报说："辽兵正在攻打澶（chán）州，边关形势危急，希望朝廷定夺。"真宗问大臣："辽兵侵犯边境，应该派谁去作战？"八王说："澶州离三关比较近，如果派杨延昭去救援，肯定能击退辽军。"真宗准奏，于是下令派杨延昭带兵出征。杨六郎领旨后召集部下商议对策。杨六郎说："如今辽军在澶州外屯兵，侵扰我大宋边境，朝廷派我等出兵御敌，大家一定要奋勇杀敌。"孟良说："这次辽兵进犯是小人招惹来的，小人应当率先带兵出战。"杨六郎说："萧天佑是辽国名将，你带兵在前，我们在后面接应你。"孟良带兵出发后，杨六郎又把岳胜叫到身边，对他说："你带一千骑兵出关，等到辽兵打得筋疲力尽时再冲出去，可以攻破敌人阵势。"岳胜也带兵出发了。安排完毕之后，杨六郎自己率领两千人马，在后面做接应。

消息传到辽军大营，萧天佑与耶律第商议说："太后降旨，派我带兵来追那盗马贼，如今他已经逃进关内去了。此人名叫孟良，今天来打头阵的正是他，大家要齐心合力，夺回宝马，太后必有重赏。"耶律第说："主帅不要担心，凭借我们的力量，一定能取得成功，凯旋而归。"

第二天天刚亮，两军就在开阔地带摆开阵势。宋兵摇旗呐喊，鼓声不断。孟良披挂上阵，来到阵前，大喊道："蛮贼不赶紧退去，否则性命不保。"萧天佑怒骂道:"你个盗马贼还敢来战?"随即举枪冲孟良杀了过来,孟良舞斧迎战,两人打到一起。两人打了三十多个回合,不分胜负。辽将耶律第见两人打得难解难分,便提刀纵马,冲出来助战。就在这时,忽然山后一声鼓响,岳胜率军冲了出来。萧天佑跟孟良作战,岳胜与耶律第作战,四人打在一起。萧天佑假装逃走,孟良紧追不舍,抢起斧子砍向萧天佑。突然,萧天佑身上金光闪过,斧子根本伤不了他。孟良大吃一惊,调转马头,向后逃去。此时辽军重新杀了回来,宋军四散逃走。岳胜的部下率先溃败,跟孟良一起逃进关去。萧天佑看到前面杀气连天,知道有伏兵,于是收兵回营。

　　孟良回到寨子,把萧天佑被金光笼罩的事情告诉了杨六郎。杨六郎说:"世上还有这样的怪事?明天我亲自上阵,一探究竟。"于是杨六郎派陈林、柴敢守寨;岳胜率刘超、张盖先出战;孟良、焦赞率王琪、孟得等人分左右两翼助战。众将领命后退下,各自为明天交锋做准备。

　　萧天佑在军营里召集部下商议,说:"孟良、岳胜骁勇善战,他们原先都是山寨里的强盗,擅长作战,跟他们交战不能强攻,只能智取。离这里三十里外有一个双龙谷,山谷两侧山势险峻,只有一条小路通向雁岭,岭下是幽州外的旷野。我们先派兵在那里埋伏,然后引敌人进入山谷,再出兵将他们围住,不出半个月就把他们全饿死在谷里。"耶律第说:"小将愿意带兵前去埋伏。"萧天佑说:"这件事你去最好了。"随即派两千步兵给他,让他出发。萧天佑对黄威显说:"你率领一千骑兵,守在雁岭下面,多打些旗帜,等敌人进入山谷,就阻断他们的去路。"黄威显领命后退下。

第二十五回

五台山孟良借兵

萧天佑安排好部下之后，忽然有人来报，说宋军在外面挑战。萧天佑披挂上马，领兵出战。两军摆开阵势，宋军中岳胜率先出战，他来到阵前，舞着大刀说："蛮将快快退下，免得伤了和气，不然的话，让你有来无回。"萧天佑大怒，挺枪杀向岳胜，岳胜抡刀迎战。不出几个回合，孟良、焦赞从左右两侧冲出来，与辽军大战。萧天佑打斗了一会儿，假装逃走。杨六郎从旁追赶，一枪刺去，结果萧天佑被金光罩住，刀枪不入，杨六郎非常吃惊。

岳胜、孟良等人带兵追击，被萧天佑引到谷口。杨六郎看这山谷地势险峻，便勒马停下，说："大家不要追赶，别中了敌人的埋伏。"孟良说："这里的地形我很熟，里面只有一条小路，可以通向雁岭。辽军不知情况，进入这山谷，我们正好趁机把他们围在里面，一举歼灭。"杨六郎同意了他的建议，率军杀进谷中，结果不见辽军人马。杨六郎心里大惊，说："敌人早有埋伏，赶紧退出谷去，不然肯定被困住。"话还没说完，就听谷口金鼓齐鸣，喊声震天。耶律第率领伏兵杀了出来，将宋军围困在谷里。孟良、岳胜等人拼死力战，山上箭石齐下，宋兵死伤无数也没能冲出去。宋军只好掉头杀向雁岭，结果发现路已经被辽军堵死，并且山后旌旗翻滚，像是埋伏了大队人马，宋军也不敢前进。

杨六郎与部下被围困在谷中，无计可施。焦赞说："小将愿意带手下冲开谷口，救将军出去。"杨六郎说："辽兵实在太多，你如何抵挡？不能让将士们白白送死，还是稍等一下，有机会再说。"岳胜说："寨子里的人不知道我们在这里被困，要是没有人来援救，又没有粮草，辽兵乘虚而入，我们就只能坐以待毙了。不如趁着现在兵马强壮，按照焦赞说的，冲杀出去。"杨六郎说："外援倒是有，就是没有人能去报信。这里离五台山不远，要是有人能去五台山告知我兄长杨五郎，他一定会来救援。到那时，我们内外夹攻，就可以脱险。"孟良说："将军与大家先在这里忍一忍，等我打扮成辽兵，偷偷混出山谷去五台山搬救兵。"杨六郎说："你要小心，见了我兄长，求他快点来救援。"

孟良脱下盔甲，打扮成辽兵，与杨六郎告辞，趁夜里偷偷出了雁岭。刚出雁岭，就遇到一位巡逻的辽兵，孟良一刀将他杀死，还拿走了巡逻兵的铁铃，在辽军营地里边走边喊："守好寨子，不要让杨六郎跑了。"没有辽兵怀疑孟良的身份，任他在营地里往来。等到了夜里三更，孟良离开雁岭，向五台山大步走去。

用了不到一天时间，孟良就到了五台山下。来到庙中，孟良看到一位侍者，就问他："你们师傅在寺里吗？"侍者问他："你是什么人？"孟良说："杨将军派我来见杨禅师，有要紧事通知。"侍者得知他是杨家派来的人，立即带他去见师父。杨五郎问孟良："你来寺里找我，有什么事吗？"孟良回答说："小人姓孟名良，最近归顺了杨将军，跟他一起镇守三关。辽兵来侵犯边境，宋军竭力阻拦，没想到中了敌人的奸计，被困在双龙谷。现在谷里没有援兵也没有粮草，所以杨将军特派小人来向师父求救，希望师父出兵救援。"杨五郎说："我现在是出家人，怎么能再回战场上打打杀杀呢？再说，我很久不带兵，武艺都荒废了，就是去了也帮不上什么忙。你可以回到汴京向朝廷求救，赶紧出发吧，不要误事！"孟良说："这里去汴京路途太远，不知道几时才能出兵？还是希望师父念在手足之情的份上，亲自出兵救援，请不要再推辞了。"

杨五郎想了一会儿，说："出兵可以，只是我的战马已经死了，没有好马骑，很难上路。"孟良说："师父若是肯去救援，小人立刻回寨子里牵马来。"杨五郎说："我对马非常挑剔。八王有两匹宝马，名叫千里风和万里云，你把其中一匹带来，我才能出战。"孟良说："没有别的办法

了，小人只能连夜赶到汴京，去问八王借马。"杨五郎说："要是有了这匹马，就能战胜辽军。"

孟良立即辞别了杨五郎，赶往汴京。等到了汴京，孟良来到八王府中拜见，把借马的事情说了一遍。八王说："别的事情都好说，唯独这两匹马不能借。它们还没吃饱，怎么能上战场呢？不要再说了，这件事实在难以答应。"孟良闷闷不乐，走出八王府。他赶到了杨家无佞府，去见杨令婆。杨令婆知道六郎被困在山谷之后，哭着说："当初我丈夫率领儿子们归顺朝廷，如今只剩了六郎一人继承父业，现在却被辽兵围困，要是有什么不测，让我去依靠谁啊？"九妹说："母亲不必担忧，既然哥哥有难，女儿跟孟良一起去营救。"令婆说："你去再好不过了，上了战场凡事多加小心。"孟良对九妹说："请小姐先到汴京外面二十里的地方等候，小人今天夜里去八王府中偷马，得手后跟你会合。"九妹答应了他，然后告辞退下，回去收拾行李。

孟良来到八王府中的后花园，把御书楼放火点着了，顿时浓烟滚滚，火光冲天。下人赶紧通报八王，八王大吃一惊，立刻带人赶去救火。趁着慌乱，孟良来到马厩，偷着牵走了千里风，从后门逃走。等火被救得差不多的时候，有人说千里风被一位壮士骑着从东门走了。八王大怒，说："肯定是孟良使的调虎离山计。"八王立即下令牵出万里云，飞身上马追了出去。

孟良骑马出了汴京城，心里非常高兴，但不一会儿八王就追了上来。八王在后大喊："逆贼把马还给我，饶你一死。"孟良大吃一惊，心想："怎么这么快就追上来了？"他突然心生一计，把千里风推入泥潭里，自己躲在树林后面。八王赶到跟前，看到马陷入泥潭，笑着说："这逆贼肯定是害怕了，把马推到泥潭里，待会儿下人来了，再去救马。"八王下马上前查看，就在这时，孟良一下子窜出来，骑上万里云，叫道："八王不要怪我，这匹马借我用一用，等击退了辽兵就来还给你。"说完之后，疾驰而去。八王正在懊悔的时候，下人们赶到了。得知万里云被孟良用计偷走，他们劝八王说："殿下不要担心，等他们救出杨六郎，肯定会把马还回来的。"八王只好让人把千里风拖出泥潭，一群人回了汴京。

杨家将

　　天快亮的时候，孟良与九妹会合，告诉他自己偷来了八王的万里云。九妹高兴地说："既然有了这匹马，你赶紧去五台山求五哥下山救援，我去三关整顿将士。"两人分手后，孟良赶到了五台山，去见杨五郎，告诉他："马已经借到了，你妹妹也一起赶去救援。"杨五郎说："看在你尽忠尽职的份上，我也该下山去救援。"他带领五六百僧兵，打起杨家旗号，离开五台山，到三关与九妹等人会合。九妹说："六哥已经被困了很多天，不如今天就杀进山谷去营救。"杨五郎说："辽兵太多，等我先派人去打探消息，然后再出兵营救。"大家都收拾好衣甲，等待出兵。

杨五郎打起杨家旗号，离开五台山，到三关与九妹等人会合。

消息传到萧天佑那里，他召集诸将商议对策，说："杨五郎的救兵已经赶来，他们个个英勇无敌。不过我有一计，可以让援兵不战而退，把杨六郎困死在谷中。"耶律第说："元帅有何妙计？"萧天佑说："今天捉到一位边境居民，相貌酷似杨六郎，可以把他杀了，将其头颅高挂在杆子上，就说杨六郎昨天已经被我们捉住杀了，他的部下也已经全军覆没。援兵见了之后，肯定不会怀疑。既然杨六郎已经死了，他们自然不战而退。"耶律第说："果然是妙计。"萧天佑立即派人把那人杀了，砍下头颅，让辽兵挂到阵前，并传言说杨六郎已经被杀了。

打探消息的人回到关中，报告了杨六郎被害的消息。杨五郎听后大吃一惊，说："我弟弟被辽兵围困，他们趁机将他杀死，也是可能的。"随即杨五郎派九妹下关去辨认尸体。九妹赶紧披挂上马，到关下去察看。出发之前，她下令让人传言，就说如果杨六郎果真死了，援军就会退兵。这句话传到了萧天佑那里，他下令放九妹进入辽军大营，辨认尸体。九妹来到辽军辕门外，看到挂着的人头和杨六郎非常相像，于是大哭起来，指着辽兵骂道："杀兄之仇，一定来报！"九妹骑马回到关中，把消息报告给了杨五郎。杨五郎叹息说："本想来救弟弟，谁想早已被害，真是杨家的不幸！"此时，只有孟良不信，他说："五将军，这件事很可疑。当天小人离开双龙谷的时候，将军手下还有很多人马，就算是遭遇不幸，总不能一个人也不剩吧？但是一个人都没回来过，这说明此事可疑。"杨五郎听后也有些犹豫。

当天夜里，秋风习习，月明如昼。杨五郎披着衣服来到帐外，观望星斗，看到将星明朗，正照在双龙谷上。他心想："杨六郎肯定还活着。"第二天他告诉妹妹和其他人说："昨天我夜观星象，知道你哥哥还活着，要是能有个人进去通风报信就好了。"孟良说："小人愿意再到谷里去，打探消息。"杨五郎说："你去最好了。"孟良告辞离去。九妹说："孟良去打探消息，我也去附近打探一下。"杨五郎说："你要秘密行事，不要被敌人察觉。"九妹说："我自有办法。"九妹与杨五郎告辞后，打扮成了打猎的小军士，来到天马山。路上杂草丛生，她不知不觉进了树林，结果看到一大群辽兵。九妹发现附近有个小茅庵，就躲了进去。

杨家将

　　庵主发现九妹之后，问她：“你是什么人？怎么一个人在山里？”九妹回答说：“实不相瞒，小女是杨家人，因为哥哥杨六郎被辽兵围困在谷中，所以特意来打探消息，没想到迷路之后又遇到辽兵，只好来这里躲避。”庵主说：“这里是辽国的地方，你怎么可以轻易进入呢？赶紧卸下弓箭，换上一身僧服。”不一会儿，辽兵就来到了庵中，捉住了九妹。庵主说：“这是我的弟子，在这里出家，你们为什么要捉她？”辽兵说：“既然是出家人，为什么随身带着弓箭？”庵主笑着说：“你们不知道，这山里经常有猛兽出来伤人，刚才弟子出去打猎了，所以身上带着弓箭，这没什么好奇怪的。”于是辽兵放开九妹，说：“你既然懂得射箭，肯定有力气，要是能打得过我们这群人，就放了你；不然的话，带你回去见萧太后。”庵主说：“为什么这样说？”辽兵说：“最近宋朝的孟良偷偷潜入幽州，偷走了萧太后的骕骦宝马，所以才下令让我们各处巡逻，预防宋军入境。我们现在怀疑他是奸细，所以要比武。”九妹说：“师傅不要担心，就让我跟他们比一比。”说完之后，来到草坪中与辽兵比试武功，结果辽兵都不是对手。这群辽兵见打不过她，就回营去了。庵主说：“你先在这住几天，我让人打探一下你哥哥的消息，到时候再走也不迟。”于是九妹留在了庵里。

第二十六回

杨五郎大闹幽州城

　　巡逻的辽兵回到幽州后，去见丞相张华，告诉他说："天马山的庵中有一位壮士在那里修行，那人骑马射箭都很熟练，武艺超群，我们十几个人都不能靠近他。"张华听后非常高兴，说："如果真有此人，应该召来为辽国效力。"使者领命，前往天马山庵中，把这件事告诉了庵主。庵主与九妹商议说："幽州的张丞相来召你去幽州，你肯不肯去？"九妹说："既然来召我，怎么敢拒绝？"庵主大吃一惊，带着九妹来到庵后，对她说："你是一介女流，要是被他们识破了身份，恐怕性命难保，怎么能去呢？"九妹说："庵主待我这么好，足见庵主的好心。这次去幽州或许有机会救出哥哥。"庵主说："那你可要处处小心。"

　　九妹辞别了庵主，跟着使者一起回到幽州，来到张丞相府上拜谢。参见完毕之后，张华问道："壮士是哪里人？先报上姓名来，才能录用。"九妹回答说："小人晋阳人氏，姓胡名元，年少的时候曾经想考武举人，但是考了很多次都没考中，后来离家到庵中修行。昨天得到大人命令，前来复命。"张华听他说话言语清晰，人又长得出众，非常高兴，于是派家人收拾了一间干净的房子，让他休息。九妹谢过之后，告辞退下。张华来到后堂，与夫人商议，想要把他们的女儿月英小姐许配给他，招胡元为女婿，夫人同意了。

　　第二天，张华派人把这件事通知胡元。九妹说："这的确是件大好事，多谢丞相抬爱。但是如今宋兵未退，战事正紧，小人想凭借平生所学上战场去建立一些功劳，再回来成亲。"张丞相听到这些话之后说："这样也好，先看看他武艺如何。"随即，张华整理好朝服，入朝见萧太后，上奏说："臣招募了一位壮士，长相英俊，武艺非凡，想要为陛下立功。希望陛下能加以重用，击退宋兵。"萧后准奏，下令封胡元为幽州团练使，并给他五千人马，去帮助萧天佑对付宋军。九妹领旨后辞别了张丞相，带兵来到澶州，与萧天佑部下会合。当时恰逢杨五郎在营外挑战，九妹披挂上马，来到阵前，大叫："宋将快快退下，饶你一命。"杨五郎一下子认出了九妹，大吃一惊，说："妹妹怎么会在敌军阵中？"九妹打暗号，说："五哥诈败，我自有计策。"杨五郎领会了她的意思，两人交战几回合后，便假装失败逃走，九妹跟在后面追了几里，然后回到营中。

有人报告萧天佑，说："新来的将军大胜宋军。"萧天佑非常高兴，立即派人把他请到帐中，与他商议对付宋军的策略。辽军营中有人认出了九妹，秘密报告给萧天佑，说："这人就是前几天来察看杨六郎首级的那个人，元帅多加提防。"萧天佑大吃一惊，派人把九妹捉住。九妹不知什么情况，说："我杀退宋军有功劳，元帅为什么要捉拿我？"萧天佑说："你本就是宋朝杨家的人，还敢来欺骗我？"然后下令把她关进囚车，押回幽州见萧太后。萧太后得知这件事后，宣张丞相入朝，问他怎么回事。张华上奏说："臣是被她骗了，希望太后把她关进大牢；等捉住杨家其他的人之后一起问斩。"太后允奏，下令把九妹关入大牢。

消息传到三关，杨五郎听说妹妹被捉走，赶紧召集部下商议，说："六郎最近没什么危险，现在九妹被抓进大牢，应该先想办法救她。"陈林说："将军有没有什么办法？"杨五郎说："幽州右边和西番①接壤，两国是唇亡齿寒的关系。我假扮为西番人，假装出兵帮助辽国，萧太后一定不会怀疑。到那时再想办法救出九妹。"陈林说："真是妙计，将军先去，我带领大军

① [西番]

西羌族，内部分支很多，遍布陕西、四川、云南、青海等地，是古代中原地区非常头疼的敌人，朝廷曾经多次招安，但总是隔一段时间就会发生叛乱。

在后面接应。"杨五郎安排好部下，打起西番人的旗号，率军来到幽州，并派人去通报萧太后。萧太后下令召见西番国统兵的主帅，杨五郎来到大殿，向萧太后施礼。萧太后说："有劳诸位将军，跋山涉水赶来。"杨五郎说："西番国王听说辽国与宋国交战，胜负未分，特意派臣带兵来援助。"萧太后非常高兴，立即下令设宴招待。杨五郎说："军情紧急，臣明天就带兵上前线，攻打宋军。"太后说："你们远道而来，人马疲惫，多休息几天再出发。"杨五郎谢过太后，在城南安营扎寨，他下令趁辽兵没有防备，连夜杀进皇城。众人领命后各自整顿，等待命令。

九妹在狱中，狱官章奴是宋朝人，得知她也是宋朝人，对她十分客气，几次想要放她走，都没有碰到好的机会。九妹对章奴说："承蒙大人厚待，我刚才占卜，算到今天能从这里逃出去，不如你跟我一起回宋朝，我肯定好好报答你。"章奴说："我早就想这样了，只是没有人提携我。将军要是肯带小人回去，今夜我们就越狱逃跑。"于是九妹开始做准备。将近黄昏的时候，城外几声炮响，杨五郎带着七百多人杀进城中，所到之处，如入无人之境。跟在他后面的大军一拥而入，喊杀声不断。有人上奏萧太后，说西番国的人造反了。萧太后大惊，赶紧下令关紧城门。杨五郎率先杀进大牢里，恰巧碰到九妹从里面杀出来。辽军的官兵各自逃命，没人敢上来阻拦，宋军杀死辽兵无数。

杨五郎与九妹左冲右突，大闹幽州城，放火烧了南门之后，带军杀回澶州。萧天佑不知道这是哪里来的军马，辽兵阵脚大乱。耶律第率先出阵，正好遇到杨五郎，两人打在一起。结果不出两回合，耶律第被杨五郎一斧劈落马下。陈林、柴敢带兵左右夹攻，萧天佑不敢恋战，带着部下逃走。杨五郎紧追不舍，萧天佑边战边逃，两人打了二十多个回合。杨五郎挥起斧头，当面劈下，忽然一道金光将萧天佑罩住，刀枪不入，谁也伤不了他。杨五郎心想："师父曾经说辽国萧天佑是铜身铁骨，刀枪不入，特意传授给我一篇降龙咒，嘱咐我交锋的时候念诵。等我念诵这首降龙咒，看他怎么办？"杨五郎刚刚念诵降龙咒，就见狂风忽起，飞沙走石，从天上下来一位身披金甲的神人，手持降魔棒，大声叫道："妖孽好好回去，免得千刀万剐。"萧天佑滚落马下，杨五郎趁机上前一斧劈下，只见火光

杨家将

耶律笑率先出阵，正好遇到杨五郎，两人打在一起。结果不出两回合，耶律笑被杨五郎一斧劈落马下。

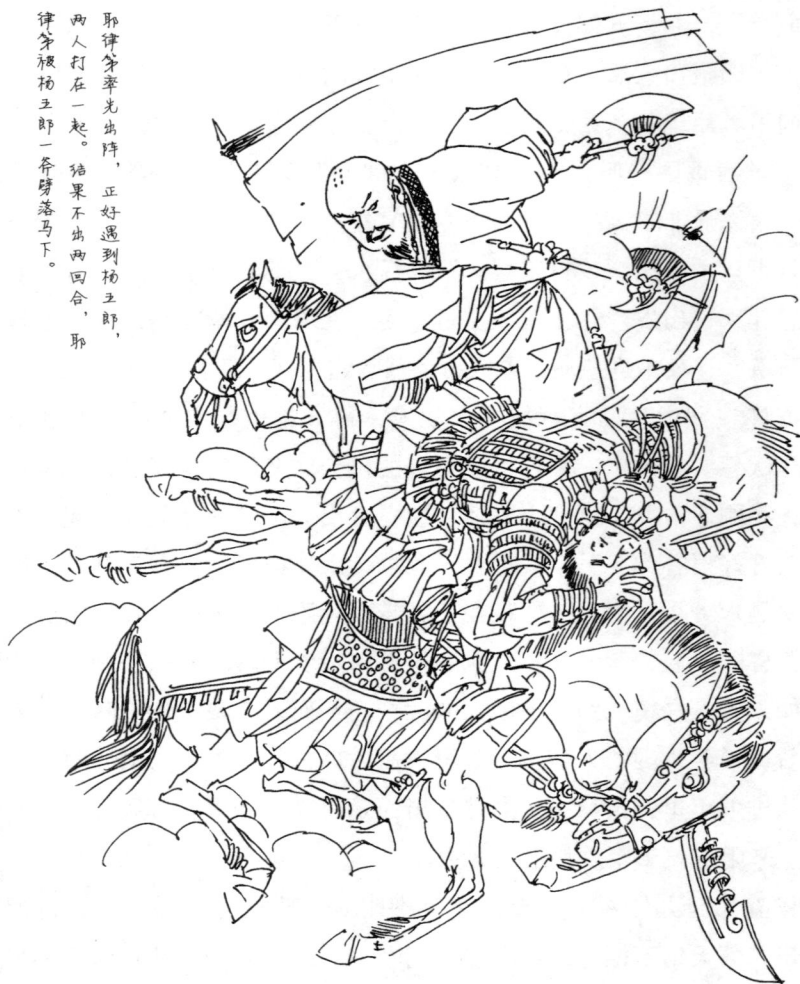

满地，不见了萧天佑的踪影。不一会儿，风停了，天晴了。杨五郎又带兵杀进双龙谷，去救杨六郎。

孟良在谷里听到外面杀声震天，就带领部下向外杀去，结果正遇到辽将黄威显，孟良一斧把他砍落马下。杨六郎等人也都乘势突围，与杨五郎的兵马会合，杀得辽兵四分五落，尸首堆积如山，还抢了无数牛羊。四更天的时候，杨五郎收兵回到佳山寨。

第二天早上，大家聚到一起。杨六郎说："要不是五哥出兵救援，我们可能就死在谷里了。"杨五郎说："要不是九妹被抓进大牢，我也不会

用这个计，不然也不会救你出来。"杨六郎听后感叹不已。九妹说："多亏了狱官章奴帮我杀出大牢，但他却被辽兵杀害，这人的大恩大德我永世难忘。"杨五郎问九妹为什么被关进大牢，九妹把自己在庵中和幽州的经历从头到尾说了一遍。杨五郎说："没想到深山幽谷里竟然有这样的好人，应该派人送些绸缎布匹去答谢。"当天杨六郎在寨子里摆下酒席，犒赏将士。酒至半酣，杨五郎对九妹说："贤妹回去侍奉母亲，我也带人回五台山去。六弟用心镇守这里，继承父亲遗志。"酒席结束后，杨六郎亲自送兄妹离去，一直送出去好几里才分别。

杨六郎回到寨子，派人把万里云带回汴京，还给八王。八王笑着说："之前我不借马并非吝啬，只是想试试孟良的武艺罢了。今天既然打了胜仗，马也完好无损，真是国家的大幸！可以让杨将军整顿部队，镇守三年，招募英雄，为进军辽国做准备。"

真宗听到前方传来捷报，说杨六郎大胜辽军，非常高兴，与八王商议说："杨六郎又立大功，应该如何奖赏？"八王说："陛下应该犒赏部队，等他们再立新功之后，再一起晋升。"真宗同意，立即派人带东西前往佳山寨，犒劳杨六郎部下的将士们。

当天退朝之后，王钦回到府中，心里想："杨家有这样的英雄，我什么时候才能实现自己的愿望啊？"一时不知如何是好，于是请谢金吾来与他商议。两人分主宾入座，喝完茶后，谢金吾站起来说："不知枢密召见我，有什么事情要交待？"王钦说："因为圣上对我宠爱有加，所以八王对我怀恨在心。前天我外出办事，路过无佞府，在天波楼前没有下马，结果被杨家大大羞辱了一番。等我向圣上奏明这件事的时候，八王又出来跟我作对，我无可奈何，心想不如辞去官职，回到乡下，不再出门，也就免得惹上这些麻烦了。"谢金吾笑着说："王大人为什么要灭自己的志气呢？如今的朝廷里，旧臣已经几乎没有了，只有我们几个而已。八殿下虽然位高权重，但是他不理政事。杨家父子现在都成了无头之鬼，家里只剩下一堆寡妇。当初先帝在的时候，赏赐给杨家无佞府、天波楼，希望他们效忠朝廷。但当今的圣上还会那样对待他们吗？下官也从那楼前走一走，试一试，他们要是不加阻拦，那就算了；要是加以阻拦，就下令让人把那楼给拆了。"王钦心中暗喜，心想："中了我的计了。"于是王钦又说了些刺激谢金吾的话："你不要去惹事了，要是拆了这座楼，杨令婆肯定会来闹，让圣上给她做主。到那时，我们就是自取其辱。"谢金吾说："就看我的好了，我自有办法对付他们。"王钦假装同意他的说法，并留谢金吾在府中喝酒。等到天色晚了，王钦亲自送谢金吾出门，与他告别。

第二十七回
谢金吾拆毁天波楼

　　第二天，谢金吾列好队伍，故意从无佞府门前经过。等到了天波楼边上，他吩咐手下敲锣打鼓，大喊大叫。谢金吾自己端坐在马上，从楼前走过。当时杨令婆与柴夫人正在大厅里坐着，突然听到外面乐声响亮，就派人出去探个究竟。下人回来说："谢副使骑着马过去了。"令婆大怒，说："满朝官员都要让我们杨家三分，他谢金吾算什么，竟然来欺辱我们？"随即下令备车，入朝去见真宗。令婆拄着龙头拐杖入朝，真宗赶紧出门迎接。入座后，真宗问她："朕并没有宣你入朝，夫人前来造访，是有什么事吗？"令婆起身回答说："先夫蒙先帝厚爱，被赏赐无佞府、天波楼等宅第，我和儿子们也感到十分荣耀。无论什么官员，经过天波楼都会下马，这并非是在尊敬我，而是尊敬先帝。今天谢金吾经过天波楼，不仅敲锣打鼓，还不下马，直接就过去了，这分明是轻蔑先帝，欺侮老身。"

　　真宗听后，当即宣谢金吾入朝，责备他说："当初先帝留下的旨意，你竟敢违背？今天夫人来告你侮辱朝廷，你说该当何罪？"谢金吾上奏说："臣不敢怠慢国法，请容臣奏明其中的缘故。前些天陛下赏赐杨六郎的时候，臣经过天波楼也是下马的。其实这天波楼阻碍交通，臣同其他官员准备上奏，但是不敢擅自行事。再说这天波楼离无佞府相距太近，都在南北要道上，遇到朝贺的节日总要绕道而行，非常不便。希望陛下下令拆毁天波楼，方便人们出行，为民着想。"听了谢金吾的话，真宗陷入了沉思。这时候王钦在一边添油加醋，说："谢金吾说得非常对，无佞府和天波楼不在一起，拆了可以方便人们出行。"真宗说："你们先都退下，等朕再和文武官员们商议一下。"令婆闷闷不乐地退了出去。

私下里，王钦竭力在真宗面前上奏，要求拆毁天波楼。最后真宗下旨，命令谢金吾监督拆毁天波楼。圣旨下了之后，王钦、谢金吾非常得意。消息传到杨府中，令婆与郡夫人商议说："当初谢金吾上奏要求拆毁天波楼，王钦也在一边火上浇油，如今圣上降旨，他们一定会来报复。事情到了今天这种地步，真是有愧先夫。"郡主说："等我去见八王，跟他商议，再入朝奏明圣上，或许还有挽回的余地。"杨令婆说："事不宜迟，你赶紧去。"

柴太郡告辞了令婆，来到八王府中。柴太郡对八王说："圣上听信谢金吾谗言，要拆毁天波楼。这座楼是当初先帝下令修建的，希望殿下念杨家父子忠君爱国，奏明圣上，要求不要拆了天波楼，杨家肯定会感恩戴德。"八王说："既然圣上已经下旨，再上奏也没什么用。如今只有一个办法，谢金吾是贪财的小人，你回去商议一下，多贿赂他些金银，买通他，让他宽限几天再拆楼。这几天我找机会向圣上奏明，或许还能挽救。"

柴太郡告辞后回到杨府，见到令婆，告诉她八王的计划。令婆说："只要能保住这座楼不拆，破费些钱财又算什么？只是担心谢金吾不肯收。"太郡说："可以让他身边的心腹交给他，他肯定会收下。"令婆答应了，立即安排人将四十两黄金，一根玉带送到谢金吾府中。果不其然，谢金吾看到杨府送来的礼物动了心，但还是摆出一副傲慢的样子，说："他以为朝廷里面就只有他们杨家吗？今天也知道了还有我谢某人！"这时一边的心腹刘宪说："既然杨家已经服输，不如做个人情，慢点拆。如果朝廷决定不再拆除，令婆肯定还会孝敬更多的好处，岂不是两全其美？"谢金吾说："你说得有道理。"于是派人去杨府中回信。

令婆知道谢金吾收下了贿赂，高兴地说："谢金吾要是不再追究这件事，圣上也一定不再深究。"于是派人到八王府中，告诉他这个消息。没想到，谢金吾被杨家贿赂的事情被王钦知道了，他极力劝说真宗快点拆掉天波楼。真宗再次下令，命谢金吾赶紧行动。谢金吾领旨，不得已，只能亲自带人拆掉了天波楼的上层，留着中层没拆。八王派人通知令婆：

"圣上心意已决，很难说服，赶紧连夜派人去三关把杨六郎召回来，与他商议，或许能有办法。"令婆收到消息后忧闷不已。八娘说："母亲不要担心，就按照殿下说的，让六哥回来再作商议。不然的话，照这个情况，恐怕有一天无佞府也保不住了。"令婆说："你说得对，可谁去通知六郎？"九妹说："女儿曾经去过三关，知道路怎么走，我去吧。"令婆说："你快去快回。"

九妹收拾好之后，与母亲告辞，赶往三关去了。当时正值五月，天气炎热，九妹趁早出发，不到一天时间，就到了三关寨。见到杨六郎之后，九妹把家里的事情都告诉了他，说："谢金吾上奏要求拆毁天波搂，母亲让哥哥赶紧回去商议对策。"杨六郎大吃一惊，说："满朝文武都没有站出来说话的吗？八王也坐视不管吗？"九妹说："八殿下向圣上上奏，但是没有被接纳，就是他让我叫哥哥回去商议的。"杨六郎又担忧又气愤，他带着妹妹来到寨子后面，悄悄跟她说："我在这里镇守，责任重大，这次朝廷没有召我回去，我要是私自离开，那就是擅离职守，要是被人知道了，会被怪罪。如今回也不是，不回也不是，这可该怎么办呢？"九妹说："哥哥你只需要回去待几天，等事情结束，再赶紧回寨子，没人知道。"杨六郎把岳胜叫到一边，对他说："家母有大事要与我商量，派妹妹来通知，不得已只好私自离开几天，等事情结束立刻回来。你与孟良等人一定小心谨慎，守好边关。要是焦赞问我去哪了，就说我去眉山打猎没有回来。这件事千万不要走漏风声。"岳胜领命退下。当天夜里，杨六郎与岳胜、孟良告辞后，悄悄离开佳山寨，向汴京赶去。

两人骑马走到半夜，来到乌鸦林，忽然从树林跳出一个人，拦住了去路，正是焦赞。焦赞说："将军说不要让我知道，其实我早就知道了。"杨六郎大吃一惊，说："你不好好守着寨子，来这里干什么？"焦赞笑着说："你不也是私自离开边关吗，怎么还反过来说起我来了？小人听说汴京风景最好，这辈子还没见过，今天就特意跟将军去看一看。"杨六郎说："这次回京就怕被人知道，你性子急，到了汴京肯定会惹祸，到时候怎么收场？你赶紧回寨子，等我回来肯定重赏你。"焦赞说："你要是不让我跟着去，我就先到汴京，把你私自离开三关的事传得沸沸扬扬。"九

杨家将

杨六郎带着妹妹来到累子后面，悄悄跟她说："我要是私自离开，那就是擅离职守，这可该怎么办呢？"

妹说："就他自己一个人，哥哥就带他去吧，嘱咐他不要惹事就是了。"杨六郎只好同意九妹的话，带着焦赞一起赶回了无佞府。

回到府中，见过令婆。令婆看着杨六郎，眼泪不禁流了下来，说："当初你们父子八人投奔朝廷，如今物是人非，只剩了你一个。先帝敬重我们杨家，建造宅府赐给我们，如今却被谢金吾等人欺负，他上奏要拆了天波楼，我们如果再商议不出对策，恐怕日后无佞府也不保了。"杨六郎说："母亲不要担忧，我这就去八殿下府里，跟他商议。我们父子对朝廷有功，圣上

不可能不顾及。"令婆让柴太郡出来与六郎相见。太郡说:"八王要是肯为这件事情做主,肯定能保住天波楼。"杨六郎也这么认为。

杨六郎把焦赞安顿在偏房里住,并派府里的军校看着他,不要让他出去惹祸。刚到的那几天里,焦赞还忍得住。过了几天之后,他便耐不住了,与看着他的军校商议,说:"我跟着将军来到这里,就是想看看汴京的风景,没想到来了还被人监视着,早知道还不如不来。你要是肯带我出去游玩,我多买些酒肉感谢你。"军校说:"出去玩倒也没什么,就怕这件事被别人知道了,我跟着受连累。"焦赞说:"我自有办法,肯定不会被人发现。"军校于是背着杨六郎,偷偷打开后门,带着焦赞出了无佞府。

汴京城里商铺林立,街上熙熙攘攘,人头攒动,路上不断有来往的马车经过。焦赞看到眼前的风景,不禁说道:"要不是将军带我来这里,怎么会看到这样的风景?"军校对他说:"这里是京城,到处是守卫,要是闹出什么乱子,谁能救你?"焦赞笑着说:"随便说说而已。"他们来到一条巷子里,看到有一家酒馆,里面桌椅摆列整齐。焦赞说:"进去一起喝几杯再走。"军校说:"我们不在这里喝酒,到城东去,在那里一边欣赏高楼一边喝酒,岂不更好?"两人玩了一天,天色将暗,军校催促焦赞赶紧回去。焦赞说:"难得来一趟,在城里找家店住一晚,明天再回去也不迟。"军校知道他性格急躁,劝不得,只能听他的。

夜里很晚了,焦赞还没有休息,乘着月色,跟军校一起闲走。他们偶然经过谢金吾家门口,听到里面乐声不断,歌声不歇。焦赞问道:"这是谁家?半夜里还在奏乐。"军校笑着说:"赶紧走,不要问这是哪里。我们将军就是因为这个人要拆毁天波楼,不得已才回来的。这家主人正是朝廷里的宠臣谢金吾。这半夜里还乐声不断,肯定是在喝酒。"焦赞原先不知道这是谢金吾的家,也就没什么,现在听说这家主人是杨六郎的死对头,一下子火冒三丈,对军校说:"你在外面等我,我到他府中去打探一下消息。"军校吓得浑身无力,求他说:"你要是惹了什么祸,我也跟着受连累。我们赶紧回店去,明天一早回杨府,不然的话,我这就回去禀告将军。"焦赞大怒,说:"随便你去哪儿,我不管。"说完与军校告辞,进了谢金吾府中。军校慌张地跑回了杨府。

第二十八回

汴京城焦赞闯祸

　　焦赞从东墙爬上去，跳进后花园，又悄悄溜进了厨房。当时府上的下人们都在堂上服侍谢金吾，只有一个女下人在灶前烧火。焦赞从皮靴里拿出匕首，先把使女杀了，然后提着她人头走进大堂。谢金吾正坐着喝酒，一边有人在奏乐，焦赞直接把人头朝他扔了过去。谢金吾满脸是血，立刻大叫："有贼！快来抓贼！"焦赞走到他面前，骂道："奸臣，你认不认识我焦赞？"说完之后，一刀下去，谢金吾人头落地。众人看到这场景，吓得四散逃走。焦赞杀得兴起，到房间里把谢金吾一家老幼全部杀了。

　　当时已经将近三更，焦赞坐下吃了些宴席上的东西。临走前他想："谢金吾是朝廷重臣，如今他们一家被我杀死，要是这件事传了出去，岂不连累他人？不如留下笔迹，让他们知道人是我杀的，免得连累无辜。"于是他蘸着鲜血，在墙上留下了自己的名字。题完字后，他从后墙翻出去。此时军校早就跑了，焦赞不识路，不知道该往哪里走，就在城里躲了一夜，第二天一早回到杨府。

　　夜里巡逻的人知道谢金吾府上被劫，赶紧通报王钦。王钦带着人来到谢金吾府中，只见一家老幼十三口全被杀死，横尸遍地，到处是血。有人把墙上的题字报告给王钦。这件事轰动了汴京城，真宗听后大吃一惊，下令让王钦查办这个案子。王钦上奏说："臣已经查出杀害谢金吾一家的凶手，正是杨六郎手下的焦赞。"真宗说："杨六郎在三关镇守，他的手下

一刀下去，谢金吾人头落地。

谢金吾正坐着喝酒，焦赞走到他面前，

怎么会到汴京来杀人呢？"王钦说："杨六郎已经偷偷离开了三关，带着焦赞来到汴京，擅离职守，犯了国法，请陛下严查。"真宗下令，派禁军到杨府中去抓捕杨六郎和焦赞。

杨六郎正在府上跟令婆商量天波楼的事情，忽然下人来报，说："昨天夜里焦赞翻墙到谢金吾府中，杀死了谢金吾一家老幼十三口。今天朝廷派禁军来了。"杨六郎大吃一惊，说："这个奴才坏我的大事！"话没说完，禁军冲了进来，把杨六郎捉住。当时焦赞就在门外，听到里面的动静之后，手拿匕首冲了进来。禁军见他十分凶猛，没人敢上前。杨六郎大声喝道："你自己惹出这么大的祸来，朝廷来抓，还敢反抗？赶紧绑了自己，跟我去请罪。"焦赞说："我这辈子不知道杀了多少人，多杀这十三个又怎么样？我与将军回到佳山寨，看他们拿我们如何？"杨六郎更加生气，说："要不按照我说的去做，我先把你的头砍下来！"于是焦赞放下匕首，退下等禁军来抓自己。杨六郎对禁军说："不要动手，我们自己去见圣上，到时候自有说法。"杨六郎跟随禁军入朝去见真宗。

真宗问他："朕没有下旨召你回京，你竟敢私自出关，擅离职守，还带着手下杀死了谢金吾一家，你说该判你什么罪？"杨六郎上奏说："臣罪该万死！希望陛下暂时不要生气，让我陈述冤情。臣父子有幸，蒙朝廷厚恩，就算死也要报答朝廷。最近陛下下令拆毁天波楼，母亲日夜担忧，最终病倒，臣不得不回家探视；原本想探望母亲之后立刻回去，没想到部下焦赞太过暴躁，杀死了谢金吾一家，这怎么会是臣指使的呢？希望陛下明察。如果确实是臣指使的，臣愿以死谢罪，以正国法，毫无怨言。"真宗听后，半天没说话。王钦上奏说："杀人者就是焦赞，确凿无疑，当天谢金吾家里的下人和乐工亲眼看到了，而且他临走的时候还在墙上留下了笔迹。希望陛下下旨，把杨六郎和焦赞押到街上去斩首示众，警示后人。"真宗听后犹豫不决。八王上奏说："杨六郎确实有罪，但是情有可原，况且杀人的是他的手下。念在他镇守三关有功，希望能从轻发落。"真宗允奏，让法司衙门为杨六郎定罪。王钦秘密派人到法司官那里，嘱咐他把杨六郎发配到最险恶的地方去。当时负责定罪的人黄玉正好与王钦交好，便按照他说的去做。最后，杨六郎因为私自下三关，被发配到汝州做工，为官家做酒，每年进贡官酒二百瓮，三年后才准回来。焦赞因为当初守关有功，免除死罪，发配到邓州充军。真宗批准了对二人的判决，并下令收殓谢金吾一家的尸首埋葬。

杨六郎得知朝廷对自己的判决后，觉得悲伤，又觉得幸运。令婆说："这真是我们杨家的不幸，这让我以后依靠谁啊！"杨六郎说："母亲不用担忧，顶多两三年，我就回来了，到时候母子就可以重聚。再说，儿子被发配之后，八殿下肯定会帮忙保住天波楼。焦赞虽然杀了谢金吾，但也算是为民除害。这次要不是八殿下力保，说不定我就没命了。"焦赞在一边说："听说朝廷要把将军发配到汝州，将我发配到邓州，不如我们逃回

三关寨去，谁又能把我们怎么样？"杨六郎说："既然圣旨已经下了，你就老老实实到邓州去充军，等赦免之后，再去三关。要是违抗军令，肯定会再给你判罪。"

不一会儿，王钦派四十个押解的军人来催促杨六郎和焦赞上路。杨六郎让焦赞先走，然后起身与令婆、太郡告辞，离开了杨府。八娘、九妹一直将他送到十里之外才回去。焦赞等人早就在这里等候杨六郎了，焦赞对杨六郎说："要不我逃回寨子，通知岳胜哥哥，然后回来救将军？"杨六郎说："不要胡说！我罪不至死，你也先忍个一年半载，到时候我们就会再相聚。"焦赞大笑着与杨六郎告辞，与押解的人一起去了邓州。杨六郎跟随差役一起上路，前往汝州。当时正值夏末秋初，凉风透骨，天上雁声不断，一片凄凉。

没用多久，一群人便来到了汝州。差役见到汝州太守张济，把杨六郎的批文交到他手上就走了。张济看完公文之后，邀请杨六郎到后堂，对他说："听说将军镇守三关，辽军闻风丧胆，怎么会被发配到这里来？"杨六郎说："一言难尽啊！"于是把焦赞如何杀死谢金吾，以及背后的缘由都告诉了他。张济听后唏嘘不已，对杨六郎说："将军先在这里忍耐一下。城西有个万安驿站，是兵家要地，那里可以监造官酒。要是进贡及时，不出一年半载，将军就可以回朝了。"杨六郎谢过之后，就去做工了。

王钦知道杨六郎已经被发配到汝州，但还不死心，一心想要谋害他。王钦把黄玉请到府里商议如何陷害杨六郎。黄玉说："这件事不难，如今圣上重视税收，杨六郎在汝州负责造酒，枢使可以参奏杨六郎，就说他私卖官酒，皇上肯定会判他死罪。"王钦非常高兴，说："真是妙计！"王钦立即安排下人摆宴，与黄玉两人喝酒到很晚。

第二天上朝的时候王钦果然参奏杨六郎，说："杨六郎轻视国法，到汝州还不出一个月，就私卖官酒，为逃走做准备。希望陛下早日将他正法，免得后患无穷。"真宗听后大怒，说："当初他让部下杀了谢金吾一家人，朕念他们杨家对国家有功，饶他一命。没想到，他今天竟然私卖官酒，确实难以宽恕。"于是太宗下令派团练正使呼延赞带着圣旨去汝州，取杨六郎首级回来。圣旨一下，满朝文武都惊呆了，不知该说什么好。八

杨家将

王上奏说："杨六郎是忠臣，怎么会做出这种事？请陛下不要只听小人一面之词，错杀忠良。"真宗说："爱卿屡次为杨六郎求情，单是他前些天杀死朕的爱臣谢金吾一家就该判他死刑了！"八王一时语塞，无以应对。

当天退朝后，寇准说："幸亏是派呼延赞去，可以让汝州太守找一个长得像杨六郎的犯人杀掉，然后割下首级，拿回来交差；同时把杨六郎放了，等到日后国家有难时，再保举他出来。"八王同意他的话，叫来呼延赞，告诉他该怎么做。呼延赞说："这件事我自有办法。"

呼延赞带着圣旨来到汝州，见到太守张济，把圣上要斩杀杨六郎的事情说了一遍。张济大惊，说："他才到汝州不久，怎么会私卖官酒呢？圣上为什么要听信谗言，错杀豪杰？"呼延赞说："这都是奸臣王钦在背后捣鬼，圣上被他欺骗，如今八王也保不住杨六郎了。"呼延赞将商量好的计策告诉了张济。张济高兴地说："和我想到一块去了。如今北边的辽国日渐强盛，要是没有杨将军，边境怎么会安宁呢？"于是张济把杨六郎请来，将事情的前后，朝廷的决定，一并告诉了他。杨六郎说："小人没有犯什么错，不过既然皇上下旨要杀我，那我只有一死。"张济说："你不要担心，我们自有办法救你。"杨六郎说："如果太守能救小人一命，来日一定以死回报。"张济说："肯定保你无事。"然后下令，让狱官伍荣来见。

伍荣说："牢里面有个犯人叫蔡权，犯的是死罪，快到问斩的时候了。这人的相貌与杨将军非常像，可以拿他来冒充杨将军，皇上看过人头肯定会相信。"张济让人把蔡权带上来，发现他长得确实很像杨六郎。张济吩咐伍荣，多给这人准备一些酒菜。蔡权喝醉后，伍荣割掉了他的脑袋，提着来见张太守。张济说："事不宜迟。"把首级交给了呼延赞。呼延赞拿着首级，连夜赶回汴京去了。张太守安排杨六郎打扮成商人，逃到偏远的地方躲避。杨六郎拜谢后来到府外，换上一身轻快的衣服，秘密离开了汝州，回到了无佞府。

呼延赞骑马赶回汴京，正好真宗在上早朝，就入朝献上了首级。真宗亲自检验，认为确实是杨六郎。大臣们看到后，无不叹息。八王恐怕真宗将首级挂出去后被别人识破，就上奏说："既然杨延昭已经伏罪被杀，希

望陛下赶紧将他的首级交给无佞府，好让他们埋葬，也算是陛下对昔日功臣的敬意。"太宗准奏，派禁军把"杨六郎"的首级送到了杨府。令婆并不知道这是假的，还以为杨六郎真的死了，杨府上下无不悲伤，并将首级厚葬。

第二十九回

宋太宗兵困魏府

　　杨六郎被斩的消息传到佳山寨，岳胜、孟良等人知道后，号啕大哭。孟良说："既然将军已经不幸被杀，我们也很难再守住这个寨子，不如趁早散伙，大家自谋生路。"岳胜说："我也是这样想的。刘超、张盖，你们两人在山下给将军建一座庙，塑上十八个指挥使，每年我们都来祭拜。"安排好之后，岳胜又把寨子里的积蓄拿出来，大家均分了，最后把三关寨拆毁，大家各自离开。陈林、柴敢率领手下依旧回到胜山寨。岳胜邀请孟良等人去了太行山，落草为寇，自称为"草头天子"，打官劫舍。当时焦赞在邓州，听到杨六郎被害的消息之后，越狱逃走了。

　　王钦看到杨六郎已经死了，非常高兴，心想："朝廷中没有了这个人，我的志向终于可以实现了。"于是他写了一封密信，派人连夜送到幽州，交给萧太后。萧太后拆开信，见上面写道："臣自从辞别了陛下，来到宋朝，已经有好几年了。常想着报答陛下，但每次都不能如愿。臣知道如今宋朝的强项和弱点，唯一担心的便是杨延昭，不过现在杨延昭已经被我除掉，陛下可以乘机出兵攻打宋朝。边境上少了杨六郎，肯定脆弱不堪，一击即碎。等朝中震惊之后，臣还会再制造混乱，到那时再书信汇报。希望陛下跟文武大臣商议，不要错过了眼下这个千载难逢的好机会。"

　　萧太后看完这封信后非常高兴，并把信展示给大臣们看。萧天佐上奏说："王钦已经在信中说得很详细了，希望陛下尽早下令，起兵征讨大

宋，占领中原。"萧太后准奏。就在这时，忽然一人出列上奏说："陛下的想法虽然很好，但却难以战胜宋军。"大家一看，原来是大将军师盖。萧太后问他："我准备起兵征讨大宋，爱卿为什么说难以取胜？"师盖说："杨家将虽然都被消灭了，但是中原依旧强盛，边境上的宋军也不下十万。若是轻易出兵，胜负实在难说。臣以为应该用计，让宋兵首尾不能接应，这样一来，中原唾手可得。"萧太后说："你有什么妙计，快说来听听。"师盖说："魏府铜台是晋代皇帝的陵墓所在地，那里守卫薄弱，人员不整。陛下可以派人去那里修整园林，开凿玉池，多植些奇花异果，然后派人传谣，就说那里天降祥瑞①，池子里的水都成了美酒，树叶里淌出来的也都是佳酿。等这件事在中原传开之后，再派王钦哄骗宋朝皇帝来这里游玩；到那时候，出兵把魏府紧紧包围。同时，陛下亲自率领精兵，杀向汴京。国君不在京中，估计没有人敢出来阻拦。这样一来，宋朝的天下自然就落到了太后手里。"萧太后听后非常高兴，便写信给王钦，告诉他这件事；然后萧太后下令寻找能工巧匠，去魏府铜台修建陵寝；同时命令萧天佐整顿人马，随时听令。

　　不出一个月，消息传到汴京，有大臣上奏真宗，说："魏府天降祥瑞，池水变成了美酒，树叶里都藏着佳酿，附近居住的人都去那里品尝。"真宗听后，问大臣们："魏府竟然发生这样的奇事，真的是天降祥瑞吗？"大臣们听后纷纷祝贺真宗。众人中唯有寇准起了疑心，上奏说："魏府是晋朝皇帝的陵寝所在地，怎么会突然天降祥瑞呢？陛下不要随便听信外人的传言。"真宗没有回应。王钦赶忙出来说："要是哪里都出现，就不叫祥瑞了。如今唯独魏府出现，正好说明天下太平，国泰民安。陛下应该亲自前往那里看一看，一是安抚一下边境人民，同时还能震慑一下辽国，让他们不敢来侵犯。"真宗高兴地说："这才是忠言。"于是真宗立即下诏，起驾前往魏府巡视。八王上奏说："魏府离辽国太近，又地处荒郊野岭，最近那里正在换防，守

①〔祥瑞〕
　　一些被认为是吉祥征兆的自然现象，也被称为福瑞。古人认为祥瑞在上天对人间治理感到满意时才会出现，比如风调雨顺，天上出现彩云，谷子长出两个穗子，地上突然出现甘泉，出现奇珍异兽等。

军太少。再说，陛下离开京城，难保辽军不会趁机攻打汴京，到时候谁来守卫？希望陛下以社稷为重，不要轻信那些胡编乱造的传言。"真宗说："朕命柴驸马、寇准率领禁军守卫京城，肯定不会出事。"八王看到皇上不听自己劝告，气呼呼地离开了。第二天早上，真宗下旨，命呼延赞为保驾大将军，光州节度使王全节、郑州节度使李明为前后随从。呼延赞等人领命，准备启程。

几天之后，真宗的车驾离开汴京，除了八王之外，别的随行大臣都是步行。没用多久，他们就来到了魏府。当时正值冬季，北风阵阵，十分寒冷。真宗在魏府里住下。第二天，真宗与群臣一起登上晋朝的陵寝，观赏景色，果然发现树叶里面包裹着东西，池子里的水也非常红润。真宗派人从池子里取水，尝了一下，是酒的味道。军校摘下树叶，打开发现里面都是粟浆。八王上奏说："陛下前来察看祥瑞，一路上需要边境的居民提供补给，劳民伤财。如今来到这里，哪有什么祥瑞？这肯定是辽国人的计谋，想要把我们骗到这里，若不赶紧撤退，恐怕会落入他们的圈套。"真宗也起了疑心，于是下令撤退。

辽国大军早就得知真宗到来的消息，萧天佐、土金秀等人率领十万大军赶来，把魏府团团围住了。消息传来，真宗大惊，说："不听从诸位劝告，现在果然被围困，如何才能脱身？"八王说："辽军早就计划好了，现在气势正盛，不可以正面交锋。陛下下令让各位将军严守城门，再派人连夜赶往汴京求援。等援兵一到，我们内外夹击，可以击退辽兵。"真宗按照他说的去做，命令呼延赞等人分别把守好各城门。

宋军在城楼上望见辽兵声势浩大，都被吓得面无血色。呼延赞说："两国交战，胜负不在于士兵多少，而在于将领。虽然辽兵人数众多，但我们明天出战，尽力而为，挫败他们的锐气，肯定能取胜。"众人都赞同。第二天，呼延赞得到真宗批准，与光州节度使王全节一起分前后出城作战。鼓声大震，旌旗飘扬，两军摆开阵势。辽将土金秀率先出战，他骑在马上，指着呼延赞说："你们已经中计了，早早投降，免你们一死！"呼延赞怒骂道："狗奴才赶紧退去，饶你们一命；要是敢阻拦圣驾，我等杀进幽州城，寸草不留。"土金秀大怒，跃马舞刀，杀了过来，呼延赞

举枪迎战，两人打在一起。两人鏖战了四十多个回合，土金秀渐渐体力不支，掉头逃走。呼延赞带领大军乘势掩杀。

辽将看到呼延赞杀了过来，弯弓搭箭，射中了他胯下的马，呼延赞被掀翻在地。王全节赶紧上前去救呼延赞，结果被几个辽将围住，呼延赞被捉走。王全节不敢恋战，骑马跑回城中。萧天佐从一侧袭击，宋兵大败，死者不计其数。王全节来见真宗，上奏说："辽兵人数太多，把呼延赞捉

王全节来见真宗，上奏说："辽兵人数太多，臣战败回来。"真宗又担忧又生气。

杨家将

走了，臣战败回来。"真宗听后，又担忧又生气。八王说："事情紧急，陛下可以再派人让边境上的将帅来救援。"于是真宗派使节出去传信。

辽军捉住呼延赞之后，用囚车把他关住，并派人押解回幽州。萧天佐与土金秀、耶律庆各自率领人马分几路来进攻城门，宋军士兵无不心慌。八王说："辽军就怕杨家军，陛下可以效仿当年汉高祖被困在白登①的故事，让军中长相魁梧的人假扮成杨六郎以及他部下的十八员指挥使，在城墙上打出杨家军的旗号，并安排人马不停来回走动。辽军见了之后，肯定会吓得逃走。我们乘势杀出城去，可以脱身。"真宗准奏，下令找人假扮杨六郎，并穿上镇守三关时的衣甲。

第二天一早，城上打出了杨家将救驾的旗号。辽兵看到这个旗号，赶紧回去禀报。土金秀大吃一惊，说："杨六郎不是已经死了吗，怎么可能会来救驾？"于是率领部下出营查看。不一会儿，城上锣鼓齐鸣，炮响震天。假扮成岳胜、孟良、焦赞等人的士兵在城上骑着马来回走动。辽兵见了，信以为真，大叫道："快走！不然就没命了！"萧天佐得知后，也赶紧拆了营地，率兵逃跑。宋军打开城门，王全节与李明率军冲出来追杀辽军。辽军光是自己践踏死的士兵就不计其数。宋军一直追出几里地才收兵。王钦大骂道："辽国人真是胆小，竟然这么怕杨家军。"于是赶紧写了封信，派人秘密送到萧天佐手中。萧天佐看完信后，感叹说："假的都这样让人胆战，要是真的，肯定不战自败。"于是又带军杀了回来。

有人报告真宗，说辽军又杀了回来。真宗说："看来这计谋被他们识破了，还有什么计策可以退敌？"八王上奏说："汴京那边还没有消息，没人敢出去跟辽军作战。现在没有了杨家将，臣也无计可施。"真宗说："朕也是后悔莫及！朕亲自率兵杀出去，与辽军作战。"八王说："辽军兵强马壮，陛下出战只会损了我军威风，千万不可以。只能死守住这座城，等着援兵来救。"

①[白登之围]

公元前200年冬天，汉高祖刘邦亲自率领大军出征匈奴，顺便镇压韩王信叛乱。起初汉军接连获胜，后来匈奴设下埋伏，把不听部下劝阻的刘邦围困在白登山。当时汉军没有粮草，又正值寒冬，刘邦几次率领部下突围都没有成功。被围困七天七夜之后，刘邦采取陈平的建议，贿赂匈奴的皇后，让她劝说匈奴单于退兵。后来匈奴大军打开包围圈的一角，放汉军撤退，刘邦这才脱险。

　　辽军已经围城二十多天，真宗亲自登上城楼，察看形势，结果只见辽军将城池团团围住，水泄不通。八王说："陛下要想从这里脱险，除非请杨六郎来救驾。"真宗说："如今再去哪儿找一个杨六郎？"八王说："陛下可以下诏书，寻遍天下，说不定就能找到另外一个杨六郎。"真宗没有说话，回到府中，自己心想："八王说的话很可疑，估计他知道什么事情瞒着我。"于是召过身边的侍官来问。侍官说："八王可能知道杨六郎的下落，陛下可以下一道圣旨，让人带着去汝州追查。"真宗说："谁为朕跑一趟？"王全节说："臣愿意前往。"于是真宗将圣旨交给他。

　　第二天，开了城门，李明先杀出去，正遇到辽将耶律庆，李明战败。趁着这阵骚乱，王全节杀出重围，向汝州疾驰而去。李明退回城里坚守。

第三十回
八王奉旨求六郎

　　王全节带着圣旨，连夜赶往汝州，去见太守张济，对他说："圣上被围困在魏府，官军战败，大臣们都替杨六郎求情，圣上已经赦免了他的前罪，现在特派我带着圣旨来找他，让他带兵救援。"张济说："杨六郎的首级早就献给朝廷了，哪里还有什么杨六郎？你来问我要人，我去哪里给你找？你赶快回去通报，别耽误了大事。"王全节拼命赶来，没想到会是这种结果，非常郁闷。他对张济说："要是找不到杨六郎，恐怕圣上没法脱身，回去也没法交差。"张济说："圣上有难，做臣子的也寝食难安。如果你一定要找到杨六郎，那就去无佞府打探一下，或许会有什么消息。反正汝州是没有这个人。"

　　王全节很无奈，只好离开汝州，前往无佞府。见到令婆后，他把皇上赦免杨六郎，请他带兵救驾的事情说了一遍。令婆说："小儿的首级已经埋葬多时，哪里还有这个人？这肯定是那些大臣们想不出办法，才会这样说，来安慰圣上。你赶紧回去，不要耽误军情。"王全节听后闷闷不乐。第二天，王全节回到魏州，杀出一条血路赶到城下，到了东门大叫："快开城门！"李明听到是王全节的声音，立即带人开城门杀出去，把他救回城中。

　　王全节见到真宗，上奏说："汝州没有杨六郎的消息。臣又去杨府打探，都说他已经死了很久了。"真宗听后，一声长叹："堂堂天朝，朕遇难的时候竟然没有一个人能带兵来救。"真宗与群臣商议，大臣们都说：

"现在这样的形势，就算是姜子牙再生，也无计可施了。"真宗非常郁闷，寝食难安。八王说："事情紧急，臣亲自去一趟杨家，查找杨六郎。要是找不到，再召集人马来救援。陛下和大臣们好好坚守。"真宗说："形势危急，王兄要小心谨慎。"八王答应。真宗派王全节、李明先杀开重围，保护八王出城，然后两人再杀回城中。

八王带着圣旨，赶到无佞府，去见杨令婆，告诉她现在圣上身陷囹圄①，可以让杨六郎出来商议如何救驾。令婆说："前天王节使来找他，我隐瞒他说不知道。既然殿下亲自来找他，就让他出来相见。"于是命令手下，去后花园的地窖中通知杨六郎，让他出来见八王。八王感慨道："要不是当初想办法保住杨六郎，现在去哪里找这样一个人！"杨六郎见到八王后说："多得殿下相救，无以为报。"八王说："如今圣上被围困在魏府，形势紧急，我特意带着圣旨来这里，召你去救应。"杨六郎说："我听说三关的人都已经散了，各奔东西，怎么可能立即去救援？等我先去寨子里，把人马重新召集起来，再商议如何救驾。"八王说："事不宜迟，我去朝中调兵遣将，你去边关召集人马，等人马齐了，我们一起出兵救驾。"八王走后，杨六郎也与令婆告辞，奔赴三关。

杨六郎一个人上路，先是赶往邓州，打探焦赞的消息，结果没找到。他路过锦江口的时候，看到一伙僧人嘟嘟囔囔。杨六郎上前问他们："你们这是要去哪里？为什么看上去一脸苦闷？"僧人们说："你是不知道，这地方有个疯子，一发病就打人，官府也拿他没办法。他还说有个什么忠臣被朝廷给杀了，见到僧人道士就让他们去念经超度，没人敢说不。昨天他来到我们寺里，让我们去超度他的主人，我们只好答应。"杨六郎听后，心想："这人肯定是焦赞。"于是问僧人："这人现在在哪儿？"僧人说："那人现在在邓州城西的泗州堂里住。"杨六郎说："我跟你们一起去见见他。"

① [身陷囹圄]

囹圄是指监狱，身陷囹圄用来比喻身处困境，不能逃脱。

焦赞听到这声音大吃一惊，上前抱
住杨六郎，跪在地上行礼。

　　僧人们带着杨六郎来到泗州堂，只见焦赞正在睡觉，鼾声如雷。杨
六郎上前一看，果然是焦赞，于是把他晃醒。焦赞正在睡梦中，突然被摇
醒，心里不爽，双眼惺忪，开口便骂："哪个不怕死的，敢来打扰老爷我
睡觉？"杨六郎喝道："焦赞不得无礼！你看我是谁？"焦赞听到这声音
大吃一惊，上前抱住杨六郎，问他："你是人还是鬼？"杨六郎笑着说：
"大白天的哪来的鬼？这里不是说话的地方，你跟我来。"焦赞放开手，
跪在地上行礼。僧人们都笑着散去了。杨六郎带着焦赞出了城西桥，对他

说："现在皇上被围困在魏府，八殿下带圣旨来召我们前去救驾，我们赶紧去三关，重新召集弟兄们。"焦赞听后非常高兴，说："我还说将军被朝廷害了，让大家没了主子。现在大家又能聚在一起，真是大快人心！"

第二天，杨六郎路过汝州，到府里去见太守，把八王带圣旨来赦免，以及出兵救驾的事情都告诉了张济。张济听后非常高兴，也把王全节来找他的事情告诉了六郎。杨六郎说："军情紧急，我先前往三关召集兵马。"张济把他们送出城外。杨六郎带着焦赞赶赴三关，路上两人把自己的经历都说了一遍。中午的时候，两人来到杨家渡，只见水势茫茫，河里一条船都没有。等了很长时间，还是没有渡船，杨六郎派焦赞去打听一下。

焦赞往河的上游走，见到一位船夫，说："劳驾把我们带到对面，一定多给你渡河的钱。"船夫说："这里渡河都是杨太保管收钱，没人敢私自渡河。你要渡河，先去前面亭子里见见他们的人。"焦赞听后直接来到亭子里，正好一伙人在那里赌钱。焦赞上前说道："借用一下渡船，送我们到对岸，一定多给渡河的钱。"这群人抬头看焦赞，见他长得怪异，都不理他。焦赞又小心翼翼地问了一遍，那伙人开口就骂："臭奴才，渡什么河！"焦赞大怒，三两下就把这群人打得七零八落。他正要去打那个太保，结果太保转身逃走了。

焦赞回来见杨六郎，怒气还没有消。杨六郎问他："你又去惹是生非了？"焦赞说："今天被那群人气死了，明明有船，却不渡我们过河，还张口就骂人。我实在气不过，就打了他们一顿。"正在杨六郎无可奈何的时候，突然来了一群人，手里都提着短棍。焦赞说："等我打死这群贼人，为民除害。"说完就提着刀杀到人群中。那伙人被焦赞杀得七零八落，后面的杨太保来到前面与焦赞打斗，几个回合下来，不分胜负。杨六郎大叫："大家住手！敢问壮士姓名？"杨太保收回手里的刀，焦赞也住了手。杨太保说："我是邓州人，姓杨名继宗，小号太保。敢问你是什么人？为什么要过河？还让手下来强逼？"杨六郎说："小人是晋阳杨令公的儿子杨六郎。如今圣上有难，我赶着去三关召集部下，出兵救驾。来到这河边，结果没有渡船，所以向壮士借渡船一用，壮士为什么不借呢？"

杨太保听后放下手里的刀，上前参拜，说："久闻大名，没有机会相见，今天有幸得见，真是太好了。"杨六郎把他扶了起来。太保邀请杨六郎到庄上，并设宴款待。宴席上太保说："将军若是不嫌弃，小人愿意带着部下跟随你，一起去魏府救驾。"杨六郎听后很高兴，说："太保要是肯一起作战，那真是一桩美事，有什么不可以呢？等我召集好人马，就来约你。"太保答应。当天晚上，杨六郎和焦赞在庄上留宿。第二天，杨太保亲自撑船，渡杨六郎和焦赞过河。上岸之后，杨六郎和焦赞继续赶往三关。

当时正值酷暑难耐。二人赶了半天路，在树荫下坐着休息。焦赞说："将军在这里稍等，我到前面打探一下有没有酒馆，买一壶酒回来解渴。"杨六郎说好。焦赞来到前面，但是没找到酒馆。正在烦恼的时候，忽然一伙人挑着酒肉路过。焦赞问他们："你们挑的酒肉卖不卖？"其中一个人说："这些酒肉是祭祀用的，怎么能卖？"焦赞问道："什么祭祀？"那伙人告诉他："前面有一座杨六郎的神庙，非常灵验，村里的安定都靠它来保佑。凡是来祭祀许愿的人，后来都如愿了。今天我们特意准备了酒肉，到庙里去酬谢。"焦赞听后大笑起来，回去见到杨六郎，把这些话都说给他听。杨六郎笑着问："庙在哪里？"焦赞说："那些人说就在不远处，我们一起去看看吧。"

杨六郎跟焦赞一起来到前面，果然看到一座庙。杨六郎来到庙里，看到供奉着自己的神像，与自己一模一样。此外，两边还有十八位指挥使的塑像。庙里的香火十分旺盛。杨六郎指着一尊神像对焦赞说："这尊神像跟你实在是太像了。"焦赞笑着说："将军的神像更逼真。没想到我在邓州耍赖打人，这里还供奉着我。等我先去把我那尊塑像推倒，再把将军的神像推了。"说完之后，一拳下去，就把自己的神像打掉了，然后走上殿去，使劲推杨六郎的神像，结果纹丝不动，最后使出全身力气，才把神像推倒。神像轰隆倒地的声音把上香的人都吓跑了。庙里的人看到这一幕，吓得赶紧敲锣。不一会儿，刘超、张盖带着三百多人赶到庙前。杨六郎认出了他们，大声喝道："看看你们干的好事！"刘超、张盖大吃一惊，赶紧跪下施礼，说："大家都说将军已经被害，今天怎么会在这里相

见？"杨六郎先说了自己如何装死，然后又说了圣上被困的事，最后说："我现在要重新召集人马，赶去魏州救驾。"刘超、张盖听后非常高兴，说："既然是这样，先到寨子里休息。"杨六郎让人把庙拆了，把神像推倒，然后与大家一起来到虎山寨。刘超、张盖让人设宴，款待杨六郎。杨六郎问他们："岳胜现在在哪里？"刘超回答："岳胜与孟良带着人上了太行山，还自称是草头天子。"杨六郎叹息道："我不出山，处处不得安宁！"于是吩咐刘超、张盖等人："整顿好刀枪盔甲，在这里等候，我去招岳胜、孟良来，一起出兵。"

杨六郎带着焦赞来到太行山，赶了一天路，夕阳西下，天色渐晚。杨六郎说："前面都是山路，应该没什么客栈，你到前面打探一下，看有没有村子可以歇脚。"焦赞到前面去查看了一番，没见到有什么人家，又转到山后，发现有个小村庄。焦赞来到一户人家，看到一个员外坐在灯下。焦赞上前施礼，说："我们是外地来的客商，到这里天已经晚了，不知道能不能在庄上借宿一晚。"那人回答说："要是在平时，这里随便你歇息，但是今天不行，你还是到别处去投宿吧。"焦赞说："现在天已经黑了，还希望能方便一下。"那人问他："你还有同伴？"焦赞说："我主子在庄外等着，就我们俩人。"那人说："两个人的话没什么大碍，你们就在外房歇息吧。"焦赞回去把杨六郎接了过来。

员外一看杨六郎相貌堂堂，就问他："敢问来自哪里？"杨六郎说："小人从汴京来，要去太行山处理公务。"员外说："你提起太行山，老朽真是有天大的冤枉无数申诉。"杨六郎问他："有什么冤情，可以跟小人说说。"员外说："这里离太行山有几里远，住的都是姓陈的人。山上有两位强盗头子，一个叫岳胜，一个叫孟良。他俩自称是天子，召集了五六万人，打官劫舍，百姓苦不堪言。我活了半辈子，只有一个女儿，结果被孟良相中，今天晚上就要来娶。我无可奈何，只能答应他，不然的话，整个村的人都性命不保。这样的冤情，没处说理。"杨六郎笑着说："老人家不要担心，这个孟良我认识，等他来了，我自有办法对付他。"员外说："要是能保住我的女儿，你们就是我的再生父母。"

当天晚上，员外依旧安排家人准备宴席，迎接孟良。夜里二更左右，忽然听到一阵锣鼓声，灯火通明，有人来报，说孟大王到了。员外来到庄外迎接。孟良来到大厅入座，手下的人在两边站好。员外对他施礼，说："大王驾到，有失远迎，还望宽恕。"孟良说："从今天起你就是我岳父了，不必拘礼。"员外吩咐家人摆出宴席，还特意让人去请女儿出来陪酒。下人回报说小姐害羞，不愿意出来。员外说："今天之后就是将军夫人了，还害什么羞？"孟良听后，心里十分高兴。

杨六郎和焦赞躲在窗外，看到这一幕后两人都笑了。杨六郎说："真是没有王法，今天要不是我刚好来到，恐怕这女子真就让他抢走了。"焦赞说："等我去打断他一只腿，看他还当不当新郎官？"杨六郎说："你先去捉住他，我稍后就到。"焦赞忍了很久了，来到大厅上一脚踢倒桌子，酒菜洒了一地，然后双手紧紧抱住孟良。孟良没有防备，被紧紧抱住挣脱不掉，于是大喊："来人啊！"一边的喽啰兵赶紧上前营救，就在这时，杨六郎站出来大喝一声："不知礼义廉耻的家伙，还敢这么放肆！"焦赞把孟良拖出来，指着杨六郎说："你看看这是谁？"孟良借着灯光认出来是杨六郎，赶紧下跪，说："将军怎么会在这里？还望恕罪。"杨六郎说："赶紧备车马回寨子，商议出兵救驾的事。"

第三十一回
杨六郎大破辽兵

　　杨六郎正准备回山寨，员外上前参拜，问他："敢问将军大名？"杨六郎扶老人家起来，告诉他自己的来历。员外听后非常高兴，说："久闻盛名，如雷贯耳，今天能相见真是缘分。"于是让女儿出来拜谢。员外的女儿体态端庄，淡妆素雅，虽然比不上西施，也胜过一般的姑娘。焦赞看到后，笑着对孟良说："孟哥哥，你真是造化不好，碰到了我们，坏了你的好事。"孟良喝道："将军在这里，不要胡说。"大家都笑了。员外亲自给杨六郎斟酒，殷勤备至。当天夜里，大家按辈分入座，开怀畅饮。第二天天刚亮，杨六郎与员外告辞。员外取出十两白金，送给他表示感谢，被杨六郎拒绝。大家一起离开庄里，往太行山走去。

　　杨六郎一行人来到山下，孟良派人回山寨通报，岳胜得知消息后带着人到半山迎接。看到杨六郎之后，岳胜跪在路边迎接。杨六郎来到山寨里坐好，众人一起参拜。岳胜说："当初大家以为将军被害，于是各自散去，现在重新聚首，真是幸运。"杨六郎说："以前的事等有时间再慢慢说。如今圣上被围困在魏府，形势紧急，我们要前去营救。"岳胜说："当初那皇帝不开眼，听信小人谗言，要害死将军。幸亏苍天保佑，将军完好无损，不如就留在这里，自己称王，逍遥快活，不去管那个什么皇帝。"杨六郎说："我们要是尽忠报国，还能留下美名，传于后世；要是霸占一方，自己称王，只能留下骂名，也不过是个强盗罢了。"岳胜不敢再说什么，派人设宴款待杨六郎。当天，寨子里乐声不断，大家都非常尽兴。

杨家将

　　第二天，杨六郎派人去把刘超、张盖等人召来，只缺了陈林、柴敢。岳胜说："他们俩又回了胜山寨，可以派人去通知。"杨六郎派刘超、张盖前往胜山寨，招陈林、柴敢前来。没出几天，陈林、柴敢就带着部下赶来了。这时，杨六郎手下聚集了岳胜、焦赞、孟良、陈林、柴敢、刘超、张盖、管伯、关钧、王琪、孟得、林铁枪、宋铁棒、丘珍、丘谦、陈雄、谢勇、姚铁旗、董铁鼓、郎千、郎万共二十二员指挥使，部下有八万多精兵。杨六郎说："这些人足够了！"于是杨六郎赶紧派人回汴京，通知八王，约好一起出兵的时间，然后又派人去杨家渡，通知杨太保。安排好之后，杨六郎第二天点齐兵马，并立起一杆大旗，上面写着七个大字："杨六郎魏府救驾"。

　　杨六郎带领部队向魏府进发。刚行军没多久，忽然有人来报，说是前面来了一队人马。杨六郎派人去探视，结果发现是杨太保带着部下来投靠。大家会合之后，继续行军。

　　大军来到澶州边界的时候，八王也带着四万人马赶来，见到杨六郎非常高兴。杨六郎说："这次出兵不但能救驾，还可以踏平幽州。"八王说："没错。"两军会合，在澶州城中驻扎下来。杨六郎对岳胜说："圣上被围困已经很长时间了，你打先锋，带兵先去冲杀一阵，挫一挫敌人的锐气。"岳胜领命后出发了。杨六郎又对孟良和焦赞说："你们二人率领刘超、张盖、陈林、柴敢等人，各带兵两万，分左右两翼，攻击敌人的中军。我带大军在后面做接应。"孟良等人也带兵出发了。安排完之后，杨六郎与八王商议，说："臣与殿下率领精兵在后面接应，这次一定能大获全胜。"八王说："多亏了你来指挥作战，不然后果不堪设想。"杨六郎谦虚地说："小人不敢当。"

　　辽军正押送犯人回幽州，突然发现北方尘土遮天，一队人马杀来。岳胜一马当先，挥舞着大刀杀进辽军阵营，辽将刘河抵挡不住，带着残部逃走了。宋军夺下了囚车，带回军营，给杨六郎过目。杨六郎发现囚车里关押的不是别人，正是保驾将军呼延赞。杨六郎赶紧打开囚车，放出呼延赞，向他参拜，说："没想到将军竟然被辽军俘虏，真是老天开眼，让我们相遇。"呼延赞说："我被捉住的时候，多次想传信给圣上，让他找到

你，可是敌军守卫太严，消息没有传出去。今天要不是你出兵救我，恐怕我的命就没了。"杨六郎非常高兴，又带着呼延赞去见八王。八王说："将军被救，这真是圣上的洪福。"杨六郎下令，部队日夜兼程，赶赴魏府。

真宗被围困在魏府已经很长时间了，他与大臣们一直盼着援军快点到来，无奈音信不通，不知道外面的消息。此时城里的粮草已经耗费殆尽，士兵们只能把马杀了来吃。而城外的辽兵攻势越来越猛，形势十分危急。

刘河被岳胜打败后，回来见萧天佐，告诉他说宋朝的救兵到了，还抢走了呼延赞。萧天佐大吃一惊，立即派人去打听宋军的救兵由谁指挥。不久就有人回来报告，说："援军打着杨家军的旗号，来势汹涌。"萧天佐下令各营整顿人马，准备迎战。命令刚下，岳胜的人马已经赶到辽军阵营，宋军漫山遍野，声势浩大。

辽将耶律庆率先出战。岳胜大骂："天兵已经到了，蛮贼还不赶紧退去，否则就是自寻死路！"耶律庆回击说："宋朝的君臣已经被困死一半了，你来救援也是无济于事。"岳胜拍马舞刀，杀向耶律庆，耶律庆举枪迎战，两人打在一起。几个回合之后，辽兵慢慢围了上来。就在这时，孟良、焦赞分别带着人马从左右两侧夹击。辽将麻哩喇虎举着方天画戟出阵迎战，正好遇到孟良，两人打在一起。陈林、柴敢也带兵从一旁杀出。一时间，锣鼓齐鸣，杀声震天，两军混战。焦赞杀得兴起，提着快刀左冲右突，如入无人之境，恰好遇到辽将刘坷，只用一个回合，焦赞就把他砍落马下。这时宋军发起进攻，万箭齐发，辽军渐渐乱了阵脚。

萧天佐奋勇杀来，结果被杨太保一箭射落马下。土金秀看到之后，赶紧杀过去把萧天佐救出。耶律庆知道自己不是岳胜对手，想要从旁边冲出去逃走，结果被岳胜追上，一刀砍死。麻哩喇虎想要突围逃走，结果被刘超、张盖用绊索把马绊倒，被宋军活捉。师盖正要来救援，结果被赶来的郎千、郎万在马上活捉。孟良向东门冲去，早就在城楼上看到城下作战的节度使李明、王全节打开城门，出兵夹击辽军。辽兵大败，丢盔弃甲，仓皇逃走。宋兵紧追不舍，一直追出去很远，杀死辽兵无数，尸体堆积如山，地上血流成河。萧天佐和土金秀带着残兵垂头丧气地连夜赶回幽州。

杨家将

真宗对杨六郎说："你之前的罪朕已经给你赦免了。今天你救驾有功，朕一定要重赏你。"

宋兵夺了辽军的营寨，得到牛马辎重无数。

八王来到城中，见到真宗，向他祝贺，说："托陛下洪福，杨六郎已经带着救兵来到，杀得辽军大败。"真宗说："朕能够躲过一劫，全都是他的功劳。"下令宣杨六郎来见。真宗对杨六郎说："你之前的罪朕已经给你赦免了。今天你救驾有功，朕一定要重赏你。"杨六郎拜谢后上奏说："现在机会难得，趁着陛下在此，士气大振，臣愿意率领部下杀到幽州去，让萧太后献出城邦，边境以后便会永远太平，希望陛下恩准。"真宗说："你说的很对，但是朕这次出城时间太长，将士们也都疲惫了，还

是等回朝再商议吧。"杨六郎退出。辽军被捉到的俘虏都被问斩，首级被挂在高处示众。

第二天，真宗派代州节度使杨光美留守魏州，其余人马班师回朝。士兵们知道终于可以回朝了，一片欢腾。文武百官拥护着真宗的车驾离开魏州，回汴京去了。

没用多久，大军就回到汴京，真宗的车驾驶进了皇城。第二天早朝，真宗赏赐了各位一同被围困在魏府的文武大臣，并且宣杨六郎入殿，亲自慰问，重重赏赐。真宗对杨六郎说："三关因为有你镇守，敌人不敢来侵犯，现在你统领部下仍旧镇守三关，把敌人挡在关外。"杨六郎上奏说："臣正准备再上佳山寨，招募英雄，为征讨辽国做准备。既然陛下也这样说，那臣就快点去上任。"真宗非常高兴，加封杨六郎为三关都巡节度使，并赐他先斩后奏的大权。杨六郎领命后退下。当天真宗在殿上设宴，犒赏救驾的将士，君臣尽兴后散去。

杨六郎离开大殿，直接回到无佞府，与令婆告辞，准备动身前往佳山寨。杨六郎的儿子杨宗保当时十三岁，也想跟随父亲一起前往三关。杨六郎说："那佳山寨环境很苦，你去也没用，不如在家好好侍奉令婆，等你长大之后，我自然会派人来叫你。"杨宗保听了之后，不再纠缠，老老实实待在家里。杨六郎辞别亲人，与岳胜、孟良等人率军马向三关进发。

来到佳山寨之后，杨六郎到营中坐下，众人参拜完毕。杨六郎下令修整军营的栅栏，筑造关隘，还任命岳胜等十二个人为团练，各自带领部下训练。从那以后，三关将士的士气越来越高涨。杨六郎常常派人去辽军中打探消息，关注辽军动态，并与众将一起商议征讨辽国的计策。

第三十二回
萧太后出榜募英才

①［汉钟离］

汉朝咸阳人，传说中的八仙之一（另外七位神仙是铁拐李、张果老、蓝采和、何仙姑、吕洞宾、韩湘子、曹国舅），被全真教尊奉为正阳祖师。

②［吕洞宾］

姓吕，名岩，唐朝末期著名的道人，号纯阳子。吕洞宾是传说中的八仙之一，受汉钟离的点化而成仙，所以称汉钟离为师父。

③［白牡丹］

传说吕洞宾原本是酒色之徒，在下凡游玩时与白牡丹一见钟情便留在了人间享乐。后来他被带回了天庭，白牡丹独自留在了人间。这件事经常会被其他神仙拿来打趣吕洞宾。

萧天佐战败之后，萧太后日夜担心宋军会来讨伐。这天她与群臣商议，说："前些日子我们吃了败仗，最近又听说宋军在准备攻打我大辽。如今杨六郎手下兵强马壮，他要是带兵来征战，谁可以带兵去抵挡？"话刚说完，韩延寿上奏说："如今我们辽国的将帅大多年老体衰，已经不堪重用。希望陛下下旨，贴出榜文，招募各国英雄，充实实力，防备宋军入侵，这才是长久的办法。"萧太后准奏，命令文臣写出榜文，招募天下英雄。

蓬莱山住着两位神仙，一位名叫汉钟离①，另一位名叫吕洞宾②，汉钟离是吕洞宾的师傅。两人在三岛洞中一边炼丹，一边下围棋。汉钟离问吕洞宾说："你可记得当年岳阳楼上的女子白牡丹③？"吕洞宾回答说："色欲之心，人皆有之。弟子我还没有修炼到家，难免会被迷恋，世间的俗人就更不用说了。"汉钟离说："你说得有道理。"汉钟离又问他："你在黄鹤楼的酒馆里流连忘返半年，这又是为什么？以你神仙的身份，这样做合适吗？"吕洞宾说："弟子当时正在练气，不能断了酒。"汉钟离笑着说："大家都说你是个酒色神仙，果然名不虚传。"吕洞宾觉得很惭愧，但对方是自己的师傅，也不敢反驳。就在这时，忽然一道杀气冲破云霄，红光万丈。吕洞宾看到后，吩咐仙童拨开云雾察看。一会儿，仙童回来报告，说："是大宋的龙祖和大辽

的龙母在打斗，才会有这么强的杀气。"汉钟离说："我以气数^①算了一下，他们还要再打斗两年，只是可怜了百姓跟着受苦。"吕洞宾说："既然师傅已经知道他们的气数，那到底是大宋的龙祖会胜，还是大辽的龙母会胜？"汉钟离说："龙母是逆贼，霸占一方；而龙祖是正统的天子，是万民之主，虽然现在被龙母困扰，但不用多久就能灭了龙母。"吕洞宾说："二龙相争，百姓

① [气数]

指一个人的命运。

吕洞宾对椿木精说："现在这国的萧太后正在招募天下英雄，你下凡去，辅佐这国。"

181

跟着遭殃，真是无辜。我们仙人慈悲为怀，师傅为什么不下凡把龙母收了，免得人们跟着受苦遭罪？"汉钟离说："世间的事纷纷扰扰，自有定数，我们只管修行，不要被这些闲事扰乱了心境。"说完之后便起身离开了。

吕洞宾看到汉钟离离开，心想："神仙们都笑话我贪图酒色，师父也这样说，他还说龙祖肯定会取胜，我偏要帮着龙母取胜不可。要是我亲自下凡，帮助龙母，恐怕惹恼了师父。最近辽国碧萝山上有一棵万年椿木，已经成精，不如让他到世间帮我走一趟，帮助龙母取胜。"于是他让仙童召唤椿木精来见自己。吕洞宾对椿木精说："我今天给你三卷六甲兵书，上卷教人查看天文，中卷里有许多计谋，但是这两卷你都不必看，你只需要看下卷就行。下卷里面都是迷魂阵阵法，用阴文写成，人看不懂。现在辽国的萧太后贴出榜文，正在招募天下英雄，准备同大宋交战。你下凡去，用下卷兵书辅佐辽国。等大宋被消灭后，我就收下你，帮你成仙。"椿木精说："小人下凡后只凭兵书恐怕不能有所作为。"吕洞宾说："你先去揭榜，我跟着你到人间去，凡事由我帮你出主意。"

椿木精与吕洞宾告辞后，化身为一道金光，来到辽国。当他来到幽州城，看到很多壮士正围在一处看榜。椿木精走上前去，大声叫道："看我来揭榜！"大家一看，只见这个人长得面如黑铁，眼若金珠，身长一丈多，两根胳膊上筋肉突起，相貌奇异。守军看到有人揭榜，就带着他上了大殿，来见萧太后。萧太后上下打量了他一番，非常吃惊，心想："世上竟还有这样相貌奇特的人！"问他说："壮士是哪里人？"椿木精回答说："小臣世代居住在碧萝山，姓椿名岩。"萧太后说："你有什么武艺？"椿岩说："兵法、计谋、十八般武艺，样样精通。"萧太后听后非常高兴，立即与文武官员商议封他什么官职合适。萧天佐上奏说："这位壮士刚刚来到，还没能看看他的本事到底如何，陛下可以先封他一个一般的职位，等他建功立业之后，再提拔也不迟。"萧太后准奏，于是封椿岩为团营都总使。椿岩谢恩后退下。

宋真宗觉得被围困在魏府是自己的耻辱，想报仇雪恨，于是召集大臣们商议对策。八王上奏说："陛下统领天下，幽州不过是一个小城，攻下来并不难。但是现在人马还没有集结完毕，请陛下稍等一下，再做决

定。"还没等真宗说话，忽然一个人出列说："不趁这个时候进兵，还要等到什么时候？"大家一看，说话的是光州节度使王全节。王全节上前一步，上奏说："臣有一计，可以让辽军拱手投降。"真宗问他："你有什么妙计？"王全节说："要是从中原出兵，恐怕很难在短时间内取胜。希望陛下下旨，从澶州起一路兵，从雄州起一路兵，从山后起一路兵，这三个地方是幽州的咽喉，运送粮草也方便；臣再率领一路兵，四路齐进。就算他辽国有再厉害的将领，难道能一下子挡住四路兵？"真宗准奏，下令澶州、雄州、山后各自出兵，并封王全节为南北招讨使，李明为副使，带兵五万出发。王全节领旨，第二天就带兵离开了汴京，向幽州进发。当时正值春天，风和日丽，春暖花开，树上杜鹃啼声阵阵，让人听了忍不住动情。大军来到九龙谷安营扎寨。

消息传到幽州，有人上报萧太后说："宋朝起兵四路杀来了！"萧太后大吃一惊，说："没想到这么快就来了！"萧太后又问："谁带兵出战？"话没说完，椿岩就站出来说："陛下不要担心，臣保举一人，肯定能击退宋兵，就算是拿下中原也易如反掌。"萧太后问他："爱卿保举何人？"椿岩说："是臣的师父，姓吕名客，现在就在宫门外，等候召见。要是让他来带兵，肯定百战百胜。"萧太后立即宣吕客进殿。等吕客来到大殿上，萧太后上下打量了他一番，见他举止怪异，心想："这人肯定是个奇才。"于是问他："你有什么计策能战胜宋军？"吕客说："宋军中擅长作战的人太多，所以不能硬拼，可以摆阵。小人觉得，幽州的人马太少，不够调遣，陛下需要向五个国家借兵，才能成就大业。"萧太后问他："哪五个国家？"吕客说："陛下可以写一封信，派使臣带着前往辽西鲜卑国，见国王耶律庆，献上金银绸缎，与他结好，然后向他借五万精兵，他肯定不会拒绝；再写信派人带着去森罗国，赏赐国王孟天能，让他发兵五万来助战；再派使臣到黑水国①，承诺事成之后割西羌一带给他们作为答谢，让他们派兵五万来助战，他们肯定会答应；再派使臣

①[黑水国]
西域非常小的一个国家，位于甘肃张掖以西10公里处，因为黑河得名。至今黑水国遗址还存在，只是经过岁月洗礼，只剩了一片残垣断壁。

去西夏国，见国王黄柯环，告诉他中原对他们的威胁，并向他借兵五万；再派大臣去长沙国，见国王萧霍王，借兵五万。要是能从这五个国家借来兵，再加上我使出生平所学，排下南天七十二阵，肯定让宋朝皇帝见了吓破胆，拱手投降。"萧后听后，非常高兴，说："爱卿真是姜子牙在世，诸葛亮重生。"萧太后立即封他为辅国军师、北都内外兵马正使。

萧太后派出五路使臣，带着书信和金银财宝去五国交涉。五个使臣领旨后分头出发，结果这五个国家知道消息后都愿意借兵给辽国。鲜卑国派黑靼令公马荣为帅，森罗国派金龙太子为帅，黑水国派铁头黑太岁为帅，西夏国派公主黄琼女为帅，长沙国派驸马苏何庆与公主萧霸贞为帅，各自带着五万精兵，陆续赶到幽州。

只用了几十天的时间，各路兵马都集结在幽州，听候指示。有人上奏萧太后，说："五国的兵马都到齐了。"萧太后问吕客说："五国的兵马都已经到齐，军师如何安排？"吕客上奏说："这次出征非同一般，陛下再把驻守云州的耶律休哥、驻守蔚州的萧挞懒等人召集回来，集合全国的兵力，供臣调遣，一定能攻克中原。"萧太后准奏，立即下旨，从云州、蔚州将部队调回。萧太后封韩延寿为监军，土金秀等人听候调遣，统率二十五万精兵，再加上五国的二十五万精兵，共五十万大军，随吕军师出征。韩延寿领旨后来到教场，做出征的准备工作。几天之后，云州、蔚州的人马回来了。吕军师与椿岩率领五国的部队加上辽军人马离开幽州，浩浩荡荡，向九龙谷进发。

辽军来到九龙谷，在平坦的旷野中安营扎寨，对面便是宋军的营地。第二天，吕军师召集诸将，吩咐他们说："我来摆阵，你们都要听我发号施令，要是有人违抗，我先斩后奏。"韩延寿说："军师的指令怎么有人敢违背呢？"

第三十三回
吕军师布下南天阵

　　吕军师取来一张阵图，吩咐中营五千骑军在离九龙谷不远的地方筑起七十二座将台，每座将台由五千士兵守卫。另外，设立五座坛，分别立起青、黄、赤、白、黑五种不同颜色的旗号；将台与坛之间开通七十二条道路，相互连接。没用几天，一切都按照吕军师的要求建造好了。吕军师亲自查看了一番，非常满意，便定下日子，排兵布阵。

　　到了这天，五国的人马都摆列整齐，等候调遣。吕军师下令派鲜卑国黑鞑令公马荣率部下去九龙谷正南列队，摆出铁门金锁阵：其中一万士兵手持长枪，扮作铁门，把守七座将台；一万士兵手持铁箭扮作铁闩（shuān），把守七座将台；一万士兵手持利剑，扮作金锁，把守七座将台。马荣领命，带着部下前去排阵。

　　吕军师又下令，派黑水国铁头太岁率部下去九龙谷左侧列队，摆出青龙阵：其中一万士兵手持黑旗，扮作龙须，把守七座将台；一万士兵，分成四队，手持宝剑，扮作龙爪，把守七座将台；一万士兵手持金枪，扮作龙鳞，把守七座将台。铁头太岁领命，带着部下前去排阵。

　　吕军师又下令，派长沙国苏何庆率部下去九龙谷右侧列队，摆出白虎阵：其中一万士兵手持宝剑，扮作虎牙，把守七座将台；一万士兵手持短枪，扮作虎爪，把守七座将台。苏何庆领命，带着部下前去排阵。

　　吕军师又下令，派耶律休哥率领一万人马，在六座将台前守卫，摆出朱雀阵；派耶律奚底率领一万人马在六座将台后面守卫，摆出玄武阵。耶

185

杨家将

吕军师取来一张阵图，查看了一番，便开始排兵布阵……

律休哥、耶律奚底领命，带兵前去排阵。

吕军师再派森罗国金龙太子率领部下守住将台中座，如同玉皇大帝坐镇通明殿①；派董夫人扮作梨山老母②；然后，绕着中将台布置了一万士兵，让他们各自穿着青、黄、赤、白、黑五种颜色的衣服，扮作四斗星君；另外派二十八名士兵披头散发，围绕

在中将台前后，扮作二十八宿①；派土金牛扮作玄帝②，土金秀手持黑旗，把守住大门北边。金龙太子等人领命，各自带兵前去布置。

吕军师又下令，派西夏国黄琼女率部下女兵，手执宝剑，扮作太阴星③；萧挞懒率部下士兵穿上红袍，扮作太阳星；命令黄琼女披挂整齐，站在旗下，手拿骷髅骨，看到敌军到来就大哭，扮作彗星；派耶律沙带领部下巡视四方，按照东西南北斗，摆出长蛇阵。黄琼女、耶律沙等人领命，各自带兵前去排阵。

吕军师又派萧太后的女儿单阳公主率领五千士兵，穿着无色袈裟，摆出迷魂阵；阵中设置五百名辽国僧人，作为迷魂阵长老；吕军师又秘密找来七个怀孕的妇人，藏在旗下，等两军交战，摄取敌人的精神。单阳公主领命，带兵前去排阵。

吕军师派耶律呐选出五千名僧人，手拿佛珠，扮作西天雷音寺④的佛祖；再派五百名和尚分列左右，扮作铁罗汉；这些僧人安置在七十二天门的最前面，震慑敌人。耶律呐领命，带部下前去布置。

吕军师布好了阵，派椿岩和韩延寿为督战，每个阵中都以红旗为号，指挥迎敌。第二天，椿岩与韩延寿商议，说："如今师父的阵已经布好了，宋兵就在对面营地里，可以派人去下战书，看他怎么破阵。"延寿然同意，立即派人去给宋军的王全节送战书。王全节收到战书后回复第二天应战。

第二天，王全节带领李明等人来到九龙谷外平坦的地方应战，只见正北方布好了一座阵势，阵势之大让他大吃一惊。王全节说："辽军中肯定有高人在，先不要急着出战。"话还没说完，辽将椿岩、韩延寿两人从阵中冲了出来，高喊："宋将要是斗武，我们立刻开战；要是斗文，就请先破阵。"王全节对李明说："辽军士气正旺，现在开战对我们不利；我先去看一下他们的阵势，然后回去再商议对策。"李明同意他的做法。王全节说："斗武不过是莽撞人比力气罢了，有什么稀奇，等我回去整理阵图来破了你的阵，到时候你们就知道我的厉害了。"椿岩

①［二十八宿］
古人为了观测日、月、星辰，把天空分成二十八个区域，将一些重要的星星分作二十八组，被称为二十八宿。二十八宿分为东南西北四组，每组七宿：东方青龙七宿、西方白虎七宿、北方玄武七宿和南方朱雀七宿。二十八宿在古代被广泛应用在天文、占卜等方面。

②［玄帝］
即颛顼，上古时期的五帝之一，黄帝之孙。五帝是指上古传说中五位圣明的君主，被当作后世君主的典范，包括黄帝、颛顼、帝喾、尧、舜。

③［太阴星］
就是月亮，是算命用的术语。

④［雷音寺］
各地有很多寺院都叫雷音寺，这里的西天雷音寺指的应该是传说中西天极乐灵山上的雷音寺。在小说《西游记》中曾经提到过这座寺庙。

笑着说："随便你回去布阵，我等着你，绝不会暗算你。"两军各自收兵回营。

王全节回到军中，对李明说："我也算认识一些阵势，但是今天辽军的布阵我从未见过，应该奏明朝廷，让圣上派人来辨别。"李明说："事不宜迟，赶紧派人上路。"王全节把自己绘制的辽军阵势图，让人带着连夜赶回汴京，通报真宗。

真宗看了这幅阵势图之后，大吃一惊，让满朝文武都看了一遍，没有一个人认识。寇准上奏说："臣看辽军的布阵变化多端，除非去三关把杨六郎召回来，不然没人能看出其中的破绽。"真宗准奏，立即派人赶赴三关，召杨六郎回朝。杨六郎收到圣旨，与部下诸将商议，说："既然圣上召我回去，我只能回去。"走之前派陈林、柴敢等人守住寨子，自己率领岳胜、孟良等二十二员指挥使，统领三军，离开佳山寨，赶赴汴京。

没用多久，杨六郎就带着部队赶到汴京，军队驻扎在城外。第二天，杨六郎上朝见真宗。真宗对他说："最近辽军布下这样一个阵势，满朝文武没人认识。爱卿出自将门，精通各种阵势，你来看看这是什么阵？"杨六郎领命，接过阵势图来看，然后上奏说："臣看这阵势，肯定是高人布下的，辽国没有人能摆出这样的阵势。臣要亲临阵地，才能知道其中的玄妙。"真宗准奏，赐杨六郎金杯御酒，然后下令出兵。杨六郎谢恩后退下，立即率兵离开汴京，向九龙谷进发。

王全节得知杨六郎来到，喜出望外，与李明等人到兵营外面去迎接。杨六郎下马，与王全节一起来到帐中。王全节说："最近小人带兵北伐，没想到辽军布下了这样一个怪阵，既然现在将军来了，肯定能识破这个阵。"杨六郎说："圣上已经把阵势图给我看了，我一时还没有主意，需要亲临阵地，看看它如何变幻。"王全节派人设宴，迎接杨六郎，大家深夜才散去。

第二天，杨六郎下令出战，岳胜、孟良等人跟随。鼓声阵阵，宋军摆开阵势。辽军中韩延寿率兵出战。杨六郎骑在马上，大声喊道："辽军不要放冷箭，等我过去看阵。"韩延寿认出这是杨六郎，心想："这人是将门之后，肯定很熟悉排兵布阵。"于是下令，让各营依据红旗的指挥行

动。杨六郎在马上看了很长时间，对部下诸将说："我也曾布过几次阵，但是这样的阵我还从来没见过。说是八门金锁阵吧，又多了六十四道门；说是迷魂阵吧，又多了玉皇殿。这样诡异的阵，不能轻易闯入，还是回去商议一下再说吧。"宋军收兵回营，辽军也不追赶。

杨六郎回到营中，与王全节商议，说："这阵势果真奇特，我看不出其中的奥妙。"王全节说："要是将军都看不懂，别人就更看不懂了。"杨六郎说："赶紧派人回汴京，请圣上御驾亲征，然后再作商议。"王全节派人回汴京，奏明真宗。真宗知道消息后，与群臣商议，说："连杨六郎都不认识这个阵，肯定非同小可，如今朕只有御驾亲征了。"八王上奏说："这次陛下亲自督战，肯定能旗开得胜。"真宗更加坚定了决心，降旨封寇准为监国，大将军呼延赞为保驾将军，八王为监军，沿途的将帅随时听候调遣。

第二天，真宗车驾离开汴京，向幽州进发。当时正值夏末秋初，一路上只见旌旗翻滚。没多久大军就到了九龙谷附近，杨六郎、王全节等人出来五十里迎接。真宗下令在正南安营扎寨。众将朝见完毕后，真宗问杨六郎："敌人的阵势你怎么看？"杨六郎上奏说："辽军布的阵势非常诡异，臣看不出其中的玄机，等陛下亲自去察看。"真宗点头，下令明天亲自看阵。杨六郎退下，安排各营准备明天出兵的事宜。

第三十四回
闯神庙宗保得兵书

　　辽军听说宋朝皇帝要亲自督战，韩延寿与椿岩商议，说："宋朝皇帝亲自来督战，应当上奏萧太后，让陛下也来督战。这样，众将士肯定会奋勇杀敌，立下大功。"椿岩说："我也是这样想的。"韩延寿立即派人回幽州上奏。萧太后得知后，与群臣商议。萧天佐上奏说："陛下这次出征，可以一举攻下中原，希望不要拒绝。"萧太后非常高兴，派耶律韩王守在幽州，任命萧天佐为保驾，耶律学古为监军，即日起驾，离开幽州。大军浩浩荡荡前往九龙谷。韩延寿等人出来接驾，并告知萧太后宋军没有人认识这阵势。萧太后说："众爱卿都要用心建功，要是攻下中原，肯定给诸位加官进爵，寡人不会吝啬。"韩延寿退下。萧太后命令大军在正北方向安营扎寨，吩咐众将第二天出战。

　　第二天天刚亮，真宗的车驾来到营外，一排宋将整齐地排列在后面。萧太后也在部下的簇拥下来到阵前，一眼就看到了正在看阵的真宗。萧太后骑着宝马，立在旗下，大声对真宗说道："大宋已经统一天下，还贪得无厌，几次想要强占我辽国。今天就让我们一决雌雄，要是你们能破了眼前这个阵，今后辽国都归大宋；要是破不了的话，我们就平分天下，一人一半。"真宗听后厉声答复说："你们那野蛮的地方，就是白送给朕，朕也不要。这个阵还能难到哪里去？"说完就转身回营了，萧太后也带兵回营。

　　真宗回到帐中，与诸将商议，说："朕看这个阵势变化多端，你们有什么计策能破阵？"杨六郎上奏说："当年父亲在世的时候经常说，三卷

六甲兵书中只有下卷难懂，里面尽是阴谋诡计，想必这个阵是出自下卷。臣的母亲或许懂得这个阵，希望陛下召我母亲来，或许能有办法。"真宗立即下旨，派人连夜带着圣旨赶回汴京无佞府，请杨令婆到九龙谷来。

杨令婆接到圣旨后，先是款待了送旨的使者，然后问了他一些关于辽军布阵的问题。使者说："前天圣上与萧太后对阵，话里暗藏杀机，所以派人来请令婆前去助战。"杨令婆说："既然圣上有难，我们明天就出发。"第二天，令婆吩咐柴太郡说："圣上派人来召我，不得不去。这件事千万不要让宗保知道。"太郡答应了她。使者催促赶快上路，令婆便跟随使者离开杨府，向幽州方向赶去。

此时刚好杨宗保打猎回来，就问："令婆这是要去哪儿？"太郡骗他说："令婆入宫去见宋娘娘，商议国事，几天就回来了。"杨宗保不信，自己偷偷到城里去打听。路上遇到看守北门的军校，杨宗保问他："你是否看到令婆从这里路过？"军校回答说："令婆一大早跟着使者赶往前线去见圣上了。"杨宗保听后，也没有回府，而是骑马随后赶去。一边赶路一边打听，眼看天色暗了，杨宗保不小心走错了路，来到一处荒野，这里没有一户人家。杨宗保有些害怕，想要回去，但是夜里太黑，又看不清路。

正在不知所措的时候，杨宗保忽然看到山谷里有灯光闪烁，心想一定有人家，不如先找个地方借宿一晚，明天再去找令婆。他朝着光亮处走去，到了跟前发现是一所大房子，像是一座庙。杨宗保把马拴在一旁，叩了几下门。有人来开门，并带着他来到大殿，只见那里坐着一位妇人，样子庄严肃穆，两边站着下人，杨宗保上前施礼。那妇人问他："你是哪里人？怎么会深夜来到这里？"杨宗保把自己的身世和为什么会来到这里都说了一遍。那妇人笑着说："你令婆去前线看阵，她怎么会认识呢？"那妇人下令准备饭菜，招待杨宗保。杨宗保赶了一天路正好饿了，也没有拒绝，一会儿就把饭菜吃了个干净。吃完之后，那妇人拿过来一本兵书，交给杨宗保，对他说："我在这里住了四百多年，还没有人来过，今天你来了，说明我们之间有缘。你把这本兵法的下卷熟读一遍，里面有破阵的方法。你去辅佐宋朝皇帝打败辽军，立下战功，重振你们杨家的威风。"那妇人安排下人为杨宗保指路，带他走出山谷，杨宗保拜谢后离去。等天快

杨家将

杨宗保来到大殿，只见那里坐着一位妇人，样子庄严肃穆，两边站着下人，杨宗保上前施礼。

要亮的时候，几个下人对他说："从这里一直向前就是大路了。"说完便离去了。杨宗保对自己昨夜的经历既吃惊又怀疑，他问路边的当地人："这里是什么地方？"当地人回答他说："这座大山名叫红累山，山里有一座擎天圣母庙，已经荒废了多年，不过遗址还在。"杨宗保心想："真是奇遇。"他拿出兵书来，找到下卷，认真钻研。

杨令婆跟随使者来到军营，见到真宗。真宗先是一番安慰，然后把辽军布阵的事情告诉了她。令婆说："先夫曾经留下一本兵书，里面不知道有没有记载这个阵，等我跟六郎去查看一番再说。"真宗准奏，令婆告辞

后退下。

第二天，令婆与杨六郎带领众将登上将台，观察辽军阵势。只见辽军阵中处处暗藏杀机，变幻莫测。令婆仔细看了很长时间，拿出兵书来比对，也不知道是哪个阵势。最后令婆走下将台，对杨六郎说："这个阵势不要说我不认识，就是你父亲在世，也不一定认识。"杨六郎很郁闷，问："这该怎么办？"令婆说："我们杨家要是不认识这个阵，别人就更不认识了。"

就在这时，杨宗保上前来报到。杨六郎大怒，说："这是军队，你来干什么？"杨宗保看到父亲怒气不减，就说："爹爹是不是为辽军的布阵烦恼？"杨六郎对他说："你不要胡说，赶紧回家去，免得挨鞭子！"杨宗保笑着说："我回家倒也没事，只是我走了谁来破阵？"令婆听他这样说就把他叫到跟前，问他："你见过这个阵势？"杨宗保说："孙儿认识一些阵势，我去看看就知道了。"令婆下令，派岳胜、孟良等人带他去将台，察看辽军的布阵。岳胜领命，带着杨宗保上了将台。

杨宗保来到将台上，观察辽军的阵势很长时间，对岳胜、孟良说："这阵排得非常巧妙，只可惜有破绽，想要破掉很容易。"岳胜、孟良听了这话非常吃惊，说："皇上面前那么多将帅，没有一个人认识这个阵势，小将军怎么会认识呢？"杨宗保说："回营后再细说。"众人一起下了将台。岳胜去见杨六郎，说："小将军说破这个阵很容易。"杨六郎笑着说："别听他胡说。"于是岳胜就出去了。

杨宗保去见令婆，告诉她说这个阵可以破。令婆问他："既然你说这阵能破，那你先说说这叫个什么阵？"杨宗保说："说起这个阵，非同一般。它从九龙谷正北开始布阵，一直布到西南边，建造了七十二座将台，并且相互连接，这阵名叫七十二座天门阵。靠右边的黑旗下面，是迷惑敌人用的，在下面埋伏孕妇的话，那就更狠了，这个地方很难攻破。除了这里，别的地方有很多破绽：中间将台的玉皇殿前，缺少七七四十九盏天灯；青龙阵下面，少了黄河九曲水；白虎阵上，少了两面虎眼金锣，两张虎耳黄旗；玄武阵上，缺了两面珍珠日月皂旗。这几个破绽，等开战后重点攻击，自然就可以化解这个阵势，让它顷刻间崩溃，如风卷残云，没什么难的。"令婆听后非常惊讶，说："孙儿从哪里得来这样的妙计？"杨宗保毫无隐瞒，把自己得到兵法的经历说了一遍。杨六郎在一边听了之后用手拍着额头，说道："你有这样的奇遇，真是圣上的洪福！"

第二天，杨六郎去见真宗，把辽军的阵叫什么名，有什么缺陷，如何攻破等全都说了一遍。真宗非常高兴，说："既然你已经知道怎么破阵，那什么时候出兵？"杨六郎说："等臣与儿子杨宗保商议后再出兵。"真宗准奏。杨六郎退出营帐，找来杨宗保商议对策。杨宗保说："敌人布阵的那天恰逢干支①相克，那我们就选干支相生的日子破阵。"杨六郎同意他的说法，下令诸将听候指示。

王钦知道了这个消息之后，偷偷派人夜里到辽军大营里去送信，告知宋军已经知道了阵势的破绽。韩延寿知道消息之后，大吃一惊，赶紧去奏明萧太后。萧太后说："这该怎么办？"韩延寿说："陛下可以宣吕军师来问他怎么应对。"萧太后立即宣吕军师来见。不一会儿，吕军师来到帐中。萧太后问他："爱卿布下的阵为什么会有几处破绽？"吕军师心想："看来宋军中也有人会排兵布阵，认出了我布的这个阵。"于是上奏说："确实有几处破绽，臣这就补全，就算是神仙下凡，也破不了这个阵。"萧太后说："爱卿快去补全，不要让敌人有可乘之机。"吕军师来到阵前，下令在玉皇阵上添加红灯，在青龙阵上开起黄河，在白虎阵里立起左右二面黄旗，当中立起两面金锣，在玄武阵中竖起日月旗。等他安排完毕，这个阵已经补全了。

杨六郎调兵遣将，按照杨宗保说的去调度。选好日子之后，杨六郎上奏真宗，要求出战。真宗听后，下令各营一起出兵。杨宗保带着岳胜等人登上将台观望，发现辽军的天门阵已经毫无破绽，大叫一声，昏倒在地。岳胜大吃一惊，赶紧把他扶到营帐中，并派人报告杨六郎。杨六郎赶到，让人把杨宗保救醒，问他发生什么事了。杨宗保说："不知谁泄露了天机，让辽军知情，

① [干支]

天干地支的简称，在中国古代的历法中，甲、乙、丙、丁、戊、己、庚、辛、壬、癸被称为"十天干"，子、丑、寅、卯、辰、巳、午、未、申、酉、戌、亥叫做"十二地支"。这十天干和十二地支依次配对，组成六十个基本单位，并且按照一定的顺序排列，组成了干支纪法。天干地支产生于炎黄时期，除了被用于纪法外，还被应用到风水和占卜中。

如今他们已经修补了天门阵，就算是神仙下凡，也破不了这个阵了。"杨六郎听后也一下子昏了过去。众人急忙上前，把他扶起，结果已经不省人事。令婆见到这一幕，不禁放声大哭，众将一片慌乱，都不知道该怎么办。杨宗保说："令婆先不要哭，请八殿下来商议对策。"于是令婆止住眼泪，派人去把八殿下请来，把事情跟他说了一遍。八王说："事已至此，等我奏明圣上，再商议如何应对。"八王辞别了令婆，去见真宗，把杨六郎病倒的事情告诉了他。真宗很吃惊，说："要是杨延昭病倒了，那朕的江山可能就保不住了。"八王说："陛下应该张榜招募名医，先救好延昭，再商议出兵的事。"真宗准奏，立即派人在辕门外贴出榜文。

第二天，有人上报，说："有一位老人揭榜。"真宗宣这位老人来见，问他："你是哪里人？"老人说："小人一直住在蓬莱，姓钟名汉，人称钟道士。最近听说杨将军为了破阵病倒，小人特意赶来为他治病，顺便帮陛下破阵。"真宗见这位道士相貌不俗，心想："这肯定是位高人。"于是真宗让他去给杨六郎治病。钟道士给杨六郎看完病之后，回奏真宗说："将军的病小人能治。"真宗问他："不知你是用药，还是用针灸？"钟道士回答说："小人察看将军的病症，只需要用二味药就能治好。"真宗问他："什么药？"道士说："龙母的头发和龙公的胡须，只有这两味药才能治他的病。"真宗问他："这两味药产自哪里？朕这就派人去找。"道士说："龙须不必去找，陛下身上就有。而这龙母的头发，则需要向辽国萧太后要。"真宗说："她是朕的仇人，怎么可能会答应呢？要是有其他药可以替代，朕愿意出重金去买。"道士说："别的药不行，只能用这两味药。"八王上奏说："杨延昭的部下个个身怀绝技，或许他们之中有人能办到。"真宗让钟道士先下去休息，命令杨六郎的部下去辽国取萧太后的头发来下药。令婆与岳胜商议，说："这东西可以拿到，只是找不到信得过的人去。"岳胜问："老夫人有什么计策？"杨令婆说："一直听说我的四儿子改名为木易，成了萧太后的驸马。要是有人把这件事告诉他，他一定有办法拿到。"岳胜说："这件事派孟良去办最合适了。"令婆召来孟良，让他去办这件事。

第三十五回

穆桂英山寨招亲

　　孟良欣然领命，当天夜里去见钟道士，问他需要多少头发。道士说："你去这件事肯定能办成。头发多少都可以。等拿到头发之后，你再去宫中的花园一趟，那里有一匹白骥马^①，你把那马偷来，交给杨宗保，帮他破阵用。那花园里还有九眼琉璃井，现在辽军青龙阵上的九曲水就是出自这些井，你偷偷用沙石把其中一眼堵上，那青龙阵就没用了。"孟良领命后偷偷出了宋军大营，正好遇到焦赞赶来。孟良问他："你来做什么？"焦赞说："哥哥一个人去，我心里不放心，所以特意来跟你一起去。"孟良说："这次去办的事都是机密，怎么能带你去？"焦赞说："哥哥怕我泄露机密吗？我一定要跟你去走一趟。"孟良无奈，只好带着他赶往幽州城。

　　第二天，孟良对焦赞说："你先留在店里，我去拜访一下驸马，打探打探消息就回来。"于是孟良装扮成辽国人，来到驸马府，见到了杨四郎，把杨六郎如何生病，需要什么药治病的事情都说了一遍。杨四郎说："这里奸细太多，你先出去，萧太后头发的事让我想想办法，过几天你再来拿。"孟良与他告辞，出了驸马府。

　　杨四郎想了半夜，终于想出一个办法。他忽然大叫肚子疼，琼娥公主吓坏了，赶紧找来御医。但是不管御医怎么治，都没有

①［白骥马］

骥是好马的意思，白骥马就是白色的好马。此外，骥还有贤能的意思，骑白骥马的人多为文才武将。

好转的迹象。公主也不知道该怎么办，就问御医："驸马肚子一直在痛，用什么药才能治好？"杨四郎说："这是我小的时候留下的病根，当初都是用龙须烧灰然后冲水喝下。这病已经很多年不犯了，没想到今天居然又犯。"公主着急地说："龙须中原才有，这辽国哪里去找？"杨四郎说："可以用太后的龙发来代替。"公主说："这个倒不难。"于是立即派人到前方军营中去见萧太后，将这件事告诉她。萧太后说："既然驸马得了病，我这几根头发算什么？"于是剪下了几缕，让来报信的人带了回去。萧太后的头发取来之后，杨四郎把其中一部分烧成灰服下，病立刻就好了，公主非常高兴。第二天，他把剩下的头发藏好，正好碰到孟良来，就交给了孟良。孟良回到店中，对焦赞说："你先把这东西带回去，我还有事要办，等办完就回去。"焦赞带着龙发连夜离开幽州，赶往九龙谷。

孟良偷偷来到宫里的花园，找到琉璃井，用沙石堵住井眼；然后来到马厩边，恰巧遇到辽兵守卫。孟良用辽国话对他说："太后有旨，让我来取这匹马，明天用来表演。"守卫说："把圣旨拿出来看看。"孟良早有准备，拿出假圣旨给那人看。守卫看了之后便把马交给了孟良。等出了宫门，孟良骑上马离开了幽州城。等辽兵知道自己被骗了，再来追赶时，他已经跑出去五十里了。

孟良骑着偷来的白骥马赶了一夜路，回到军中，见到钟道士，告诉他两件事都办好了。道士说："真不愧是杨家的部下。"第二天，道士又取了真宗的龙须，与龙发一起烧成灰给杨六郎服下，杨六郎的病一下子就好了。

真宗得知道士治好了杨六郎的病，非常高兴，宣道士到自己军帐，对他说："你愿意做官，还是要金银财宝？"道士回答说："贫道过惯了自由自在的日子，不愿意做官，也不愿意要钱。贫道这次来，不仅是要给杨将军治病，还要帮助陛下破阵，打败辽军。"真宗说："爱卿要是真能帮我打败辽军，朕让人把

杨家将

①［御林军］

也被称作"羽林军"，是古时候专门保护皇帝的禁军。

你的大名刻在石头上，流传千古。"道士说："辽军的布阵变化多端，难以攻打。这件事还需要让杨宗保来办，希望陛下批准。"真宗准奏，封钟道士为辅国扶运正军师，除御林军①之外的将帅都要听从他调遣，不必上奏。道士谢恩后退下，来见杨六郎。杨六郎向他行礼，感谢救命之恩。钟道士说："你的病已经好了，贫道现在要与你儿子一起破阵。"杨六郎把杨宗保喊来，让他拜钟道士为师。拜完师之后，道士说："这次出兵有几个人不能少。"杨宗保他："这些人是谁？"钟道士派呼延显前往太行山通知马氏，让她率领部下前来；又派焦赞前往无佞府，召集八娘、九妹和柴太郡前来；再派岳胜前往汾州口外的洪都庄，调回老将王贵；派孟良前往五台山，召集杨五郎。安排完毕，胡延显等人领命后各自上路。

孟良前往五台山，去见杨五郎，告诉他宋军正在与辽军对阵，希望他能下山相助。杨五郎说："上次前往澶州去营救我弟弟回来之后，我就下定决心要皈依佛门，不再打打杀杀。今天怎么又来找我？"孟良说："我这次来是为了国家大事，不是出于私利。念在杨家精忠报国的份上，请师父下山一趟，不要推脱。"杨五郎说："辽国有两个妖孽，一个已经被我当初在澶州降服，还有一个尚在，就是萧天佐。穆柯寨后门有两根降龙木，只有用左边那根来做我的斧柄，我才能降服住萧天佐，不然即便我去了也没有用。你能帮我拿到这根神木吗？"孟良说："既然师父说非要不可，那小人只有去一趟穆柯寨。"杨五郎说："你赶紧去把神木拿来，我这就收拾东西。"

孟良与杨五郎告辞，赶到了穆柯寨。穆柯寨寨主是定天王穆羽的女儿，小名穆金花，别名穆桂英，武艺高强，擅长弓箭。这天穆桂英正在跟手下打猎，被射中的一只鸟正好落在赶来的孟良面前。孟良把这只鸟藏了起来，没走出几步远，就有五六个喽啰兵赶来，冲他喊道："赶紧把鸟拿出来，饶你一命。"孟良听后，停住脚步。喽啰兵们一起扑过来，被孟良打得七零八落，四

这天穆桂英正在跟手下打猎，被射中的一只，马正好落在赶来的孟良面前。

散奔逃。孟良继续往前走，没走出去多远，穆桂英就带着人赶来了。

孟良听到身后有动静，知道有人来了，于是抽出刀准备打斗。赶来的穆桂英朝他大骂："哪里来的奴才，敢在这里撒野？"孟良二话不说，挥刀就上去与她打斗，穆桂英举枪迎战。二人在山脚下一口气打了四十多个回合，孟良知道自己不是她的对手，转头就跑。穆桂英没有追赶，只是派人守住各路口。孟良看自己逃不出去，就对喽啰兵们说："我把鸟还给你们，你们放我过去。"喽啰兵对他说："你来错地方了，谁不知道路过穆柯寨要留下买路钱？你要是没钱，一年也别想过去。"孟良有更要紧的事要办，便把金盔摘下来，当作买路钱。喽啰兵报告穆桂英，穆桂英让人放他过去。

孟良离开穆柯寨，回到营中见杨六郎，把杨五郎要他去借神木作斧柄，而自己又被穆柯寨寨主打败的事情说了一遍。杨六郎说："这该怎么办？"这时杨宗保站了出来，说："就让儿子跟孟良再去走一趟。"杨六郎说："恐怕你不是她的对手。"杨宗保说："我自有办法。"杨六郎也再没阻拦。当天，杨宗保与孟良带着两千人马，来到穆柯寨外挑战。

穆桂英听到外面有人叫战，披挂上马，带领部下出了山寨。杨宗保说："听说你山后有两根降龙木，希望能把左边一根借给我，等破了辽军的阵，一定重谢。"穆桂英笑着说："神木确实有，你要是能赢了我手里这把刀，两根你都拿去。"杨宗保大怒，说："等我捉住你这贼人，自己去拿。"说完杨宗保挺枪杀向穆桂英，穆桂英舞刀迎战，两人打在一起。两人打了三十多个回合，穆桂英故意露出破绽，拍马逃走。杨宗保在后面紧追不舍，刚转过山头，突然一支冷箭飞了过来，射中了座下的马。看到杨宗保的马被射倒，穆桂英又杀了回来，将杨宗保活捉。孟良一看杨宗保被捉，赶紧上前营救，结果山寨上乱石滚下，不能靠近。孟良说："大家先在这儿安营，等我想出对策，再去救出小将军。"于是众人在寨外安营。

穆桂英把杨宗保带到营帐中，让人给他松绑。杨宗保厉声说道："不用上什么刑，要杀便杀。"穆桂英见他长相英俊，说话慷慨，心想："要是我与这样的人结为夫妇，也算是不白来世上走一回。"于是穆桂英让手下把自己的心意告诉杨宗保。杨宗保心想："要是不答应她，不但拿不到降龙木，恐怕性命也难保。不如以大局为重，答应了她。"于是杨宗保就说："寨主不但不杀我，还要与我成亲，这样天大的恩情，我怎么敢拒绝？"下人们把杨宗保的话传给穆桂英，穆桂英非常高兴，亲自来见杨宗保，并安排下人设宴招待。

穆桂英与杨宗保两人正在喝酒，忽然听到寨子外面喊杀声震天。下人们来报，说宋兵正在攻打山寨。杨宗保说："承蒙寨主厚爱，希望能打开

寨门，让我跟部下说几句话，安抚一下他们。"穆桂英按照他的说法，派手下人打开寨门，把孟良带进了营帐。孟良看到杨宗保正在跟穆桂英喝酒，知道他已经安全无事，就说："原来小将军在这里快活，害得我们在外面担惊受怕。"杨宗保把自己与穆桂英成亲的事跟他说了一遍。孟良说："现在军情紧急，还是先回去交差要紧。"杨宗保起身与穆桂英告辞。穆桂英说："本想留你在寨子里，既然前方战事紧急，只能让你先去。"穆桂英一直把杨宗保送到山下，舍不得让他离去。杨宗保说："要是有什么需要你帮助的地方，会来请你的。"

杨宗保带着部下回到营中，见到杨六郎，说："儿子不孝，出兵不利，被穆桂英捉到寨子里去。她没杀我，还与我结了亲。孩儿特来请罪。"杨六郎大怒，说："如今国难当前，我坐立不安，你却为了儿女私情耽误军情。"下令让人把他推出去斩了。两边的人正要上来捉杨宗保，令婆急忙赶来，说："宗保纵然犯了军法，但现在大敌当前，正是用人之际，就暂且饶他一回。"杨六郎说："这次就听母亲的，饶他一死，先关押起来，等事后再问罪。"孟良说："将军息怒，小将军结婚也是迫不得已，都是为了降龙木，希望将军能赦免他。"杨六郎不同意，还是将杨宗保关押了起来。

第二天，孟良悄悄去见杨宗保，对他说："刚才见到钟道士，他说小将军有二十天的血光之灾①，这是命中注定的，只能忍过去。"杨宗保说："我的心事只有你知道。穆桂英是女中豪杰，军中要是有这样的人在，一定实力大增。你再去找她，一是为了借降龙木，二是让她来军中助战。"孟良答应了他，当天就去穆柯寨中见穆桂英，把杨宗保的话说给她听，又把为何要借降龙木的缘由说了一遍。穆桂英说："我正要派人去请你家小主人，我怎么能离开这寨子呢？快点回去通报，让你家小主人来这里，不然我带人杀过去。"孟良听后大吃一惊，说："既然寨主已经与小将军结为夫妻，前去军营中相聚不是更好？为什

① [血光之灾]

　　古时候迷信的想法，认为人命中注定要承受的流血或者杀身之祸。

么要说这样伤和气的话？"穆桂英大怒，说："那天我太天真，让你把他带走了，今天你又想来说服我！要是再啰嗦，小心我的刀不认人。"孟良不敢再说什么，只好退出，心想："看来不用点狠毒的办法，她是不肯下山的。"等到大约黄昏的时候，孟良悄悄来到寨子后面，放了一把火。当时正值九月，傍晚正是起风的时候，一时间穆柯寨火光冲天，满山通红。寨子里的喽啰兵大呼小叫，一起赶来救火。孟良拿着刀来到穆桂英的寨子里，把喽啰兵们杀死一半。还没等穆桂英赶到，孟良已经砍了两根降龙木在手，奔向五台山去了。

第三十六回

焦赞九龙谷探阵

孟良一把火烧了穆柯寨，连夜逃往五台山去了。等天快亮的时候，火才渐渐熄灭，山寨被烧得面目全非。穆桂英看着眼前的场景，气愤难平，准备带着手下的喽啰兵们杀向宋军大营，报仇雪恨。部下有人对她说："这肯定是孟良见寨主不肯下山，所以才放火烧了山寨。如今山寨被烧了，不如投靠宋军，一来能和杨宗保相见，二来能为朝廷建功，都是一家人何必伤和气呢？"穆桂英想了很久，同意了部下的说法，于是下令把寨子里的粮草收拾好装在车上，打出穆柯寨的旗号，率领部下向宋军大营赶去。

有人来报告杨六郎，说穆桂英带着部下来了。杨六郎大怒，说："我正恨这个贱人泼妇呢，勾引我儿子，耽误了正事。今天竟然还敢来此？"于是杨六郎率领五千人马，来到营前，大骂道："你这贱人，赶紧退去，我就当什么事都没有，要是不收兵，让你死在这里。"穆桂英也很生气，说："我好心来帮你们，反而如此侮辱我。"于是穆桂英舞刀跃马，朝杨六郎杀了过来，杨六郎举枪交战，两人打在一起。两人交手几个回合，不分胜负。穆桂英想生擒对手，于是装输逃走。杨六郎在后面紧追不舍，结果被穆桂英一箭射中左臂，落下马来。穆桂英勒马回来，将他捉住。这时岳胜、焦赞等人都不在军中，所以没人出来营救。穆桂英让手下把杨六郎绑起来，押着回了山寨。

穆桂英带着杨六郎回山寨，路上遇到一支僧兵，原来是杨五郎和孟良下山来了。穆桂英摆开阵势，孟良拍马上前，仔细一看，发现杨六郎被活捉，便大声喊道："将军怎么被她捉住了？"杨六郎没有回答。穆桂英问孟良："这人是谁？"孟良说："这是小将军的父亲。"穆桂英大吃一惊，赶紧下马给杨六郎松绑，向他施礼，说："小女子有眼不识泰山，还望恕罪。"杨六郎说："你先起来再说。"杨六郎原谅了穆桂英，两支队伍会合，一起回到营中。杨六郎让人把杨宗保放了。穆桂英拜见令婆，令婆喜出望外，说："真是我的好孙媳。"令婆下令设宴，给杨五郎接风。杨五郎见到母亲是百感交集。令婆说："你命中注定与佛结缘，不要太伤心，我知道只要我还活着，我们就一定会再相见的。"杨五郎听后泪流不止。

酒至半酣，有人来报，说岳胜、呼延显等人去各地调集的人马都已经到了。杨六郎非常高兴，亲自到营外去迎接。王贵、马氏、八娘、九妹等人一起来到营帐。杨六郎请王贵坐在上座，对他施礼，说："让叔父风尘仆仆赶来，是侄儿不孝。"王贵说："这次是为了国事，我怎么能拒绝呢？"令婆也上前跟王贵叙旧。宴席继续，大家开快畅饮，尽兴后才散去。

第二天，杨六郎上奏，说："臣已经把各地的将领调集来了，听从陛下吩咐，请陛下下旨出兵破阵。"真宗说："既然爱卿已经筹备齐全，那就择日出战，灭一灭辽军的嚣张气焰。"杨六郎领命后退下，与杨宗保商议出兵的事。杨宗保说："师父说过，眼下不利于出兵破阵，需要再等些时间。孩儿明天先带人出去试试敌人的实力，然后再回来商议对策。"杨六郎同意。

第二天天刚亮，杨宗保披盔戴甲，来到阵前。辽军中出战的是马鞑令公韩延寿。韩延寿来到阵前，看到宋军众将都围在一个少年身边，那少年身下的坐骑正是萧太后的白骦马。韩延寿知道这是萧太后的马，大喝一声："乳臭未干的小子不要走！"声音如同半天中炸开的雷。杨宗保听后，从马上滚落下来，一边的人赶紧把他救起，送回营中。宋军立即收兵，辽军也收兵回营去了。杨六郎知道后大吃一惊，赶紧前来察看。众将把杨宗保扶到营帐中坐好，钟道士给他吃了一粒药丸，杨宗保立刻醒了过来。杨六郎问他为什么会突然落马，众将说："刚才辽将大喝一声，小将军便跌落马下，不知道是为什么？"杨六郎郁闷不已，说："还没交战就被吓得从马上掉下来，要是真打起来，怎么能指望你获胜？"钟道士说：

"并非他不能作战，因为他还没成年，所以不能上阵。这件事必须奏明圣上，让圣上委任宗保以重任，赐宗保成年，他才能出兵作战，帮助我破阵。"杨六郎去见真宗，把道士的话又说了一遍。

真宗与群臣商议，八王上奏说："陛下想要破敌，就要听从道长的安排，希望陛下封杨宗保职位，让他带兵破阵，打败辽军，天下就太平了。"真宗说："应该封他什么职位？"八王说："陛下应该效仿汉高祖筑坛拜韩信①的故事，让诸将听从他的调遣，不可违背。"真宗准奏，下令让人在正南方的空地上建起三层将台，并立起青、黄、赤、白、黑五种颜色的旗子，一切器物都按照汉朝时的做法准备。

不出两天，将台就建好了。真宗斋戒沐浴，选了一个黄道吉日②，率领群臣来到将台。真宗宣杨宗保来到面前，亲自为他挂上大元帅印章，封他为嚇（hè）天霸王、征辽破阵上将军。杨宗保领旨谢恩。真宗对众臣说："杨宗保现在还年幼，寡人赐他一岁。"八王上奏说："既然陛下赐杨宗保一岁，那么微臣也赐他一岁，正好凑够十六岁，让他成年，再出兵便会有百倍的威力。"真宗听后非常高兴，派人将杨宗保送回军营。杨宗保再次拜谢后退下。真宗与群臣下了将台，也回营去了。

第二天，杨宗保请钟道士到营帐中商议出兵之事。钟道士说："辽军声势浩大，应该先派个人去打探一下，然后再商议出兵的事。"杨宗保问众将："谁敢去天门阵打探消息？"话音未落，焦赞站出来说："小将愿意前往。"杨宗保说："你性子急躁，恐怕会误了大事。"钟道士说："这一次派他去正好。"杨宗保便同意了。焦赞回到营中收拾装备，与手下的参谋江海商议，说："我这次去辽军阵中探路，你有什么计策？"江海说："要是没有萧太后的圣旨，恐怕你进不了阵，既然要去，还是先假造一份萧太后的圣旨。"焦赞说："假造圣旨简单，但是去哪里找萧太后的印呢？"江海说："这件事不难，当初我父亲曾经在萧太后身边做官，知道那印什么样式，我照着刻一个，肯定不

①[韩信]

西汉开国功臣，与萧何、张良并列为"汉初三杰"，为西汉立下赫赫战功，但后来遭到汉高祖刘邦的猜忌，最后以谋反罪被处死。

②[黄道吉日]

指办事情的好日子。古人用星象占卜，青龙、明堂、金匮、天德、玉堂、司命这六个星宿被称作吉神，当出现这六个星宿时，做什么事情都很顺利，没有忌讳，被称为黄道吉日。后来黄道吉日用来泛指一切好日子。

杨家将

会耽误事。"

　　焦赞非常高兴，带着伪造的圣旨连夜来到九龙谷。他先来到铁门金锁阵察看，发现辽将马荣站在将台上，一副威风凛凛的样子，将台下的守军密密麻麻。此时马荣也发现了焦赞，就问他："谁派你到这里来的？"焦赞说："萧太后派我来察看，我有圣旨。"马荣说："把圣旨拿出来看一看。"焦赞便把伪造的圣旨给他。马荣看过之后，放焦赞通行。焦赞离开铁门阵，来到青龙阵。大将铁头太岁厉声问他："这里是什么地方，你竟敢私自闯入？"焦赞说："太后下旨命我前来察看，怎么能说是私自闯

马荣发现了焦赞，就问他："谁派你到这里来的？"焦赞便把伪造的圣旨给他。马荣看过之后，放焦赞通行。

入呢？"铁头太岁看了焦赞的圣旨，放他通行。焦赞认真察看了一番青龙阵，发现里面通道杂乱无章，变化无常，四下里都有锣鼓声，让人心里不寒而栗。到了白虎阵，焦赞又遇到守将苏何庆。苏何庆问他："谁让你来这里的？"焦赞说："奉太后之命，特来巡视。"苏何庆见到圣旨，放他通行。焦赞来到太阴阵，发现一个妇人站在阵前，阵中阴风阵阵，黑雾腾腾，让人头昏眼花。黄琼女手执骷髅，拦住焦赞。焦赞大声喝道："我奉太后之命前来巡视，你竟敢阻拦？"黄琼女拿过圣旨看了一番，放他通行。焦赞从旁边的小路出了阵，那里离辽军大营只有几里远。这时韩延寿已经知道有人混入了天门阵，赶紧带人来追捕，可惜焦赞早就逃走了。

焦赞连夜回到军中，见到杨宗保，把阵势里面的情况一一说明。他还说："那太阴阵妖气逼人，最难攻打。"杨宗保听后，请钟道士来商议。钟道士说："我夜观星象得知，太阴阵肯定会有变数，应该先下令攻破这个阵，其余阵再慢慢说。"杨宗保说："太阴阵里有个妇人站在阵前，这是什么意思？"钟道士说："要想破太阴阵，一定要先擒住这个人。她扮作太阴星，一旦两军交战，她就开始哭；只要听到她的哭声，将士们就会立刻晕倒在地。"杨宗保问："谁能攻破这个阵？"钟道士说："可以派马氏带兵前去，肯定能成功。"杨宗保于是让马氏带两万精兵，从第九座天门攻进去，自己在后面派兵接应。马氏带着兵出发了。杨宗保又把八娘召到面前，下令说："你带一万人马，守在太阴阵一边，等她们打起来了再出来助战。"八娘也带兵出发了。杨宗保安排好之后，与钟道士一起登上将台。

马氏率领着部下从第九门杀了进去，喊声震天。恰好遇到黄琼女手执骷髅来迎战，马氏骂道："你堂堂西夏国公主，西夏国王亲生的女儿，率领将士千里迢迢助纣为虐，简直不知羞耻。就算立下战功，你又有何颜面回去见你父王？"黄琼女被骂了一顿，自知理亏，毫无怨言，转头就骑马走了。马氏看到将台周围刀枪密布，也没有追赶，与八娘一起回到了营中。

第三十七回

黄琼女归降

黄琼女回到营帐中，心想："我大老远带领部下赶来，却受到如此侮辱。当年邓令公北伐，我曾经被许配给杨业的儿子杨六郎，后来因为邓令公去世，这段姻缘也就没成。不如率领部下投降宋朝，去见旧时的夫君，帮助宋军打败辽军，报仇雪耻。"第二天黄琼女便秘密派人到马氏那里去送信。

马氏收到黄琼女的信后，不知道该如何答复，就带着书信去见令婆，把这件事说给她听。令婆想了一会儿，说："我差点忘记了，当初在河东，确实为他们定下了婚约，后来邓令公去世，这件事也就没再提。"马氏说："这女子昨天被我一番羞辱，今天就来投降，应该不会是假的，令婆可以与杨将军商量一下。"令婆去见杨六郎，告诉他黄琼女要来投降，以及当初婚约的事情。杨六郎说："儿子小的时候也曾听人提起过这件事，不过现在国家有难，大敌当前，还是等打败辽兵之后再说相见的事吧。"令婆说："这样说你就错了，如今正是国家用人之际，她来投降，和你相认，你要是阻拦，肯定会让她怀疑。"杨六郎只好按照令婆说的去做，给黄琼女写了一封回信，和她约定第二天黄昏起兵，里应外合。

使者把信送到黄琼女手中。黄琼女看完信非常高兴。第二天将近黄昏时分，她下令部下做好准备。忽然，外面传来一阵喊杀声，马氏带人冲进了太阴阵。黄琼女知道是宋军来了，带领部下杀了出去，恰好遇到韩延寿手下的大将在巡逻。黄琼女骑马上前，一下子便把他斩落马下，辽军大

黄琼女带领部下杀了出去，恰好遇到韩延
寿手下的大将在巡逻。黄琼女骑马上前，
一下子便把他斩落马下……

乱。黄琼女带兵与马氏会合，杀出阵去。等韩延寿、萧天佐知道消息带兵
来追赶时，她们已经跑远了。韩延寿和萧天佐恨得咬牙切齿，但又无计可
施，只好带兵回营。

　　马氏带着黄琼女到营中来见令婆，说："黄琼女来投降。"令婆非
常高兴，让黄琼女与杨六郎相见。宋军此番赢了辽军，部下们都来祝贺。
第二天，杨宗保见杨六郎，说："钟师父已经制定了详细的破阵路线，三
天后就是破阵的吉日，希望父亲奏请圣上亲自督战，儿子指挥时才好调
遣。"杨六郎说："你去制定破阵的计策，我去奏明圣上。"杨宗保退

出，来见钟道士，问道："先破哪个阵？"钟道士说："铁门金锁阵处在咽喉位置，先破了这个阵，然后再破青龙阵。"杨宗保说："派谁去破阵？"钟道士说："青龙阵需要柴太郡去破，铁门阵一定要穆桂英去破。"杨宗保说："穆桂英可以出战，但我母亲柴太郡有孕在身，怎么能率兵出战呢？"钟道士说："就是靠她肚子里的孕气才能破阵，让她去，保证没事。"杨宗保去见杨六郎，把钟道士的调遣说了一遍。杨六郎说："按理说军令不可违，但是太郡有身孕，一旦有闪失，那就麻烦大了。"杨宗保说："师父说不会有事，可以让孟良一起出兵，保护她。"杨宗保召集部下，秘密传授破阵的计策。穆桂英、柴太郡领命，各自率领三万精兵出发。

穆桂英带领三万人马，命令其中一万人携带火炮、火箭，等两军交锋的时候炮箭齐发；命令另外二万人从九龙谷正北方冲入，绕出青龙阵后，接应柴太郡。众人领命后，按计划行事。穆桂英一声令下，宋军分左右冲入铁门金锁阵。穆桂英刚好遇到辽将马荣，打到一起。两人打了十几个回合，不分胜负。此时，穆桂英的部下在阵中来回穿梭，辽军还没等出击，就被宋军的火箭射死大半。别处的辽兵赶来救应，结果被宋兵围住。辽军阵脚大乱，士兵东冲西撞，找不到出路。穆桂英奋勇前进，大喝一声，将马荣砍死在马下。宋军看到辽将被杀，乘势攻入阵中，杀死辽兵无数。看到铁门阵已经被攻破，穆桂英带领部下来到青龙阵后面，接应柴太郡。

柴太郡率领三万人马来到青龙阵下，吩咐孟良说："你带一万精兵先去夺取黄河九曲水，从龙腹处杀出。我带两万人马去攻打龙头，绕到阵后，与穆桂英会合。"孟良领命后带兵出发了。柴太郡带领部下攻打青龙阵左侧，顿时喊杀声震天。青龙阵的守将是铁头太岁，他带着部下离开将台，上前说道："宋将还敢来破阵？真是自寻死路！"柴太郡二话不说，冲杀过去，打在一起。两人打了几个回合，未分胜负。这时，突然阵后一声炮响，孟良带领部下从龙腹处杀出，辽兵大乱。铁头太岁赶紧带兵去就救援，柴太郡乘势领兵前进，继续攻击。而辽军埋伏在龙须、龙爪处的精兵也都出来作战。

柴太郡与孟良前后厮杀，不知不觉天色已晚，眼看天要黑了。柴太

郡打斗时间太长，动了胎气，在马上大叫："痛死我了！"手下的将士听到她的喊声，都吓坏了。刹那间，柴太郡就生下了一个孩子，自己则晕倒在地上。铁头太岁看到这一幕，骑马赶来，想要活捉柴太郡。就在这危急关头，忽然从一侧杀出一队人马，风驰电掣一般。原来是穆桂英，她看到柴太郡这边形势危急，便赶过来营救。铁头太岁见势不好，化作了一道金光，想要逃跑，结果正好被柴太郡的血气冲破。穆桂英扔出飞刀，铁头太岁当场毙命。辽兵大乱，四处逃窜，被孟良带人杀死了大半，只有很少一部分逃走。穆桂英上前救起柴太郡，把孩子包在自己怀里。见到青龙阵已经被破掉，宋军凯旋而归。

穆桂英回来见杨六郎，详细介绍了破阵和太郡生产的经过，并说太郡和孩子的身体都没有大碍。杨六郎喜出望外，安排太郡回去歇息，自己把儿子抱给令婆看。杨令婆看了之后非常高兴，说："这孩子长得跟他哥哥宗保一个样。"令婆为他取名为杨文广。

看到辽军接连打了两场败仗，韩延寿赶紧召集椿岩来商议。椿岩说："宋军再厉害，也不可能破了我的迷魂阵，只要他们敢来，一定让他们有来无回。"韩延寿说："将军还是小心些为好，宋军中有很多高人，千万不要轻视。"椿岩说："我自有办法对付他们。"说完之后去找吕军师商议对策。

有人来报杨宗保，说辽军防卫非常坚固。杨宗保对部下诸将说："辽军的天门阵已经被我们破了两个，可以趁热打铁，继续攻打。"于是请钟道士来商议，问他再出兵破敌人的哪个阵？钟道士说："下一个要破的是白虎阵，别的阵等有机会再说。"杨宗保问他："破白虎阵要派谁去？"钟道士说："你父亲可建此功。"杨宗保来见杨六郎，把钟道士的话说给他听。杨六郎说："那明天我就亲自出战，激励一下将士们。"杨宗保退出。

第二天，杨六郎披盔戴甲，率领两万人马杀到辽军阵前，冲进白虎阵。辽军看到宋军来进攻，喊声震天，准备迎战。椿岩登上将台，手里拿着红旗，指挥部下作战。辽将苏何庆打开白虎阵的门，率兵出来迎敌，恰好遇到杨六郎。两人打到一起，三十多个回合不分胜负。何庆诈败，骑马

杨家将

逃走，宋军乘势追杀。就在此时，忽然将台上金锣一响，立起黄旗，白虎阵一下子变成了八卦阵。霸贞公主带着精兵将宋兵围住。杨六郎见阵中的道路错综复杂，不知该往哪走，结果被困在了阵中。杨六郎带领部下左冲右突，辽军用箭和石块应对，宋军冲不出去。

有人回报杨宗保，说杨将军被困在阵中。杨宗保听后非常害怕，立即召焦赞到跟前，对他说："你赶紧带五千人马前去营救，从左侧攻入，用石锤打破他的锣，让老虎失去眼睛，我会再派人去接应你。"焦赞领命后带兵出发了。杨宗保又召来黄琼女，对她说："你带五千人马从右门攻入，先把黄旗砍倒，让老虎失去耳朵，辽军肯定阵脚大乱。"黄琼女领命后带兵出发了。杨宗保又把穆桂英叫到跟前，对她说："你带一万人，从中间杀进去救援。"穆桂英领命，带兵出发了。吩咐完毕之后，杨宗保率领岳胜、孟良等人出兵，在后面接应。

焦赞听说杨六郎被围困，非常气愤，带兵从一侧攻入阵中，正好遇到辽将刘珂。刘珂原本正在镇守虎眼，看到宋军杀来，便下了将台，与焦赞作战。结果两人交手，只用了一个回合，焦赞就把刘珂砍落马下。焦赞杀退了其余的辽兵，把二面金锣打得粉碎，又带兵杀入阵中。黄琼女从右门杀入，一刀劈死张熙，砍倒了两面黄旗。黄琼女与焦赞会合，从白虎阵后面抄袭。苏何庆看到宋军杀来，赶紧上前迎战，结果遇到了迎面赶来的穆桂英，两人打在一起。结果不出两个回合，苏何庆便掉头逃跑，穆桂英弯弓搭箭，一箭射在了苏何庆的脖子上，苏何庆当场毙命。霸贞公主看到丈夫有难，赶紧来救援，没有防备后面杀来的黄琼女，被黄琼女用铁鞭打中后背，口吐鲜血，骑马逃命去了。杨六郎听到阵外喊杀声震天，知道援兵已到，便率领部下从里向外杀出，结果众人一起作战，很快白虎阵就被破了。杨六郎杀出来之后，杨宗保接应他回到宋军营中。

第二天，部下都来贺喜。杨六郎说："辽军布的阵果真诡异，打到一半的时候，突然发现没了退路。这次要不是救兵赶到，可能我已经死在那里了。"杨宗保说："既然爹爹破了白虎阵，不如乘势进攻玉皇殿，攻下玉皇殿，别的阵就好破了。"杨六郎说："辽军的阵内暗藏玄机，等仔细查看之后，再出兵攻打，以防万一。"杨宗保说："孩儿心里有数。"然

后杨宗保请令婆、八娘、九妹等人来到帐中，说："这一次出兵有劳婆婆和两位姑姑一起前往。"令婆说："为国效力，不敢推辞。"杨宗保说："辽军阵里面有人扮作梨山老母，婆婆可以去捉住这个人，剩下的事就好办了。"杨令婆领命。杨宗保又把王贵叫到跟前，说："叔公率领部下从正殿攻打，我在后面带兵接应你。"王贵领命。杨宗保吩咐完毕，只等第二天两军交锋。

第三十八回
宋军大破天门阵

令婆率领部下冲进辽军阵中，杀向玉皇殿。椿岩立即下令，摇动红旗进攻。梨山老母是董夫人扮的，她拍马上前，与令婆打在一起。几个回合之后，董夫人见自己不是令婆的对手，调转马头逃走。八娘、九妹带人从两侧杀出，帮助令婆。就在这时，忽然阵里锣鼓齐鸣，辽兵从四面八方围了上来，把令婆等人困在阵里。王贵听到消息，急忙带兵杀来营救，恰巧碰上了辽将韩延寿。韩延寿弯弓搭箭，一箭射中王贵心窝，王贵应声倒地，手下的人马也被辽军杀死一半。

有宋兵逃回大营，把王贵被射死的消息告诉了杨宗保，杨宗保听后大吃一惊，悲痛地说："领军的大将折损，群龙无首，这该怎么办？"杨宗保立即派穆桂英带五千人马前去营救令婆。穆桂英领命后立即带兵出发。杨宗保又下令，让杨七姐率领五千人马，包抄到殿前，破了那里的红灯，这样敌人就不知道宋军的变动了。七姐领命出发。

穆桂英杀入北阵，只见阵里杀气连天，她骑马快进，正遇到董夫人与八娘在交战，八娘渐渐落了下风，形势越来越危急。穆桂英弯弓搭箭，一箭射中董夫人的眼睛，董夫人落马而死。穆桂英乘势杀散周围的辽兵，救出了令婆、八娘、九妹众人。大家一起协力杀出阵去。杨七姐破了敌人的红灯，绕到殿前，跟令婆等人会合，一起回到营中。韩延寿看到宋兵大胜而去，也不敢追击，只能退兵。

宋军把王贵的尸首带回了营中，杨宗保等人见了，无不伤感。当时

王贵的妻子杜夫人也在营中，看到丈夫战死，大哭不止。杨六郎说："婶母不要伤心，我一定奏明圣上，表述叔父的忠心，上报他的功绩。"杜夫人渐渐止住哭声，谢过杨六郎。第二天，杨六郎来到真宗的营帐中，上奏说："臣的叔父王贵，昨天在破阵的时候战死。希望陛下下旨封赏，以激励后代。"真宗准奏，宣杜夫人来到帐前，抚慰她说："王令公是朕的爱臣，听说他昨天战死，朕非常伤心。听说夫人有个三岁的儿子，朕封他为无职恩官，等他成年，入朝任职。封你为贞节夫人，封王贵为忠义成国公，赐金银缎匹十二车。"杜夫人叩谢后退下。第二天，杜夫人与令婆告辞，带着真宗的恩赐回洪都庄去了。

杨宗保来见钟道士，跟他商议下面的作战计划。钟道士说："在辽军的所有阵中迷魂阵是最厉害的，下面就应该趁势破了这个阵。"杨宗保说："弟子在将台上观望，看到吕军师擅长用兵，恐怕很难赢他。"钟道士说："我自有办法对付他，不用担心。"杨宗保听后欣然离去，下令攻打迷魂阵。杨宗保对杨五郎说："这次作战要劳烦伯父出马了。"杨五郎说："为国效力是分内的事情。"

杨五郎率领五千僧兵杀进迷魂阵，正好遇到辽军元帅萧天佐。杨五郎与萧天佐打在一起，十几个回合不分胜负，萧天佐假装战败逃走，把杨五郎引到阵里。这时单阳公主挥舞着大刀出来应战，不出几个回合，公主骑马逃走，杨五郎带兵追赶。这时，阵中五百位扮作罗汉的辽兵一起杀出，僧兵奋勇作战，将五百罗汉兵全部杀尽。耶律呐看到宋兵势不可挡，赶紧摇动红旗，太阴阵中冲出一群妖鬼，号哭着阻挡在前面。僧兵们闻声头昏脑涨，不能靠近。杨五郎看到这种情形，赶紧念动神咒，然后带着部下杀出阵去，回到宋营。杨宗保得知后说："当初师父曾经对我说，这阵里面有妖术，必须依法破除。"于是拿出天书来看，书上写着："需要四十九个孩童，手拿杨柳枝，打散妖妇三魂七魄。"杨宗保按照书上写的，下令让人找来四十九个小孩，并给他们穿上铠甲。杨宗保又对杨五郎说："劳烦伯父把这些孩童带进阵中去，让他们站在红旗台下，然后除去孕妇的尸体，太阴阵就能破掉。"杨五郎再次带兵出发。杨宗保对孟良说："你带两万兵马，从后面抄袭太阴阵，去接应前军。"孟良也带兵出发。

杨家将

　　杨五郎一马当先，率领部下冲进迷魂阵。单阳公主不战而退，把宋军引入阵中。杨五郎冲着将台杀去，耶律呐摇动红旗，妖鬼又被放了出来。这时四十九个孩童手拿柳条，迎着妖风上前，顿时妖气全无。宋兵又将埋在台下的孕妇尸体挖出来破坏掉。耶律呐看到大势已去，慌乱逃走，结果被杨五郎追上去，一斧劈死。辽军大败，单阳公主措手不及，被宋兵在马上活捉。萧天佐被激怒，带着部下来营救。杨五郎冲到阵前，与萧天佐打到一起。两人打了二十多个回合，不分胜负。杨五郎抽出降龙棒，打中了萧天佐的肩膀，顿时萧天佐现出原形，原来是一条黑龙。杨五郎举起斧子，将这条龙斩为两截。

　　孟良攻入太阴阵，正好遇到辽将萧挞懒，两人刚打了一个回合，孟良就把萧挞懒一斧砍落马下。孟良率兵杀退了辽军，从阵后杀出，与杨五郎会合。两人一起破了迷魂阵、太阴阵，杀死辽兵不计其数。

　　杨五郎押着单阳公主去见杨宗保，告诉他萧天佐已经被杀，敌人的迷魂阵、太阴阵也破了。杨宗保听后非常高兴，说："这两个阵破了，别的阵就不用怕了。"杨宗保下令把单阳公主押出去斩首。穆桂英站出来说："看这女子长得容貌端庄，并且是萧太后的女儿，不如留她在帐前听候命令。"杨宗保觉得她说的有道理，就放了单阳公主。

　　杨宗保把呼延赞叫到跟前，对他说："辽军在玉皇殿布有重兵，你扮作赵玄坛，攻打中路。"又对其他部下说："孟良扮作关元帅，焦赞扮作殷元帅，岳胜扮作康元帅，张盖扮作王元帅，刘超扮作马元帅。你们五个人一起出兵，从左右两侧攻打，破了敌人的天门阵。"呼延赞等人领命后退下，各自带领五千人马出发了。杨宗保安排完之后，与杨六郎一起登上将台观战。

　　呼延赞带兵杀向玉皇殿，恰好遇到金龙太子，两人打在一起。十几个回合过后，金龙太子假装战败逃走，把宋军引入阵中。孟良、焦赞等人率兵乘势杀入，到了将台珍珠白凉伞下，

只见那里杀气隐隐，不敢贸然前进。呼延赞又带兵绕过北阵，正遇到土金秀。岳胜刚要进攻，土金秀挥动真武①旗，顿时天昏地黑，什么也看不清。土金秀乘机将岳胜活捉。等到焦赞赶来救援时，四面的辽兵都围了上来，形势紧急。呼延赞见势不好，率领部下杀出阵去，回到宋营来见杨宗保，把阵里的情形向他描述了一遍。宋军清点将士，结果发现岳胜和孟良不见了，有人说是被辽军捉去了，杨宗保非常郁闷。就在这时，有人来报，说两位将军回来了。岳胜和孟良来到帐中，岳胜说："辽军阵中变幻莫测，要不是孟良扮成辽人来救我，恐怕性命不保。"杨宗保说："玉皇殿里有二十八宿，七七四十九盏天灯，变幻莫测都是它们在起作用。"于是杨宗保把孟良叫到跟前，对他说："你明天再去攻阵，先到玉皇殿前砍倒珍珠白凉伞。"然后杨宗保对焦赞说："到时候你去砍倒二面日月珍珠皂罗旗，我带兵在后面接应你们。"孟良、焦赞领命后退下。

杨宗保去见杨六郎，对他说："这次出兵需要圣上亲自前往，才能镇住玉皇大帝。父亲大人破它的右白虎，八殿下破它的左青龙，儿子带兵破它的正殿。"杨六郎去见真宗，把杨宗保的话复述了一遍。王钦上奏说："陛下乃是天之骄子，何必亲自出征。只需要派将领去就行了，要是不能破阵，拿将领问罪。"王钦害怕宋军取胜，所以故意出来阻拦。真宗同意王钦的看法，刚要拒绝，八王站出来上奏说："陛下这次出征，正是为了破除辽军布的阵，今天到了生死成败的关键时刻，怎么能犹豫退缩呢？怎么能激励众将士？希望陛下亲自出征，让敌人闻风丧胆，请圣上为江山社稷着想。"真宗于是同意亲自出征，下令准备出兵。

第二天，孟良与焦赞率领手下先杀入阵中，没有人敢阻拦。两人杀到玉皇殿边，孟良砍到了珍珠白凉伞，焦赞砍倒了日月皂罗旗。这时，辽将土金牛、土金秀二人杀了过来，与孟良和焦赞打到一起。孟良被怒激，一斧劈死土金牛，焦赞也斩了土金秀。辽军看到将军被斩，阵脚大乱，结果被宋军全歼。杨六郎带人

① [真武]

也称玄武，俗称真武大帝、玄天上帝，是道教供奉的神。传说古净乐国太子生来就有神力，游过东海，遇到神仙传授他宝剑，后来到了武当山修炼，四十二年后成仙，威震北方。玄武与朱雀、青龙、白虎并称四方之神。

杨家将

攻入阵中，射落了四十九盏号灯。二十八员星官从阵中一齐杀出，结果被孟良、焦赞挥刀全部杀死。金龙太子见大势已去，一个人骑马逃走。真宗弯弓搭箭，一箭把他射死。宋军大举进攻，杨宗保发射火箭，把通明殿烧毁，被烧死的辽兵不计其数。孟良等人带兵赶来，各路大军会合到一起，攻破了玉皇殿。

杨宗保乘势下令派孟良攻打朱雀阵，派焦赞攻打玄武阵，派杨六郎、呼延赞攻打长蛇阵。军令一下，孟良一马当先，率领部下杀入朱雀阵，恰

好遇到辽将耶律休哥。耶律休哥挺枪跃马，杀向孟良，两人打在一起。两个人打了几个回合，胜负不分。就在这时，忽然阵后一声炮响，刘超、张盖率人从一侧杀出。耶律休哥不占上风，放弃将台，带领部下逃走了。孟良带人乘势追击，破了朱雀阵。

　　焦赞带人进入玄武阵，耶律奚底上来阻拦。两人打斗十几个回合，耶律奚底知道自己不是焦赞的对手，转身逃走，结果被焦赞快马追上，一刀砍死。辽兵大乱，焦赞乘势杀散了敌军，破了玄武阵。杨六郎带人攻打长蛇阵，守阵的耶律沙看到宋军来势汹汹，不敢出来迎战，最后绕到阵后想要逃走。这时候杨宗保赶到，截住了耶律沙的退路。两人交战才几个回合，孟良、焦赞等人便杀过来助战。耶律沙进退无门，拔剑自刎，死在了马上。这时宋军士气大振，争相杀敌立功。杨宗保下令进攻辽军大营。

　　韩延寿看到天门阵被宋军破得七零八落，赶紧去问吕军师该如何应对。吕军师大怒，说："我亲自出战，一定击退宋军！"于是他亲自率领部下赶到阵中。椿岩施展妖法，顿时阵中天崩地裂，日月无光，飞沙走石，宋军士兵被吹得睁不开眼。一时宋军被困在阵中，辽兵从四面包围上来。

　　正在危急的时刻，钟道士跑到阵前，把袖子一拂，大风立刻改变了风向，吹向辽兵，天地复明。椿岩看到钟道士，赶紧向吕军师报告，说："汉钟离来了，师父快走！"说完之后自己就化作一道金光闪去了。吕洞宾刚要逃，被汉钟离喊住。汉钟离说："就因为当初几句戏言，你下凡害死了这么多性命。好好回洞去，我们还是师徒；不然的话，罪不可赦。"吕洞宾无言以对，说："弟子今天才知道凡事自有天定，不可违背，愿意随师父回去。"于是两位神仙驾着红云离开，回蓬莱仙境去了。

第三十九回

王钦献计图中原

    这时，萧太后的正营中还有七姑仙、四门天王没有破。杨宗保下令：八娘、九妹、黄琼女、穆桂英率兵攻打七姑仙，杨五郎率兵攻打四门天王。众将领命，带兵出发。八娘、穆桂英杀掉番国独姑公主等七人。杨五郎率领部下也杀死了耶律尚、耶律奇等四位辽将。

    韩延寿知道大势已去，慌忙跑进营中，对萧太后说："太后快走！到处都是宋兵。"萧太后也非常慌张，问道："吕军师在哪儿？"韩延寿沮丧地说："吕军师早就逃走了，不知去向。"萧太后无计可施，不知道该如何应对，最后乘一辆小车，与韩延寿、耶律学古等人向山后逃去。杨六郎知道萧太后逃走，带着部下来追赶。焦赞追在最前面，赶上韩延寿，大叫一声："赶紧投降，饶你一死。"韩延寿回马与他作战，结果不出两回合就被焦赞生擒了。孟良等人继续追赶，辽兵丢盔弃甲，纷纷逃窜，萧太后从一条偏僻的小路逃走了。

    这一战，杨宗保大破七十二天门阵，杀死辽兵四十多万人，横尸遍野，血流成河。几百年后，这里的白骨还堆积如山，让见了的人无不感叹当时战争的惨烈。

    大获全胜之后，杨宗保下令收兵回营。第二天，部下押着韩延寿来见杨宗保。杨宗保骂道："你不是夸自己是天下第一英雄吗？今天怎么成了阶下囚？"韩延寿低头不语。杨宗保又说："留着你这样的奸贼又有何用？"于是将其推出去斩首。杨宗保下令记录各将领破阵的功绩，并派人

在军中打听钟道士的消息，大家都说不知去向。这时候杨宗保突然明白，钟道士乃是仙界的汉钟离下凡。杨宗保下令，各将领按顺序排好营队，等待圣上降旨回朝。一时间宋军威名远扬，附近各国无不惊骇。

杨六郎把诸将的功绩上报给真宗，真宗说："等班师回朝，再商议封赏的事。"杨六郎上奏说："如今辽兵大败，正是千载难逢的好机会，陛下应当乘势进兵，攻打幽州，让萧太后献出舆图①之后再班师回朝，这样天下就可以太平了。"真宗说："现在辽军已经退去，我军将士作战时间这么久也都疲惫了，应该先回去养精蓄锐，等来日再攻打幽州。"

两天之后，真宗下令班师回朝，并在九龙谷修建关隘，留王全节、李明及其部下镇守；其余征战的将领一起随圣驾回汴京。圣旨一下，军中将士无不欢呼雀跃。第二天一早，大军离开九龙谷。杨六郎担任先锋，杨宗保担任后队，真宗与众臣在队伍中间，宋军浩浩荡荡向着汴京方向走去。

不到一天时间，大军就到了离汴京不远的地方，留在朝中的文武官员出城迎接。第二天上朝，真宗宣杨六郎上前，抚慰他说："这次出征多亏了你们父子二人，朕应当论功行赏。"杨六郎说："这都是诸将的功劳，臣父子怎么能独自享受皇恩呢？"真宗下令设宴，犒赏出征的将士，杨家的女将们也都出席。当天君臣开怀畅饮，尽兴而归。

第二天，杨六郎入朝谢恩。真宗赏赐他黄金甲二副，白马二匹，锦缎十二车。杨六郎当场拒绝，态度非常坚决。真宗说："这些不过是小小的奖赏罢了，希望你就别再推辞。"杨六郎只好接受了。回到无佞府，杨六郎参见令婆，将皇上的恩赐向她禀报。令婆说："你离开三关这么长时间，应该回去了，免得辽兵趁机攻打，以防万一。"杨六郎答应了母亲。当天，杨六郎在杨府中设宴，犒赏部下将领。杨宗保、岳胜等二十位将领坐在左侧；穆桂英、黄琼女、单阳公主等二十员女将坐在右席，杨令

① [舆图]

地图，也指疆域。一个国家向另外一个国家投降的时候，会献上舆图，表示归顺。

221

婆、柴太郡、杨六郎坐在中间，大家依次入座。宴席上大家相互敬酒，有人出来舞剑助兴，众人开怀畅饮，好不欢乐。

酒至半酣，杨五郎起身对母亲说："儿子不孝，与佛的缘分未了，再说弟弟已经建立大功，我留在军中也没什么用处，今天就与母亲、妹妹告辞，回五台山去。"令婆说："这都是命中注定的，是去是留你自己决定。"于是杨五郎与众人告别，带着手下的僧人回五台山去了。当天晚上众人尽兴后才结束宴席，各自回去休息。第二天一早，杨六郎上朝告知真宗自己要回去镇守三关，以防不测。真宗很高兴，让杨六郎回三关去，还封杨宗保为监军，负责巡视京城。

宋军得胜归来，只有一个人心怀不满，那就是王钦。他心想："我入朝廷已经十八年了，还没能帮助萧太后建功立业。"想到这里，他心生一计，于是入朝去见真宗，上奏说："臣蒙陛下收留任用，到现在没有立下一点功劳，实在惭愧。如今辽军被我军打败，肯定心中畏惧，不如借这个机会，陛下召他们归降，免得日后再生祸端。"真宗说："你对朝廷真是尽忠啊。"于是真宗下令派武军尉周福同王钦一起，带着圣旨去辽国，让他们归降。两个人带着圣旨离开了汴京，向幽州赶去。

在路上的时候，王钦问周福："我们走哪条路去幽州？"周福说："有两条路可以走，一条路要过黄河，一条路经过三关。"王钦听后心里想："要是从三关走，肯定会被杨六郎拦住，不如找个借口从黄河走。"于是他对周福说："坏了，我有一份要紧的文书落在家里了，你先走一步，我回去取，随后就到。"周福不知道这是王钦设的计，信以为真，自己带着圣旨先走了。

王钦一个人骑马来到晋阳府，守官薛文遇不知道他来干什么，出城迎接。回到府中，薛文遇问他说："不知道枢密来这里有什么公务？"王钦说自己奉旨前往辽国招降，并让他准备过黄河的船只。薛文遇说："这事简单。"于是薛文玉调拨船只，把王钦送到了黄河北岸。下了船之后，王钦向幽州赶去。

周福带着手下来到了三关的地界，被杨六郎手下巡逻的士兵拦住，问他："来者是什么人？"周福说道："钦差王枢密奉旨去辽国招降。你

是什么人，竟敢来拦截？"巡逻的士兵说："日前八殿下曾经派人来报信，说王枢密准备私下勾结辽国，让我们提防着他，没想到今天果然就来了。"众人一齐下手，把周福和他手下都捉住，绑了起来。巡逻兵上报杨六郎，说捉到了王钦。杨六郎非常兴奋，说："这个贼人当初因为我推荐做了大官，结果三番五次要图谋作乱，没想到今天会自投罗网，这次绝不饶他。"众人把周福带到帐前，两边剑戟如麻，枪刀密布，吓得周福面色如灰，说不出话来。

杨六郎一看见周福，生气地说道："这人不是王钦，你们为什么虚报？"这时周福才敢开口说话："将军饶命，我是周福。"杨六郎问他为什么会在这里。周福说："圣上派小人与王枢密一起去辽国招降，王枢密因为把文书落在家里，所以让我先走，没想到会被将军的手下捉住。"杨六郎笑着说："这么重要的事会把文书落在家里，还是出了城之后才发现，肯定是他知道了消息，想办法逃走了。"杨六郎下令为周福松绑，并带他来到帐中。杨六郎对他说："你还记得当初在河东作战时潘仁美的事吗？"周福说："小人还记得。"杨六郎说："那我们是老相识了，你不要害怕。"杨六郎下令让人准备饭菜，留周福在营中住了一宿。第二天，杨六郎又派人把周福送出了三关。

王钦悄悄来到幽州城，先去找大臣秘密通报，第二天早朝的时候才去见萧太后。萧太后一见到王钦，勃然大怒，拍着桌子骂他："好你个贼人，我生吃了你的肉才能解恨！我正愁怎么捉到你呢，没想到你自己寻死来了。"说完后萧太后下令让军校把他推出法场，碎尸万段。军校领旨，将王钦捉住，刚要带走，这时耶律休哥上奏说："太后暂且息怒，今天他既然来了，肯定有什么计划，等他说完了，再斩不迟。"萧太后的火还没消。耶律学古也上奏说："如今王钦已经是笼子里的鸟，杀了他有什么难的，请太后先听他有什么话要说。"萧太后于是让人把王钦放了，问他来幽州做什么。王钦被吓得半天才说出话来，他说："臣自从到了宋朝，一直想找机会报答太后，但是一直没找到机会。现在宋朝皇帝想让太后献出舆图，投降宋朝，不然的话，就起兵来攻打。臣知道辽国刚刚打了败仗，不是宋军的对手，所以，要求亲自来招降，顺便献上谋取中原的计策，来

杨家将

萧太后听了这番话，脸色才稍微好看了一些，问他："你有什么能谋取中原的计策？"

报答太后的恩德。"

　　萧太后听了这番话，脸色才稍微好看了一些，问他："你有什么能谋取中原的计策？"王钦说："现在宋朝的大将都被派到边关去镇守，朝中只剩下十大文臣。太后可以回信，说王钦官位太低，不能接受舆图，必须派大臣亲自前来，在九龙飞虎谷献上舆图。等大臣们来了之后，再出兵困住他们，然后挟大臣以令宋君，要求与他平分天下。宋朝皇帝肯定会以大臣为重，答应这个要求。到那时再伺机进兵，定能成功。"萧太后说："谁去宋朝送信？"王钦说："臣愿意辛苦再跑一趟。"太后立即写了回

信，让王钦带着回汴京。王钦离开幽州城，往汴京赶去，结果路上正好遇
到周福和他的手下。王钦把萧太后回信的事跟周福说了一遍。周福非常高
兴，与王钦一起过了黄河，回到汴京。

王钦入朝去见真宗，上奏说："臣奉命到辽国去招降，萧太后同意
献上舆图。但是，因为此事事关重大，臣位卑言轻，没能与她达成协议。
萧太后希望陛下派出十大朝官，去九龙飞虎谷与他们交接。臣特意回来复
命。"真宗听说辽国愿意投降，非常高兴，立即下令让十位大臣准备出发。

第四十回
十朝臣受困九龙飞虎谷

　　寇准、柴玉、李御史、赵监军等人领旨后退下，来到八王府中商议。寇准说："这肯定是奸人的计谋，要是去了肯定会遭遇不测。"柴玉说："但是圣上已经下旨，怎么敢违抗呢？"八王说："各位不要担心，这次我们去九龙飞虎谷会经过三关寨，到时候见到杨延昭，让他派军保护我们，这样就没事了。"第二天，十大朝官来与真宗告辞。真宗说："爱卿们这次前往是为了江山社稷，一定要谨慎行事。"八王等人领命后离开汴京，向三关进发，并且先派人去通知杨六郎。杨六郎知道消息后，派孟良、焦赞在半路上迎接他们。

　　不久，八王与众人来到梁门关附近，被一队人马拦住去路，正是孟良和焦赞。他们大叫道："来者是不是八殿下？"八王上前说："是谁在拦路？赶紧去通报你们将军。"孟良下马参拜，说："将军派小人来迎接殿下，已经在这里恭候多时了。"八王与众官在孟良的带领下，一起来到了三关。刚入关，又有一队人马来到，原来是杨六郎亲自来迎接。八王见了杨六郎非常高兴，两人一起来到帐中。十大朝官也跟随入帐，大家依次坐下。杨六郎派手下设宴，为众大臣接风。

　　酒至半酣，杨六郎起身问八王："不知殿下与诸位大臣到这里来有什么事？"八王说："我们来这里是想跟将军商量一个计策。最近圣上想要平定辽国，没想到奸臣王钦带着圣旨去见萧太后，结果回来说萧太后同意归降，但是必须要十大朝臣到九龙飞虎谷去，才肯献上舆图。圣上下令派

我等人前往。料想这个计谋肯定是王钦设下的，等我们进了九龙飞虎谷，就像羊入虎口，肯定有去无回。所以今天特意来向将军借兵，破了辽国人的计谋。"杨六郎说："前几天我差点捉住这个贼人，以除后患，没想到他绕道去了黄河。既然现在他又设下这样的计谋来谋害本朝大臣，我应该将他消灭，拿回舆图。"八王听后非常高兴，说："有将军调度，我们就放心了。"大臣们也都很高兴，大家开怀畅饮，尽兴后才散去。

第二天，杨六郎召过孟良、岳胜、焦赞、林铁枪、宋铁棒、姚铁旗、董铁鼓、丘珍、王琪、孟得、陈林、柴敢、郎千、郎万、张盖、刘超、李玉等二十多人，吩咐他们说："这次出兵难免要大动干戈，你们一定要保护好朝臣。"岳胜说："将军安排得很周到，但要是辽军中有人认出我们，怀疑我们，毁约不再投降，那不是耽误了大事？"杨六郎说："我有一计，你们每个人挑一个箱子，打扮成大臣的下人，然后把兵器都藏在箱子里，上面用衣服盖住。你们再准备些两截的竹筒，上面一截存水，下面一截藏棍棒。要是有辽兵查问，你们就说带着水路上饮用。这样做保证没事。如果有什么意外，你们就随机应变。"岳胜等人领命后退下。

八王与杨六郎告辞，与众臣一起离开三关，前往九龙飞虎谷。当时正值初冬季节，寒风拂面，鸿雁声悲。十大朝官骑在马上，看到路两边白骨累累，断戟残戈无数。八王叹息道："当初汉、周曾经在这里交兵作战，人民苦不堪言。"听到这些话，众臣无不感慨叹息。

宋朝大臣到来的消息传到幽州，萧太后任命耶律学古为行营总管，率领一万精兵，先去等候。耶律学古领命，带兵赶赴九龙飞虎谷，在谷中央安营扎寨。第二天，耶律学古亲自出去巡视，回来对部下谢留、张猛说："这个山谷四面都是绝路，只有东边有一块平坦的地方，能容纳五六百人，可以先在那里摆下宴席，等宋朝大臣到来，再商议对策。"谢留说："这个计策好。"话刚说完，有人来报，说宋朝十大朝臣已经到了。耶律学古吩咐部下躲在远处回避，不要被发现，自己亲自出去迎接。八王与耶律学古在马上互相施礼。八王说："你们主人自己说要献上舆图，将军有没有什么意见？"耶律学古回答说："这里不是议和的地方，这件事明天在军帐中商议如何？"八王答应了，并带领众大臣在正南方向安营。

杨家将

耶律学古回到帐中,召集谢留、张猛来商议,说:"我明天要效仿当年楚霸王在鸿门宴①请汉高祖的故事,酒席上舞剑,捉住宋朝大臣,你们二人要用心立功。"谢留说:"小人一定使出平生所学,为国立功。"耶律学古又对太尉韩君弼说:"你带领一万人马,在谷口埋伏,一有动静就杀出来把宋臣包围。"韩君弼领命后退下,带兵出发。安排好之后,耶律学古一面让人在谷口准备宴席,一面派人去宋营中送信。使者来到宋营,见到八王,说:"总管有命,请诸位大臣明天商议纳降的事情,不准携带兵器。"八王看过来信,写了封回信让使者带回去,答应了耶律学古的要求。寇准说:"这次出行要不是殿下有先见之明,带着杨将军的部下一起来,恐怕有来无回。"八王说:"明天先去赴约,看他有什么说法。"众人散去。

第二天,耶律学古在谷口等候,只见远处尘土飞扬,宋臣各自骑马前来。来到近前,耶律学古看到没有宋军跟着一起来,心中暗自高兴。他请众人来到谷中,大臣们依次入座。八王说:"萧太后肯归顺宋朝,真是救百姓于水火之中,苍生万幸。"耶律学古笑着说:"我们太后早有归降的意思,这件事我们慢慢说,现在先喝酒。"耶律学古下令让人送上美酒佳肴,并命乐工弹奏曲子。

耶律学古问寇准:"你可曾记得咸平年间,辽国进贡锦皮暖帐,结果被你扣下,没有上奏,导致两国交战,你这样做是在为国着想吗?"寇准厉声回答:"我们圣上天天忙着治国,谁有心思扣你的锦帐?今天是来跟你们辽国议和的,你们献上舆图就是了,何必再讲以前那些往事?"耶律学古说:"献上舆图的事情不着急,先让我的部下给大家舞剑,助助酒兴。"八王说:"你说不准带兵器,这又不是鸿门宴,何必舞剑?"话还没说完,谢留已经来到中间,手提长剑,在宴席前舞了起来。八王见势头不好,于是叫道:"下人在哪里?"孟良早已被激怒,来到前面说:"只有你们辽国人会舞剑不成,我大宋就没有壮士了吗?我

谢留已经来到中间，手提长剑，在宴席前舞了起来。

也来舞剑，为大家助兴。"说完之后，抽出长剑，与谢留两人舞了起来。

耶律学古看到孟良气势很盛，心想："这人一定是宋将，不能与他这样打下去。"于是说："舞剑没什么意思，不如射箭助兴。"孟良说："要走马射还是穿杨射，随便你选。"谢留说："骑马射箭太平常，没什么看头。"孟良说："那你说怎么射？"谢留说："先将一个活人绑在柱子上，朝他连射三箭，谁能躲得开谁就是赢家。"孟良听后暗笑，心想："这个贼人是想暗算我，等我先杀了他，挫一下辽军的士气。"于是答应，说："谁先射？"谢留说："我先射。"孟良很痛快地答应了，面无惧色。他让人把自己绑在柱子上，喊道："随便你射三箭。"八王等人在一边看着，心里忐忑不安。谢留弯弓搭箭，一箭射过去，结果被孟良用牙咬住。第二箭朝脖子上射去，被孟良用手拨开。谢留再朝孟良肚子上射一箭，不料孟良带着护心镜，没有射进去。十大朝官连声为孟良喝彩。

孟良说："把你的弓箭借给我用一用。"谢留无可奈何，只好让人把自己绑在柱子上。孟良拉开弓，一箭射去，故意没有射中。谢留心想："这人只会舞剑，不会射箭。"于是说："再让你射两箭。"孟良又射一箭，正好射中谢留的脖子，谢留当场毙命。

耶律学古看到谢留被射死，勃然大怒，说："原本是来讲和的，为什么要出手伤人？"并喊手下人："来人啊，把他们给我拿下！"只见宴席后面冲出来五六百人，岳胜、焦赞等人也都打开箱子、竹节，拿出藏在里面的长枪短剑，与辽兵打在一起。耶律学古看到宋人早有提防，于是自己先走了。结果辽军被宋军杀死了一半。

孟良急忙护送朝官出谷口，忽然几声炮响，韩君弼带领伏兵杀出来，把谷口堵住。岳胜怕被辽军困在谷里，拼命突围，但是山上箭石齐下，不能靠近。前面过不去，后面是绝路，四下都是陡立的峭壁，宋军一时无路可走。

第四十一回

杨四郎暗送粮草

八王与十大朝官被困在谷中，无计可施。寇准说："当初来的时候大家就知道这次出行肯定不会顺利，所以现在只能暂时忍耐，商量一下如何脱身。"八王说："如今粮草已经耗尽，援兵还没有来到，要是辽兵这时候乘虚而入，那就麻烦大了。"孟良说："殿下不要担心，等辽军稍有松懈，小人就偷偷溜出山谷，回三关搬救兵。"八王同意，大家按兵不动。

耶律学古围困了宋臣，与张猛商议说："我们只要坚守住就好了，无论他们如何勇猛，也出不了山谷。"张猛说："实在是妙计，只是恐怕消息传出去，宋军会来救援。不如先奏明太后，让太后派大军来协助，保证万无一失。"耶律学古于是立即派人回幽州，奏明太后。

萧太后得知消息后，与群臣商议。耶律休哥上奏说："我们把宋臣围困在谷里，这是好消息，太后应该乘机发兵接应，为下一步谋取中原做准备。"萧太后说："最近辽军刚刚打了败仗，良将已经不多了，如今连保驾的先锋都没有，怎么出兵？"话刚说完，官员中站出来一人，说："小将不才，愿意保护太后车驾，剿灭宋军。"大家一看，原来是驸马木易。木易上前一步说："臣承蒙太后厚恩，正想报答，今天就让臣来保驾吧。"萧太后非常高兴，说："前些天有官员对我说：'要想幽州兴盛，应该有人出来辅佐。'我想这人就是你。"于是萧太后封木易为保驾先锋，率领女真、西番、沙陀、黑水四国共十万人马出兵。

第二天，萧太后的车驾离开幽州，大军浩浩荡荡地向九龙飞虎谷进发，没用多久就到了，耶律学古在半路上迎接。到了营帐中，耶律学古上奏说："托太后洪福，宋朝十大朝臣已经被臣困在谷中，最近听说他们粮草快要耗尽，用不了多久就能把他们捉住。臣担心大宋发兵来救援，所以特请陛下亲自前来。"萧太后听后非常高兴，说："这次要是捉住了十大朝臣，足可以一洗当年战败的耻辱。"于是萧太后将军马分为二个大营屯扎：耶律学古率领女真、西番士兵在正北方向屯兵，木易驸马率领沙陀、黑水军马在西南方向屯兵，两个大营相互接应。耶律学古和木易领命后退下，各自带兵去安营扎寨。

木易带领人马在西南方向安营。当天夜里，风平浪静，满天星斗熠熠生辉。木易在帐里心想："如今十大朝臣被困在山谷里，辽军兵强马壮，宋军救兵还没到，而他们已经断了粮草，恐怕很难脱险。"于是他心生一计，写了封信，绑在箭头上，射到了山谷里，然后派人将几十车粮草秘密运到山后。这支箭是一支响箭，孟良听到箭声，拾到了这封信。孟良把信交给八王，八王打开一看，上面写道："杨延朗顿首①拜八殿下、十大朝臣：现在辽军势盛，诸位不要随便行动，不然只是徒劳无益。不久之后就会有救兵，当前需要忍耐！现在给你们准备了二十车粮草，放在九龙谷正南方山后，够吃一个月的，你们自己去取。事关机密，不要泄露。"

看过信后，八王喜出望外，对寇准说："这封信是杨将军写的，说在山后准备了粮草救济。现在辽国让他来率兵，我们暂时安全。"寇准说："既然如此，应该派人去打探一下。"孟良说："小将愿意前往。"八王同意了他的请求。于是孟良带着十几个人，连夜来到山后打探，果然看到那里有二十车粮草。孟良带人将这些粮草运回谷里。八王说："粮食问题现在已经解决了，但要是救兵迟迟不来，恐怕还是难以脱险。"孟良说："殿下放心，小人偷偷出山谷，去汴京求救兵。"八王说："你去再好不过了，不过你也要小心。"孟良说："小人自有办法。"

①［顿首］

磕头，古时候常用在书信中，表示对对方的尊敬。

木易心生一计，写了封信，绑在箭头上，射到了山谷里……

　　孟良与八王告辞，从山后走出山谷。大约走了一里路，就遇到了巡逻的辽兵，孟良寡不敌众，被辽军捉住，捆绑起来去见木易。木易见到孟良大吃一惊，怒斥他说："我派你回幽州去见公主，有紧急事要通报，你怎么被人捉住了？"孟良知道这是在保护自己，于是说："天还没亮，走错路了。"木易说："赶紧去送信。"巡逻的士兵赶紧给他松绑，把他放走了。

　　孟良走出辽军大营，心想："多亏了杨将军，不然今天就没命了。"

孟良又想："要是去三关报信，还要等到朝廷批准才能出兵，恐怕会耽误事；不如直接去五台山，请杨禅师来救援，还来得及。"于是向五台山赶去。

来到五台山，见到杨五郎。杨五郎问他："你为什么一副辽国人的打扮？"孟良说："因为事出紧急，特意赶来向师父求救。萧太后用诡计把十大朝官围困在九龙飞虎谷里，形势十分危急。现在奉八王之命，准备去三关求救兵，但是怕时间太长，耽误大事。五台山离九龙飞虎谷近在咫尺，希望师父下山，解除国难。"杨五郎沉默了很长时间，对孟良说："我跟你又不是冤家，你为什么三番五次来打扰我？"孟良说："小人不是为了自己的私利来求师父，再说看在杨将军的份上，若是师父不去，十大朝臣难逃此劫，到那时师父恐怕也不会心安。"杨五郎说："我本来不想去，但看在是八王派你来的份上，我就带人跟你走一趟。"

五台山离关西很近，那里穷凶极恶的人很多，凡是有人犯了法，就逃到寺里面出家为僧，杨五郎将他们收留。于是，杨五郎手下的僧兵都所向无敌。当天，杨五郎集合了寺里的一千多位僧人，准备出兵救援。临行前孟良说："师父你先走一步，小人再去三关通知杨将军，让他一起发兵救援。"杨五郎答应了他。孟良立即告辞，下了五台山，赶到三关。来到寨子里，见到杨六郎，孟良将朝官被围困的事情说了一遍。杨六郎说："我立即派兵去救援，你赶紧到汴京去奏明圣上。"孟良领命，连夜赶赴汴京，奏明真宗。

真宗得知消息后非常吃惊，宣孟良上殿，问他："朝臣被困多久了？"孟良说："已经被困将近一个月了。幸亏得到杨延朗的救济，才得以保命。如今三关已经派出兵去援救，希望陛下再派人去接应。"真宗问文武百官说："谁愿带兵前去救援？"话音未落，杨宗保站出来上奏说："臣愿意前往。"真宗非常高兴，于是任命老将呼延赞为监军，杨宗保为先锋，率领五万人马出兵救援。杨宗保领命后退下，回到无佞府与令婆告辞。令婆说："可以带八娘、九妹一起去。"杨宗保说："那就更好了！"人员齐备之后，孟良为前队，杨宗保为中队，呼延赞率大军随后，向九龙飞虎谷进发。

　　消息传到辽军营中，有人上报萧太后，说宋军长驱直入，赶来救援。萧太后立即召集耶律学古等人商议对策。耶律学古上奏说："太后不要担心，我们有四国军马，怎么可能害怕宋军，等臣带兵迎战，肯定能赢。"萧太后说："爱卿要用心调度，不要掉以轻心。"耶律学古领命后出了营帐，把女真国王胡杰，沙陀国大将陈深，西番国驸马王黑虎，黑水国王王必达召集到一起，吩咐道："明天与宋军交战，你们一定要尽心尽力，打了胜仗太后肯定会重赏诸位。"胡杰说："总管放心好了，不杀完宋兵，我们不会停下的。"

　　话刚说完，有人来报，说宋兵已经到了。耶律学古立即带领部下摆开阵势迎敌。只见宋军的旌旗下面有一位勇将，此人正是杨五郎。杨五郎高声骂道："杀不尽的蛮人，赶快退去，饶你们一死；不然的话，让你们死无葬身之地。"耶律学古大怒，对手下诸将说："谁先出战，挫一下宋军的士气？"女真国王胡杰出阵说："等我去斩了这个匹夫。"说完便挺枪跃马，杀向杨五郎，杨五郎舞斧迎战。两军呐喊声不断，两人打了几十个回合，胡杰渐渐落了下风，见势不妙，拨马就逃，杨五郎乘势带领僧兵向辽军杀去。就在这时，王黑虎舞着方天画戟杀了出来，将僧兵的队伍截成两段，并将其包围。王必达提着斧子拍马赶来，辽军越来越多，喊杀声不断。杨五郎看到周围全是辽兵，几次想要突出重围，结果都被拦了回来。

　　正在这危急之间，忽然西南方向尘土飞扬，鼓角齐鸣，一队人马杀了过来，原来是八娘、九妹、杨宗保率军赶到了。八娘一马当先遇到王必达，两人打到一起。几个回合之后，九妹率兵从一侧来接应，王必达扔掉方天画戟，拨马逃走，九妹追击。王必答逃到谷口，被一位大将拦住，原来是呼延赞。呼延赞厉声说道："快快投降，免你一死。"不出几个回合，王必答就被呼延赞擒住。宋兵乘势猛攻，孟良带人杀入辽军的北营，正好遇到沙陀国陈深赶到，两人刚一交手，孟良大喝一声："贼人不要逃！"一斧便把他劈落马下。

　　杨宗保看到前方宋军连连取胜，于是催动后军上前追击。八娘奋勇当先，与胡杰打到一起，她抛起红绒套索，把胡杰生擒活捉。杨五郎勒马杀回，其部下的僧兵砍断了王黑虎坐骑的马脚，王黑虎被掀翻在地，宋兵一起上前把他捉住。

　　耶律学古看到辽军阵脚大乱，赶紧到营帐中报告萧太后，说："太后快走！宋兵太英勇了，四国将帅都被他们捉去了。"萧太后听后吓得心惊胆战，赶紧上马，耶律学古与张猛拼死保护她，一起向幽州方向逃去。杨宗保带兵在后面追击。

　　萧太后一行正在慌忙赶路，突然坡后杀出一队人马，原来是杨六郎带救兵赶到。辽兵一见杨六郎，吓得丢盔弃甲，纷纷逃窜。萧太后仰天长叹，说："今天我注定要死在这里，你们好自为之吧。"说完就要拔剑自刎。耶律学古说："太后不要慌，幽州尚有几十万大军，还可以跟宋军一战，如今距离幽州已经不远，何必自寻绝路呢？"张猛说："太后从小路逃走，我去挡住敌兵。"萧太后放弃了自杀的念头，和耶律学古一起往郯谷逃去。

第四十二回
里应外合破幽州

杨六郎带着人马赶来，张猛上前拦截，结果不出几个回合就被杨六郎一枪刺死，其他辽兵也都被宋军消灭。杨宗保带领部下赶到，两军会合到一起，商议继续追击。这时候杨四郎骑马赶来，说："弟弟赶紧带人去谷里救出朝臣。幽州屯有重兵，不可以冒进，等我回去里应外合，一定可以一举拿下。"杨六郎觉得他说得有道理，就带兵赶往山谷中去了。木易也带兵向幽州赶去。

韩君弼得知辽军战败，便想逃走，结果迎面正遇到赶来的孟良。两人打在一起，韩君弼被孟良一斧砍为两段。被困在谷里的岳胜、焦赞等人听到外面喊杀声不断，知道救兵来了，也乘势杀出，保护十大朝臣出了山谷。

杨六郎调集人马，下令将捉住的辽兵全部斩首。八王等人对杨六郎说："要不是你来救援，恐怕朝臣不保，也有损圣上威严。"杨六郎说："圣上因为殿下被困，整日忧愁，特派将军与小儿带兵来救援。托圣上洪福，击退了辽军。"八王说："将在外，君命有所不受。萧太后屡屡作乱，骚扰我边境，不如这一次乘势攻打幽州，让她献上舆图。这可是个千载难逢的好机会。"杨六郎说："就是殿下不说，我也要汇报这件事。四哥跟我说，幽州屯有重兵，他找机会起兵，与我们里应外合，一定能取胜。"八王说："这件事你去办，朝廷方面有什么事我来应付。"杨六郎派岳胜、孟良、焦赞带兵先出发，八娘、九妹、杨宗保率兵在后面接应，

杨家将

呼延赞保护朝臣，担任监军。安排好之后，岳胜等人率兵向幽州进发。

萧太后逃回到幽州，又生气又无计可施。耶律休哥上奏说："胜败乃兵家常事，太后不必忧虑。城中囤积的粮草够吃十几年的，另外还有几十万将士。宋军要是见好就收，我们也就暂时不追究了；要是他们敢来侵犯，我们就跟他们决一死战。"萧太后说："四国的人马都被消灭了，也没有好的将领，谁能带兵破敌？不如向大宋投降，黎民还能不受战争之苦。"张丞相说："太后为什么因为一场败仗就失去了志气呢？自晋朝以来，中原都怕我们大辽，虽然今天受了些挫折，但仍旧有实力称霸一方。等宋兵再来，臣等背水一战，定能退敌。"这时有人来报，说驸马木易回来了。

太后宣木易上殿，问他说："我正担心驸马被宋军捉住呢，你是怎么回来的？"木易上奏说："臣在西南屯兵，困住了十大朝官，听说辽军战败，就带人出来救援。这时候援军和谷中的宋军一起杀出，臣知道太后的车驾已经离开，这才杀退了宋军，赶了回来，所以回来晚了。"萧太后又问他："宋军声势如何？"木易说："听说他们要来攻打幽州，太后需要多加防备。"这时候有人来报，说："宋军已经赶到，把幽州城围住了。"萧太后听后大惊失色。木易说："太后不必担心，臣等一定将宋军杀退。"萧太后说："你们要多加小心，千万不能大意。"木易领命后退下。

河东庄令公有一个女儿，因为是九月初九生的，所以被称为重阳女。重阳女从小习武，武艺高强，当初曾经被许配给杨六郎，但是后来战事频繁，这桩婚事也就被耽误了。听说宋朝十大朝官被围困在谷中，重阳女就带兵来救援，顺便想打探一下杨六郎的消息。有人回来报告，说杨六郎已经杀退了辽兵，救出朝臣，正在围攻幽州。重阳女听后就带领部下赶到宋军营中，并派人通报杨六郎。杨六郎得知消息后突然记起还有这么一件往事，于是派岳胜出营迎接。

重阳女来到帐中，与杨六郎相见。两人都喜出望外，互诉往事。杨六郎说："现在战事未停，等我回去见到令婆，再商量我们之间的事。"重阳女说："我是来这里建功的，正好帮你出战。我去暗地里投靠萧太后，然后与你里应外合怎么样？"杨六郎说："这样我们定能一举获胜。"重

阳女带领一万部下杀到幽州城下，岳胜、孟良等人假装与他们作战。

重阳女朝着城上喊话。守城的人向萧太后报告，说："城下来了一位女将，从宋军中杀出，说是来救应。"萧太后听后，赶紧跟文武官员一起登上城楼察看，只见来军的大旗上写着"河东重阳女"五个大字。萧太后赶紧派耶律学古打开城门，出兵接应。重阳女来到城中，参见萧太后，说："臣乃是晋阳庄令公之女。刘主对当初宋君讨伐一事怀恨在心，所以派小将前来相助，与辽国一起打天下。"萧太后听了这番话之后很高兴，下令设宴，款待重阳女。酒至半酣，重阳女起身说："宋兵正在围城，形势紧急，臣率领部下先去作战，算作见面礼。"萧太后准奏，重阳女谢恩后退出。

杨四郎心想："这重阳女当初曾经许配给了我弟弟，岂有来帮助辽军攻打自己人的道理？这里面肯定有蹊跷。"于是杨四郎上奏萧太后说："臣率领精兵去帮助重阳女作战。"萧太后准奏，木易领命后退出。杨四郎去找重阳女商议进兵的事。重阳女说："宋兵虽然人多势众，但是打败他们并不难。驸马带兵出北门，先跟他们交战，我带兵在后面接应你。"杨四郎笑着说："要是按照你说的去做，幽州城一下子就被攻破了。"重阳女听后非常吃惊，问他："驸马为什么这样说？"杨四郎说："不要瞒我了，我们是同路人。"于是杨四郎将自己的来历以及与杨六郎当初制定的策略全跟她说了一遍。重阳女听后大喜，说："原来你早就跟将军订好了里应外合的计策，如今我们两人联手，肯定能成功。"杨四郎说："这件事太机密，千万不能泄露出去。萧太后手下善战的人很多，必须先除去这些爪牙，然后才能起兵。"重阳女说："你有什么计策？"杨四郎说："明天交战，先派上万户、下万户、乐义、乐信上阵，你带着部下先杀了这四个人，然后领着宋兵杀入城中，幽州城便唾手可得。"重阳女觉得这个计策很妙，回去准备第二天作战。

第二天，木易派上万户、乐义先领兵出战。上万户领命，率领部下杀出城外，正好遇到宋将岳胜。岳胜喊道："你们已经被围住了，还不早早投降？"上万户回骂道："你们来到辽国，性命不保，还敢说大话？"说完舞刀跃马，杀向岳胜。岳胜举刀迎战，两人打到一起。结果打了不到两重阳女大喝一声："辽兵不要走！"率领部下从后面杀出，手起刀落，乐信被她斩落马下。

回合，下万户、乐义、乐信便率兵从侧面来袭击。辽军人多，岳胜抵挡不住，拨马逃走，辽军乘势追击。就在这时，重阳女大喝一声："辽兵不要走！"率领部下从后面杀出，手起刀落，乐信被她斩落马下。乐义大吃一惊，被杀回的岳胜一下子斩为两截。孟良、焦赞率兵赶来，上万户被孟良杀死，下万户被乱马踩死。重阳女一马当先，率领宋军杀入幽州城，顿时城中一片大乱。

有人报信给萧太后，说幽州城已经被宋军攻破。萧太后听后，心想：

"我身为一国之君，要是被捉住颜面何存，不如自尽，免得被羞辱。"她走到后殿，上吊自杀了。杨四郎来到宫中，正遇上琼娥公主准备出逃，还对他说："驸马快走！太后已经上吊自尽了，现在到处都是敌兵。"杨四郎对她说："公主不要惊慌，我的真实身份是杨令公的四子，木易是我的假名。这些年你一直对我有恩，宋军绝不会伤害你的。"公主听后，跪在地上说："臣妾的性命现在任凭你处置。"杨四郎说："公主要是肯跟我一起回中原，我们就一起回去，要不愿意，那我也不强求。"公主说："如今国破家亡，驸马念在夫妻之情带我回去，我怎么会不同意呢？"杨四郎非常高兴，让她把金银财宝收拾了几车，跟他一起走。刚要出殿，遇到耶律学古，杨四郎喊道："逆贼不要走！"耶律学古没有防备，被杨四郎一刀砍死。耶律休哥知道宋兵攻进了幽州城，便把头发削掉，从后门逃了出去。

杨六郎带兵杀进幽州城，把辽兵杀了个精光，到处是辽兵的尸体。看到天色渐晚，杨六郎下令停止屠杀。八王等人来到城中，先问萧太后的下落。有人回报说萧太后已经在后殿上吊自尽了。八王派人把萧太后尸体解下来，放在一边。杨宗保整顿人马，在城中安营。

第二天，八王和杨六郎来到殿上，清点了宫里的财物。有人把辽国的两位太子押了上来，另外宋军还抓获张华等四十九位辽国大臣，三十六位辽国将领。杨六郎下令，将这些人关进囚车，押解回汴京。杨四郎对八王说："小人在这里苟活了十八年，今天见到殿下，觉得无颜以对。"八王抚慰他说："这次攻打幽州城，都是将军的功劳，等回去见到圣上，肯定会有重赏，何来的无颜以对？"杨四郎施礼谢过。杨六郎说："现在幽州已经平定，应该贴出榜文，告知各地方，让他们安心，然后班师回朝。"八王同意，于是下令让寇准起草榜文，四处张贴。辽国下属各地方听说幽州已经被攻破，都纷纷投靠了宋朝。

第四十三回

王枢密罪有应得

　　八王在幽州城内大摆筵席，犒劳将士，大家开怀畅饮，非常尽兴。杨四郎对八王说："小人有一事相求，不知道殿下是否允许？"八王说："将军但说无妨。"杨四郎说："自从我来了辽国，萧太后一直对我很器重。如今她已经死了，希望能将她的尸骨埋葬，也算是报答她对我的恩情，免得让人笑我忘恩负义。"八王说："将军是重情义的人，这件事就按照你说的去做。"第二天，八王一面上报朝廷，一面下令将萧太后的尸体埋葬。

　　杨六郎来见八王，与他商量班师回朝的事。八王下令宋军分前后两队撤退。呼延赞等人准备起程，寇准与大家商议，要留兵镇守幽州。八王对他说："留兵镇守有两个弊端，一是南方人和北方人相处不便，容易起摩擦；二是这里离中原太远，就是有人造反一时半会儿也不会知道。不如先回汴京，再慢慢商量如何防御。"寇准同意八王所说。当天，宋军离开幽州，班师回汴京。

　　大军来到汴京城外，八王早已派人回汴京传捷报。真宗派文武官员出城迎接，杨六郎将大军驻扎在城外，八王等人被迎接入城。第二天早朝，八王率领大臣们见真宗，递上平定辽国的将士功绩。真宗看后，龙颜大悦。寇准上奏说："托陛下洪福，杨延昭父子兄弟一心为国，如今已经平定了大辽。这是流传千秋的功绩，希望陛下能重赏他们。"真宗说："朕知道他们都立了大功，应该封赏，朕会尽快下圣旨。"

242

　　王钦看到辽国战败，怕惹祸上身，于是假扮成云游的道人，连夜逃出了汴京城。有人上奏真宗，真宗这才知道王钦的真实身份。真宗勃然大怒，急忙找来群臣商议对策。八王上奏说："王钦罪恶滔天，不杀不解恨。他现在一定还没走远，陛下可以派轻骑兵去追捕。"真宗同意，立即派杨宗保带兵去追。

　　杨宗保率兵来到北门，问守军："有没有看到王枢密出城？"守军说："刚才有一个道士慌慌张张出城去了，难道是他？"杨宗保知道这道士肯定是王钦假扮的，于是带兵出城去追赶。王钦赶到黄河边，对艄公连

杨宗保带着十几人骑马赶到河边，派人扭住王钦，押着他回了汴京。

声喊道："赶紧带我去对岸，肯定多给你报酬。"艄公听后，便把船撑到他跟前。王钦跳到船上，艄公划船向对岸驶去，眼看就要到东岸了，忽然起了一阵狂风，又把船吹回了河中。一连三次，船都不能靠岸。艄公说："风太大了，靠不了岸，只能等风停了再说。"王钦愈发慌张，只好藏在船篷下面。

不一会儿，杨宗保带着十几人骑马赶到河边。杨宗保问船上的艄公："你有没有见到一位过河的道士？"艄公没有回答，王钦藏在船篷下面低声说："告诉他过去很久了，我愿拿出全部财产报答你。"艄公问他："告诉我你到底是什么人？不然的话，我不能帮你。"王钦见隐瞒不住，便说出了自己的身份。艄公听后勃然大怒，说："这些年你作恶多端，我正愁不知道去哪里找你报仇呢，没想到今天落在了我手里。"艄公于是把船撑到岸边，告诉了杨宗保。杨宗保派人捉住王钦，押着他回了汴京。

当时正在上朝，文武官员都在朝上，真宗下令，让人把王钦带上殿来。王钦低着头不语，他知道自己难逃一死，只希望能早点执行。真宗问八王："应该如何处罚他？"八王说："陛下可以大摆筵席，请各国的使臣参加，将其凌迟处死，以此警示后人。"真宗准奏，行刑人把王钦绑在柱子上，慢慢割下他身上的肉。王钦受不了这种苦，只割了几十刀就断了气。真宗下令把他的尸体扔到野外暴尸。

真宗对八王说："王钦一开始就在欺骗朕，为什么朕以前没有发觉？"八王说："越是奸臣，表现得越忠诚，所以陛下才会被蒙蔽。如今铲除了王钦，朝中上下一片欢腾。"

就在这时，忽然有人上报，大将呼延赞夜里中风去世了。真宗听到消息，异常悲痛，说："呼延赞自从为大宋效力，每天都繁忙劳碌，没有休息过一天，真是忠臣啊。"真宗下令将他安葬，并谥赠忠国公。

天禧元年二月，平定辽国的将士们还没有得到封赏，真宗召八王入殿，与他商议这件事。八王说："帝王奖赏功臣，要考虑长久。如今天下一统，应该派谋臣良将去镇守。"真宗又问他："当初从辽国押来的俘虏现在还没有发落，萧太后的儿子和大臣们，该如何处理？"八王说："当初从幽州班师回朝的时候，寇学士等人曾经提出在幽州留兵镇守，臣觉得

不妥，就没有擅作决定。如今辽国已经归降大宋，陛下应该把这些人放回去，让他们自己镇守，只需要每年纳贡就行了。如此一来，边境自然会安定，当初唐虞之治①也不过如此。"

真宗非常高兴，说："听爱卿一番话，朕觉得自愧不如。"于是真宗下令，赦免萧太后的两个儿子以及被捉的辽国大臣，让他们回国。圣旨一下，辽国大臣们都很高兴，向真宗下拜谢恩。真宗又赐给两位辽国太子每人一件金织蟒衣，其他封赏也非常丰厚。太子拜谢后带着大臣们回幽州去了。

第二天，真宗亲自拟定圣旨，宣杨六郎进殿，向他宣读："爱卿父子，破除南天阵，立下大功，朕还未封赏，如今又平定辽国，应该一起封赏。"杨六郎拜谢后说："破除天门阵和平定辽国都是依托陛下洪福，以及诸将士齐心协力，臣功劳很小，怎敢接受封赏？"真宗说："爱卿不必过于谦虚，朕自有安排。"杨六郎拜谢后退下。当天，真宗就下旨，重重封赏了诸位将士。

① [唐虞之治]

唐是指尧、虞是指舜，两人都是传说中的古代圣明的君主。唐虞之治是指人们想象中政治清明、人民安康的理想时代。

第四十四回

孟良错手杀焦赞

杨六郎授封之后，第二天到殿前谢恩，上奏说："臣的部下授封后都启程上任去了，但是臣家有老母，希望陛下宽限些时日，不胜感激。"真宗说："爱卿既然要留在家里孝敬令婆，朕也不便催促。"杨六郎拜谢后退下。

杨六郎回到府中，岳胜、孟良、焦赞、柴敢等人都在等他。杨六郎召集岳胜等人上前，说："如今圣上论功行赏，你们都得到了官职。趁着现在天下太平，赶紧都去上任，光宗耀祖，扬名立万。路上不要大意，免得耽误了时间。"岳胜说："我们的功绩都是依靠将军得来的，今天就要离开将军，怎么忍心？"杨六郎说："这是圣上的恩典，何必说离别这样的话？你们可以告诉自己的部下，愿意跟随的，就带他们走；不愿意跟随的，就赏赐一些钱财，让他们回家置业。希望各位赴任之后，尽职尽忠，施展才能，成就一番事业。赶紧走吧，不要再迟疑了。"岳胜等人听后，都来拜别，然后各自上任去了。这时只有孟良、焦赞、陈林、柴敢、郎千、郎万六人留在杨六郎身边，等杨六郎离开汴京后再启程。孟良说："如今各位都赴任去了，三关寨守关的将士还不知情，将军要派人去通知他们。"杨六郎同意，立即派陈林、柴敢、郎千、郎万四人去三关寨，调回那里的守军，并把那里的财物一起运回府中。陈林等人领命后退下。

这天夜里，杨六郎在院子里散步，抬头看天，只见满天星斗。此情此景让他不禁想到了自己的部下，心中一片惆怅。等他回到屋子里躺下，

正要睡觉时，忽然一阵风吹过，隐隐约约一个人站在窗户下面。杨六郎起身察看，原来是父亲杨业。杨六郎大吃一惊，连忙起身，倒地下跪，问他："大人去世这么长时间了，怎么今天突然来这里？"杨业说："你起来吧，不必施礼，我有事跟你说。玉皇大帝见我忠义，所以封我为威望之神，我死而无憾。只是，我的尸骨如今还没有还乡，你赶紧派人去取回来埋葬，不要让我的魂魄在他乡飘荡。"杨六郎说："十几年前我就派孟良去幽州城把大人的尸骨取回来安葬了，爹爹为什么这样说？"杨业说："你不知道，萧太后诡计多端，这件事四郎知道，你问他就是了。"说完之后，杨业化作一阵风走了。杨六郎呆了半天，不知道自己是不是在梦里，一夜没睡。

第二天天一亮，杨六郎就去见令婆，把昨晚的事说了一遍。令婆说："这是你父亲显灵了，特意来通知你。"杨六郎说："这件事可以问四哥，他知道其中的缘由。"令婆把杨四郎喊到跟前，问他："昨天夜里六郎见到你们父亲，他说自己的尸骨还在辽国，这到底是怎么回事？"杨四郎听了之后很吃惊，说："母亲就是不问，我也刚要说这件事。当初我被辽兵捉去，几天后见到有人拿着父亲的首级来邀功。萧太后与大臣们商议，怕父亲尸骨被宋人偷走，于是用假的尸骨藏在红羊洞，而把真的留在了望乡台。当初孟良去偷回来的是假的，望乡台上的才是真的。"令婆说："现在辽国已经投降，派人去把真的尸骨取回来，又有什么难的？"杨六郎说："要是派人去取，说不定取回来的还是假的。当初父亲让辽国人心惊胆战，如今他们肯定不会轻易把尸骨还回来。不如再让孟良去偷一回，把真的拿回来。"杨四郎也同意这个做法。

杨六郎把孟良招到府中，对他说："有一件重要的事情派你去完成，你要用心。"孟良说："将军有事，我一定尽心尽力。"杨六郎说："令公的真尸骨现在被藏在幽州望乡台，你秘密前去取回，事成之后我给你记大功。"孟良说："当初兵荒马乱我都给取回来了，何况现在辽国已经归降，这有什么难的？"杨六郎说："你说得有道理，但是辽国人看守得很严密，你得小心。"孟良说："辽国人吃不消我的斧头，将军不要担心。"说完便出发了。

杨家将

　　焦赞听到府里面有人说话，像在商量什么事，就问身边的人："将军有什么吩咐？"有人告诉他说："将军一早吩咐孟良前往幽州望乡台，取回令公的尸骨，现在正在商议葬礼呢。"焦赞听后，来到府外，心想："孟良屡次为将军办事，我跟随将军多年，没立下什么功劳，不如我跟着去幽州，先把令公尸骨取回来，这份功劳岂不就是我的了？"于是焦赞收拾好装备，向幽州赶去。杨府上下的人都不知道。

　　孟良日夜赶路，到了幽州城的时候已经是黄昏了。他打扮成辽国人，来到望乡台，结果被几位守兵拦住。守兵问他："你是什么人？竟敢来这里？是不是大宋的奸细？"孟良说："日前宋朝天子放辽国的太子和大臣回国，派我们在附近戍边的士兵护送，现在任务已经完成，所以来这里消遣一下，怎么会是奸细呢？"守兵信了他的话，不再提防他。

　　天色渐晚，孟良悄悄登上望乡台，果然看到一个匣子，杨令公的遗骨就在其中。孟良心想："当年偷回去的那个和这个果然不一样，今天这个肯定是真的。"于是解开包袱，把木匣包裹起来，系在背上，准备下台。不曾想到，这时焦赞也来到望乡台，正在攀登。爬到一半时，焦赞摸到了孟良的脚踝，便厉声问道："谁在台上？"孟良心一慌，也没仔细辨别声音，以为是辽兵来缉拿自己，左手抽出斧子，使劲劈了下去，正好劈在焦赞的头上，焦赞当场毙命。

　　等孟良下了台来，看到周围没有辽兵，心想："辽兵要是来缉拿我，怎么可能只来一个人？这件事很可疑。"等他来到死者面前，借着月光察看，大吃一惊，说："难道是焦赞跟来了？"翻过身子来一看，果然是焦赞。孟良仰天长哭，说："我来为将军办事，没想到害死了自己人。就算把令公尸骨带回去，也不能赎罪。"说完之后，孟良来到城外，此时已经是二更天。孟良在城外遇到一位摇铃的巡兵，就上前问他："你是哪里的巡兵？"那人回答说："我不是辽国人，是戍边的老兵，流落到这里，不能回乡，所以当了巡兵。"孟良说："太好了，真是将军的福气。"于是对他说："我这里有一个包袱，求你带到汴京城无佞府去，交给杨将军，他肯定会重谢你。"巡兵说："杨将军我知道，我一定给你带到。"又问："敢问你是什么人？"孟良说："不要问我是谁，到了府里他们便知

孟良回到望乡台下，背起焦赞的尸体来到城外，然后拔出佩刀，连叫了几声："焦赞！焦赞！是我害了你，我这就来陪你！"

道。"说完之后解下包袱，交给巡兵，再三叮嘱一定要送到。

孟良回到望乡台下，背起焦赞的尸体来到城外，然后拔出佩刀，连叫了几声："焦赞！焦赞！是我害了你，我这就来陪你！"说完之后自刎而死。可怜一对镇守三关的壮士，竟然都死在了异乡。

第二天一早，巡兵带着包袱偷偷出了城南，向汴京赶去。

第四十五回

杨六郎病死无佞府

　　杨六郎自从派孟良前往幽州之后，心里面一直隐隐不安。这天夜里三更，他忽然梦到孟良、焦赞满身鲜血，朝他走来。两人来到跟前，向他参拜，说："承蒙将军厚爱，未能报答，今天特来告辞。"杨六郎很吃惊，赶忙把二人扶起来。这时杨六郎突然醒来，发现刚才是在梦中。

　　第二天天亮，忽然有人来报，说："前些天焦赞追赶孟良，也去了幽州城。"杨六郎听后伤心地说："完了，焦赞要死了！"一边的人问他原因，杨六郎回答："孟良临走的时候曾经说，要是遇到辽兵来追，我格杀勿论。他不知道焦赞也跟着去了，肯定会把焦赞当成辽兵给杀掉。"大家对这个说法半信半疑。就在这时，巡兵来到府中，拜见杨六郎，说："小人是幽州的巡兵，前天夜里遇到一位壮士，交给我一个包袱，再三叮嘱要送到府中，交给杨将军。小人不敢耽误，赶来送上。"杨六郎让人打开包袱，发现是装着杨令公遗骨的木匣。杨六郎问他："那人有没有告诉你他叫什么名字？"巡兵说："小人问他了，他没有说，急匆匆走了。"杨六郎让下人拿来十两白金，赏给这位巡兵，又派人连夜赶赴幽州，打探孟良和焦赞的下落。

　　没过几天，消息传了回来："孟良和焦赞两人的尸体都暴露在幽州城外，如今已经被埋葬了。"杨六郎仰天长叹，说："这些年兵荒马乱，要不是这两人奋勇杀敌，怎么会有今天的太平？现在过上好日子了，他们却双双丧命，真是让人伤心！"第二天，杨六郎上朝见真宗，上奏说：

"臣的部下孟良、焦赞因为失误，死在了幽州，希望陛下将授予他们的官职收回。"真宗听后，十分伤心，答应了杨六郎的请求。之后，真宗因为孟良、焦赞曾经救驾有功，派人为他们修建陵墓，并谥赠二人为忠诚侯。杨六郎谢恩后退下，回到府中。自从孟良、焦赞死后，杨六郎每天郁郁寡欢，怅然若失，不怎么出门，也无心前去赴任。

八王从幽州回来的时候，在路上染上了风寒，一直在府中卧床养病。真宗不时派寇准等人去看望。八王对寇准说："我与先生在一起相处了多年，没想到现在就要分别了。"寇准说："殿下不过是得了点小病，不用担心。如今四海安宁，正需要殿下辅佐圣上治国，共享太平盛世，为什么要说这样不吉利的话呢？"八王说："这一关是过不去了。"寇准辞别八王后入朝去见真宗，请求为八王祈福。真宗同意，命令寇准、柴玉负责这件事。寇准领命后去请清华真人，在禁宫里修建祭坛，为八王祈祷了两天。清华真人对寇准说："坛上的天灯长明不灭，八殿下一定没事。"寇准非常高兴。后来八王的病果然渐渐好了，满朝文武都向他祝贺。

八王的病好了之后，入朝去见真宗，向他谢恩。真宗亲自出门迎接八王，带他到殿上，对他说："爱卿身体好了，真是大宋江山的幸事！"真宗心情大好，设宴款待文武官员。当天，君臣开怀畅饮。

将近傍晚的时候，大臣们吃完酒席，拥护着八王出了大殿。到了东门的时候，忽然有人来报，说："有一只白额猛虎从城东冲进来，城里的百姓担惊受怕，现在老虎正冲着东门来了。"八王听后，到车外察看，果真发现前面人群慌乱，一只猛虎咆哮着向这边冲来。八王弯弓搭箭，一下子射中了猛虎的脖子。猛虎没有倒下，而是带着箭逃走了。士兵们赶紧去追，结果追到金水河边不见了老虎的踪影。八王知道后愣了半天，回到府中旧病复发，从此一病不起。

杨六郎觉得自己得了重病，就派人通知令婆。令婆与杨四郎、杨宗保、柴太郡等人都来到跟前。杨六郎对令婆说："儿子的病恐怕不会好了。"令婆说："等我派人去找医生来给你调理，或许就没事了。"杨六郎说："昨天我做了一个梦，梦里来到皇宫东门，正遇到八殿下和大臣们退朝。八殿下用箭射中了我的脖子，我顿时觉得一阵疼痛。我想这可能

杨家将

是我生命到了尽头的预兆。母亲你要保重身体，不要因为儿子走了而伤心。"杨六郎又把杨宗保叫到跟前，说："你伯父杨延德懂得天象，他曾对我说'国家杀气未除'。你要尽职尽忠，不能给杨家丢脸。"杨宗保答应了他。杨六郎嘱咐完众人后，对杨四郎说："四哥要好好照顾母亲。"说完便死去了，终年四十八岁。

令婆等人大声痛哭；汴京城的军民听说杨六郎死了，也都忍不住伤心落泪；朝中文武百官，悲痛不已；真宗感叹说："老天不想让天下太平，所以才会接连让国家栋梁离世。"话没说完，忽然有人来报，说八殿下听

252

说将杨军去世，悲愤交加，病情加重，夜里五更也去世了。这个消息让真宗更加悲伤，为此两天没有上朝。

寇准、柴玉等人商议，要上奏真宗，要求为八殿下和杨六郎封谥号。柴玉说："八殿下与杨将军都是辅佐圣上的重臣，如今相继离世，应当奏明圣上，为他们两人封谥号。"第二天上早朝的时候，大臣们一起上奏这件事。真宗也正有此意，于是追封八王为魏王，谥号懿；追封杨延昭为成国公，并且下令厚葬两位。寇准等人退下，下人们按照真宗的命令去办。

第四十六回

杨宗保兵征西夏

西夏国国王李穆听说宋军攻破幽州城，与群臣商议说："辽国现在归降了中原，朕打算趁着我国现在兵强马壮，出兵攻打大宋，爱卿们觉得如何？"左丞相柯自仙上奏说："如今宋朝一统天下，谋臣武将云集，实力非常强大。自从晋朝、汉朝以来，辽国就没有怕过中原，如今都被大宋灭掉了。我国全国的人马还不如宋朝的一个郡，要是出兵惹怒了宋朝君主，宋军杀了过来，岂不是惹火烧身，自找麻烦？希望陛下认真考虑一下。"

柯自仙话没说完，一位武将就站出来说："不趁现在攻打中原，还等什么？"此人是羌族人殷奇，使二柄大杆刀，有万夫不当之勇，还会呼风唤雨的法术，在西夏没有人不怕他，人称"殷太岁"。殷奇手下有一员大将，名为束天神，也懂法术，会七七四十九种变身术，被称作"黑煞魔君"。这天殷奇竭力鼓动穆王起兵伐宋。穆王说："爱卿主张起兵伐宋，不知道有什么计策？"殷奇说："臣最近听说中原的大将不是被调遣到各地，就是去世，杨六郎等人都死了；边关的守备更是薄弱，看到狼烟烽火，就吓得四处逃窜。臣凭借生平所学，先拿下各郡，再攻打汴京，定能攻克中原。"穆王听了这番话非常高兴，于是封殷奇为征南都总管，束天神为正先锋，汪文、汪虎为副先锋，江蛟为军阵使，带领十万大军起兵伐宋。殷奇领命，带兵向雄州进发。一路上只见旌旗蔽野，杀气腾腾。

殷奇带兵行走了几天，来到雄州，在雄州城正南方十里的地方安营。

镇守雄州的宋将是丘谦，他听说西夏国大军到来，就和部下邓文商议，说："肯定是西夏国听说杨将军去世，知道朝中没有良将，所以想乘虚而入，图谋中原。现在雄州守军少，粮草也不多，恐怕难以招架，这该怎么办？"邓文说："不要担心，现在城里面有四千士兵，留下一半守城，我跟骑尉赵茂率领两千出城去迎敌。"丘谦说："贼兵来势汹汹，你们不要大意。"邓文说："不用担心。"于是邓文和赵茂带兵出城迎敌去了。

殷奇看到宋兵出城应战，也下令摆开阵势。殷奇来到阵前，骑在马上高声喊道："宋将赶紧投降，必定重用，要是执迷不悟，十万大军把雄州踏平。"邓文一马当先，来到阵前，指着殷奇骂道："逆贼不知好歹，大辽这样强大都被我大宋灭掉，你西夏如今自身难保，还想图谋中原？"殷奇大怒，问部下："谁先出战把这个匹夫捉来？"只见左侧一位将领冲出阵去，正是束天神。束天神手拿铁斧，骑马杀向邓文，邓文举枪迎战。顿时两军呐喊声不断。两人打了三十多个回合，邓文渐渐招架不住。赵茂拍马舞刀，前来助战。束天神以一敌二，毫无惧色。殷奇在马上弯弓搭箭，一箭射中赵茂，赵茂当场毙命。邓文见赵茂死了，拨马逃回城里。殷奇乘势指挥西夏军杀了过来，把雄州城团团围住。宋兵损失惨重，邓文下令紧闭城门，回去把整个经过告诉丘谦。丘谦害怕地说："敌众我寡，现在又被围城，只能传信去汴京，请求支援。"邓文说："事不宜迟！"于是立即写信，派人夜里出城，火速赶往汴京，到枢密院报信。

真宗得知这个消息之后，大吃一惊，说："西夏国乘虚入侵，实在是一大隐患。"真宗赶紧召集文武官员来商议对策。柴玉上奏说："臣保举一个人，肯定可以退敌。"真宗问他："爱卿保举谁？"柴玉说："正是三代将门豪杰、金刀杨令公之孙、官授京城内外都巡抚的杨宗保。"真宗非常高兴，说："爱卿保举的这个人肯定称职。"于是真宗立即下令，封杨宗保为征西招讨使，呼延显、呼延达为副使，大将周福、刘闵为先锋，带兵五万，前去退敌。

杨宗保领旨后退下，回到无佞府，与令婆告辞。令婆说："你要记得你父亲的遗言，为国尽忠。"杨宗保说："孙儿一定记得。军情紧急，这就出发。"令婆吩咐他："多加小心，不要给我们杨家丢脸。"杨宗保

杨家将

呼延显眼枪跃马，杀向汪虎，汪虎挥舞大刀迎战。

答应后出了杨府，来到教场，集合起人马。第二天他便离开汴京，向雄州进发。

宋军人马浩浩荡荡，来到焦河口，在离雄州只有十五里的地方安营扎寨。杨宗保派人到城中去送信。

殷奇听说宋军到了，吩咐部下的将领说："宋朝援军到了，大旗上写着'杨宗保'三个字。我很早就听说过这个人，他是杨六郎的长子，能文能武。当初宋军能破除南天阵，全靠他指挥调度。如今他率兵到来，你们不要掉以轻心。要是能赢了他，拿下中原就容易了。"副先锋汪文、汪虎说："不用劳烦元帅出阵，我们二人出战，定能杀退宋兵。"殷奇派给他

们两万精兵。

第二天，汪文率兵在平坦的旷野上摆开阵势，只见宋军浩浩荡荡压了过来。杨宗保在马上厉声问道："边境早已划定，你们为何来侵犯？"汪虎说："雄州本是西夏的地盘，被你们夺走了，现在不得不要回来。"杨宗保大怒，对部下说："谁先出马？"呼延显要求出战，杨宗保准许。呼延显挺枪跃马，杀向汪虎，汪虎挥舞大刀迎战。两人鏖战了三十个回合，汪文举着枪杀出来助战，呼延达也拿着斧头从一边杀出。汪虎招架不住，拨马逃走。呼延显被激怒，紧追不舍。杨宗保乘势带领宋军大举进攻，汪文见事不好，转身逃跑。宋军杀得西夏兵丢盔弃甲，四散逃去。丘谦在城上看到西夏军战败，赶紧开东城门出兵接应。西夏军大败，杨宗保也不派兵追赶，带领宋军入城去了。

汪文、汪虎带着残兵回来见殷奇，说宋兵来势汹涌，坚不可摧。殷奇大怒，说："这些宋军都打不赢，还想攻打中原？"于是他想亲自带兵出战。束天神说："元帅不要着急，看小人如何击退宋军。"殷奇说："你先带兵出战，我在后面接应。"束天神领命。

第二天天刚亮，束天神就在城下叫战。忽然东门一声炮响，呼延显、周福带兵冲了出来，厉声骂道："逆贼还不赶紧撤军，否则只有死路一条。"束天神大怒，骑着马举着方天画戟朝周福杀了过来。周福挥舞大刀迎战。两人打了几个回合，束天神佯装逃走，把宋军引到阵中，然后开始念咒。顿时狂风大作，飞沙走石，半空中出现无数黑煞魔君。周福大吃一惊，赶紧调转马头往城里逃去。这时束天神杀了回来，一戟把周福刺死在马下。这一战宋军大败，损失了很多兵马。呼延显慌忙逃回城中，派人赶紧拉起吊桥。束天神带人杀到城池边上才收兵。

呼延显回到军中，报告杨宗保说周福被束天神用妖术害死。杨宗保心想："这里居然有这样的奇人？"杨宗保问手下："谁敢出兵再战？"话刚说完，刘闵说："小将愿意出战。"杨宗保派给他一万精兵。

第四十七回
束天神大战宋将

第二天，刘闵率兵出城，对阵束天神。束天神大叫道："败军之将，今天又来寻死？"刘闵大怒，说："妖孽赶紧退兵，给你一条活路，要是执迷不悟，定让你片甲不留。"说完刘闵便舞刀纵马，冲杀过去。束天神举着方天画戟迎战。两人刚一交手，束天神转头逃走，刘闵在后面乘势追击。结果刚追出去不远，束天神就开始施展妖法。顿时天昏地暗，狂风大作，空中杀出无数魔君。刘闵惊慌失措，被束天神一戟刺死在阵中。宋兵顿时大乱，自相践踏，死者不计其数。束天神又胜一阵，率兵来把城池围住。

杨宗保得知刘闵战死，悲愤不已，立即下令整顿兵马，要与敌人决一死战。第二天，杨宗保亲自带领呼延显、呼延达，出城作战。束天神率领西夏兵排开阵势，左边是汪文，右边是汪虎。杨宗保骑在白骥马上，远远望见束天神脸色发黑，眼若铜铃，头发胡子全是红色，长相狰狞，非常可怕。杨宗保大骂道："逆贼赶紧退兵，饶你们不死；不然，让你们粉身碎骨！"束天神问身边的人："这人是谁，如此嚣张？"汪虎说："这就是宋军主帅杨宗保。"束天神对手下说："谁先出战，挫挫敌人的锐气？"汪文来到阵前，举枪跃马，杀向宋军。

杨宗保被激怒，挥舞着长枪出阵迎敌。顿时两边金鼓齐鸣，喊杀声震天。两人打了几个回合，杨宗保一枪将汪文刺死在马下。汪虎看到哥哥被害，怒气冲天，杀出阵来，嘴里喊着："骨肉之仇，不可不报！"杨宗

束天神开始念咒，顷刻间天昏地暗，半空中杀出一群黑煞魔君，各个手持利刃，杨宗保大惊，连忙后退……

保说："让我连你也一起杀了。"两人一个使刀，一个使枪，打在一起。几个回合之后，杨宗保佯装逃走，汪虎在后面追赶。眼看汪虎就要追上来了，杨宗保弯弓搭箭，回头射去，汪虎应声倒地。呼延显看到主帅接连杀死敌人两位将领，率领宋军一拥而上。两军混战到一起，杀得天昏地暗，地动山摇。

正在两军混战的时候，束天神开始念咒，顷刻间天昏地暗，飞沙走石，半空中杀出一群黑煞魔君，手持利刃杀来。杨宗保大惊，连忙后退，宋军大败。呼延显奋力抵抗，保护杨宗保回到城中。这时候束天神已经率领部下杀了回来，呼延达进退无路，被西夏兵捉去。

束天神押着呼延达去见殷奇，殷奇命人把呼延达关进囚车。殷奇又下令让西夏兵分别攻打雄州城的各个城门。束天神说："宋军虽然被打败，逃回城中，但是我军也损失了汪文、汪虎两员大将。要是连一座雄州城都攻不下，怎么可能谋取中原呢？还是先派人回国要求增派兵马，到时候指挥大军一起南下，肯定能攻下中原。"殷奇于是立即派人回去上奏李穆王，要求再派人马。穆王问回来的人："前方战事如何？"这人回答说："虽然西夏兵人数占优，但死伤也不少。现在宋军在雄州城内坚守，时间长了必定粮草短缺，国王要是能再派兵去支援，肯定能破敌。"

穆王与群臣商议，右丞相胡天张上奏说："臣有一计，可以使宋兵首尾不能相顾，自然会退兵。"穆王问他："爱卿有什么计策？"胡天张说："可以派人去森罗国承诺和亲，向他们借兵，他们一定很愿意。再派人去黑水国，说服他们，说要是攻下中原，一定割让重镇给他们，他们也一定会答应借兵。然后派人率领这两国的兵马从祁州出兵，再派三太子出兵，两军前后夹击，肯定战无不胜。"穆王听从他的建议，立即派使者前往森罗国，献上礼品，说明和亲借兵攻打中原的事。

森罗国国王孟天能与太子孟辛商议，说："西夏国来借兵，应该如何答复？"孟辛说："西夏国跟我们是邻居，唇齿相依，既然他们来和亲，应该答应他们。"孟天能说："往年借兵给辽国，结果被杀得所剩无几，只怕宋军不好对付，会引火上身。"孟辛说："如今宋朝已经大不如前，谋臣良将所剩无几，这次借兵给西夏国，肯定能成功。"孟天表示同意，便派孟辛为元帅，带四万人马出兵。孟天能的长女百花公主武艺精湛，上奏要求一起出征，孟天能同意了她的请求。孟辛率兵离开本国，向祁州进兵。同时，黑水国也答应了西夏的请求，派大将白圣将率领三万人马，向祁州进发。

使臣回到西夏国，上奏穆王："两国都答应借兵，人马已经前往祁州会合。"穆王听后大喜，说："这次肯定能成功。"又问胡天张："再派谁带兵去接应？"胡天张说："三太子文武双全，可以带兵出征。"穆王

准奏，派三太子带四万人马出兵。太子领命，率兵前往雄州。

　　殷奇派人去打听援兵的消息，有人回报："三太子已经率兵来到，在正西方安营，请元帅前去商议对策。"殷奇收到消息后，立即前去。拜见完毕后，三太子问他战事如何。殷奇说："两军交战，各有胜负，现在太子率兵来支援，一定能打败宋军。"三太子说："森罗国和黑水国也都出兵支援，他们从祁山过来。等会合之后，便可以与宋军展开决战，定能获胜。"话没说完，有人来回报，说森罗国、黑水国的人马已经到了，在西关下寨。三太子立即派人送去羊肉和美酒，犒赏他们，并派人带着礼物去见两国的主帅，让他们先出兵袭击雄州城。孟辛收下礼物，让人捎信给太子，说："明天我先出兵破了宋军，再拿下雄州城。"

　　消息传到雄州城内，杨宗保得知森罗国、黑水国出兵帮助西夏，便问部下："明天谁先出战？"呼延显说："小将愿意出战。"杨宗保说："敌人实力强大，让张达跟你一起去。"张达领命。杨宗保派两万人马供两人调遣，呼延显退下。杨宗保又跟张达商议，说："森罗国大军来势汹汹，明天你打算怎么应战？"张达说："现在还不知道他们的虚实，等明天上阵后，兵分三路应对。"杨宗保同意这个方法。

　　第二天一早，宋军兵分三路，呼延显、叶武、张达各自率领一路，一起杀出城去。森罗国大军漫山遍野杀来，主帅孟辛手拿铁锤，腰上佩着双刀，高坐在马上。呼延显高声喊道："西夏国造反，已经是死路一条，你为什么还敢出兵帮他？"孟辛大怒，说："当年我弟弟金龙太子就是死在宋朝人手中，今天我就为他报仇。"话音刚落，叶武提刀纵马，杀了过去，孟辛挥舞铁锤迎战，顿时两军呐喊声不断。两人打了五十几个回合，不分胜负。就在这时，忽然右侧一声鼓响，黑水国的白圣将率领部下杀了出来，将宋军截为两段。叶武还在跟孟辛打斗，两人不分高下。这时百花公主手持双刀，上来夹击，叶武落了下风，只好带领部下往回逃。看到这种形势，张达奋勇上前，接应叶武，结果被百花公主的流星锤打中胸膛，当场毙命。一时间宋军大乱，敌军趁机万箭齐发，宋军死者不知其数。呼延显赶紧率领部下逃回城中。孟辛等人乘势追击，一直追到城下才收兵。

　　殷奇听说森罗国与黑水国大胜宋军，并斩了两位宋将，非常高兴。

杨家将

他跟三太子商议："这次宋军大败，主帅肯定会被激怒，再带兵来交战。很早就听说这杨宗保是将门之子，武艺精通，所以只跟他斗武恐怕难以取胜，还得要用计谋才能将他拿下。"三太子问他："你有什么计策？"殷奇说："昨天我去察看地势，发现这里十五里之外，有一座大山，名叫金山。山下有个叫金山笼的地方，只有一条小路可以出入，两边都是高山。可以先派重兵埋伏在那里，再派人把宋军引来，断了他们的退路，将他们围困。这样，不出几十天，就能把他们饿死。到那时，雄州唾手可得。"三太子说："这个计策虽然妙，只怕宋军不肯上当。"殷奇说："我们可以先把营地挪到金山下面，这样他们就不会怀疑了。"三太子同意，派人去布置。

呼延显回到城中，去见杨宗保。杨宗保得知宋军大败，大将张达、叶武被敌人杀死，勃然大怒，说："不灭了这些蛮贼，有什么脸回去见天子？"于是杨宗保下令全军出战，要与西夏大军一决生死。邓文说："刚才有人来报，说西夏大军退兵到金山脚下，恐怕其中有什么计谋。将军应该坚守城池，从长计议，这样或许有机会取胜，不要一时气愤，激怒了敌军，得不偿失。"杨宗保说："这些蛮贼就知道斗勇，哪懂什么计谋？你们看我如何收拾他们。"听杨宗保这样说，邓文也就不敢再说什么。第二天一早，杨宗保吩咐呼延显去打头阵；刘青、邓文在后面接应，以防孟辛带人从后面偷袭；丘谦守城。安排完毕后，杨宗保亲自率领大军出城。

宋军大举进攻，杀向金山，束天神已经列好阵势在那里等他们。呼延显大骂："逆贼赶紧退兵，饶你不死；不然的话，杀了你们为宋军报仇。"束天神大怒，说："口出狂言，这就让你去陪他们！"说完之后，束天神举着方天画戟骑马杀了过来。呼延显挺枪迎战。两人刚交手两个回合，刘青带人从一边杀了出来，束天神假装不敌，掉头逃走，呼延显等人在后面乘势追击。殷奇看到宋军来到，舞着大刀出来迎战。这个时候杨宗保也带领部下赶到，与殷奇打在一起。交手不过几回合，殷奇便朝着金山的那条小路逃去了。

第四十八回

杨宗保兵困金山笼

宋兵看到敌人逃走，个个都想要立功，便如潮水一般涌向金山笼。邓文在后面看到这一幕，赶紧上前对杨宗保说："这一次他没有施展妖术，没打就逃走了，肯定有埋伏。再说我们已经出城太远，再不收兵，恐怕会遭暗算。"杨宗保说："兵贵神速，正好趁这个机会大举进攻，才能打败敌人。就算有伏兵，又有什么好怕的？"士兵们听了杨宗保的话，更加英勇。等宋兵杀到金山脚下，发现到处是西夏兵丢弃的衣甲，于是更不怀疑，直接杀进了金山笼中。

当时天色渐晚，突然一声炮响，埋伏在谷口的伏兵们杀了出来，堵住了金山笼的出口。杨宗保得知退路被截断，大吃一惊，说："不听邓文的劝告，果然中计了。"杨宗保立即下令众将士杀出去。呼延显、邓文冲在最前面，结果山上石块和箭一起纷纷落下，宋军死伤无数，冲不出去。

杨宗保和手下被围困在了谷里，心中惶恐不安。邓文说："敌人坚守在谷口，就是长着翅膀也飞不出去；只有忍耐，等待时机。"杨宗保说："我们对这里的地形不熟悉，不但我们出不去，恐怕雄州的人马也难保了。"邓文说："丘都监知道我们被围困后，肯定会坚守，应该没什么问题。只是我们没有粮草，恐怕不能坚持太久。"杨宗保说："朝廷对我如此信任，我却被困在了这里，还得依靠诸位想想办法。"呼延显说："听说应州有很多兵马，可以秘密派人去应州求救。"邓文说："去应州求救兵不保险，不如直接派人回汴京请求支援。等援兵一到，自然能打退敌

杨家将

杨宗保和手下被围困在了谷里，无计可施，心中惶恐不安。

① [孟尝君]

姓田名文，战国时齐国的贵族，与魏国的信陵君、赵国的平原君、楚国的春申君并称为"战国四公子"。

② [鸡鸣狗盗]

孟尝君有一次被秦昭王关押起来，他的一个门客靠学雄鸡啼叫，装狗进行盗窃而使孟尝君脱险。后来这个成语多用来形容微不足道的本领和偷偷摸摸的行为，带有贬义。

人。"杨宗保说："敌人看守严密，不知道谁能出去送信？"话刚说完，一个人站出来说："小人愿意前往。"大家一看，原来是刘青，这人胆子很大，在军中大家都叫他"刘大胆"。杨宗保说："你打算怎么混出去？"刘青说："元帅肯定听说过古代孟尝君①门下有鸡鸣狗盗②的门客，小人会学他们，变形出去。"杨宗保很高兴，立即写好求救信，让他带着回汴京。

此时天已经快黑了，刘青悄悄来到谷口，发现敌人将谷口团团围住。他灵机一动，变成了一条黑狗，向外面跑去。西夏兵还以为这是自己军营里养的狗，也就没在意。就这样，刘青混出了山谷。当时天已经黑了，正是西夏兵吃饭的时间。刘青偷偷来到堆积粮草的地方，看到粮草堆积如山。他心生一计，拿出火石，把粮草点着了。当时正值夜里起风，不一会儿火光漫天，浓烟滚

滚。西夏兵一看粮草着火了，赶紧上报主帅，一时间兵营里大乱。趁此机会，刘青偷了一匹快马，连夜赶赴汴京。

殷奇下令赶紧救火，等火被扑灭，粮草被烧掉了一半。这时候，殷奇才知道有宋兵偷偷出了山谷，想要去追已经来不及了，殷奇只好下令夜里巡逻多加提防。

刘青没几天就赶到了汴京，他先到枢密院去报信。第二天上朝，有大臣把这个消息上奏给真宗，说："杨宗保被敌军围困，派人来求救兵。"真宗非常吃惊，于是宣刘青上殿，详细问他前线的情况。刘青说："以前两军交战，互有胜负，最近接连损失了几位大将，杨将军被激怒，带兵出战，结果被敌人引进了金山笼，伏兵出来堵住出口，宋军被困在谷中。雄州的形势也很紧急，谷里粮草殆尽。希望陛下尽快派兵救援，免得耽误大事。"真宗听后对他说："你先退下，等朕与大臣们商议对策。"刘青谢恩后退下。

真宗问大臣们："谁可以带兵去救援？"柴玉上奏说："边关上的将帅都在守关，很难调遣。陛下赶紧张贴榜文，招募有勇有谋的人，封为元帅、先锋，带兵去救援。"真宗准奏，立即派人去各个城门张贴榜文，招募贤士。

刘青来到无佞府，把杨宗保被困山谷的事通知了令婆。令婆听后大吃一惊，问他："这件事你奏明圣上了吗？"刘青说："已经奏明圣上了。"令婆又问："那圣上说什么时候派兵去救援？"刘青说："柴驸马说朝廷里面没有什么良将，没人能担此重任，建议张贴榜文，招募贤士，再派兵去救援。"令婆听后说："救兵如救火。我孙子被困在谷里，形势危急，度日如年。等招募到合适的人，恐怕早就没命了。"说完之后大哭不止。

穆桂英、八娘、九妹等人听说前方传来了消息，都来到堂上，向令婆询问。令婆收住眼泪，把杨宗保被围困的事情说了一遍。穆桂英说："这样的朝廷大事怎么不去奏明圣上，要求派兵救援？"令婆说："现在朝廷里没有良将，要临时招募。我怕耽误了事情，所以才在这里懊恼。"穆桂英说："令婆不要担心，我愿意带兵去救援。"令婆说："你一个人怎么去？"八娘、九妹说："我们俩愿意一起前往。"令婆没有说话。

杨家将

这时，杨府十二个女人一起要求出征，她们分别是：周夫人（杨渊平的妻子，最有智慧和胆识）、黄琼女（杨六郎的妻子，擅长使双刀）、单阳公主（萧太后的女儿）、杨七姐（杨六郎的女儿，还没有嫁人）、杜夫人（杨延嗣的妻子，她本是天上麓星下凡，小时候受过九华真人的指点，懂法术，武艺精湛，有三口飞刀，百发百中，杨府内外没有人不敬重她）、马赛英（杨延德的妻子，兵器是九股练索）、耿金花（小名耿娘子，杨延定的妻子，喜欢用大刀）、董月娥（杨延辉的妻子，眼光精锐，有百步穿杨的本领）、邹兰秀（杨延定的次妻，擅长使枪）、孟四娘（晋阳孟令公的养女，杨渊平的次妻，军中称她为孟四娘）、重阳女（杨六郎的妻子，擅长双刀）、杨秋菊（杨宗保的妹妹，武艺高强，箭法精湛）。周夫人说：“既然侄儿有难，我们不能坐视不管。凭借我们这些人的武艺，肯定能救他出来。这样不仅能免去令婆的烦恼，也算是为国家出力。”令婆非常高兴，说：“我看你们齐心协力，一定能把宗保救出来。”

第二天一早，令婆入朝去见真宗，上奏说：“臣家的女将们听说杨宗保被围困，都要求带兵去救援，为国建功，希望陛下恩准。”真宗问群臣的意见，柴玉上奏说：“臣担心没人来应招，正打算上奏这件事。陛下可以派她们出征，肯定能大获全胜。”真宗对令婆说：“要是真的能为朕分忧，救回杨宗保，一定重赏。”真宗下旨，封杨渊平之妻周氏为上将军，带领五万精兵，前去救援。

圣旨下来的时候，周夫人等人早已经准备完毕。她们向令婆告辞。令婆说：“军情紧急，你们赶紧出发。蛮人作战顽强，知道救兵赶来，肯定会乘势攻击。你们要各自小心，不要辜负了圣上的信任。现在杨宗保已经被困了很久，可以先派人去传信，让他安心。”周夫人一一答应。

当天喝完饯行酒，一声炮响，十二员女将一起走出杨府，各自手执兵器，骑在马上，英姿飒爽。周夫人等人率领大军离开汴京，刘青在前面带路。当时正值二月，风和日丽。宋军浩浩荡荡，向雄州进发。

几天之后，宋军来到离雄州不远的地方。刘青说：“离城不远的就是森罗国和黑水国的军营，夫人先在这里驻扎，再慢慢商议对策。”周夫人下令将宋军分为三个营地：派重阳女、九妹、杨七姐、黄琼女、单阳公

主五人率领二万人马，在左侧屯兵；派杨八娘、杜夫人、马赛英、耿金花四人率领两万人马，在右侧屯兵；自己与穆桂英、董月娥、邹兰秀、孟四娘率领一万人马，在中间屯兵；并且交待大家，如果两军交战，要相互救应。重阳女等人领命，各自带兵去安营。

消息传到三太子的寨中，三太子说："要是救兵晚来十天，被困的宋军就会投降，雄州也就能拿下了。"三太子立即召殷奇来商议对策。殷奇说："探子回报，说来的援军主将都是女的，这说明大宋国内已经找不出良将来了。现在她们分三个营寨屯扎，要是攻打其中一个，另外两个就会出兵救应，所以需要前后一起夹击。可以派孟辛和白圣将先出战，我军伺机出击，一定能把她们打败。"三太子同意，立即给孟辛、白圣将报信，告诉他们明天如何出兵。孟辛、白圣将收到信后，各自整顿军马，准备明天作战。

第二天一早，孟辛带兵在平坦的旷野上摆开阵势，向宋军叫战。宋军左营中的九妹、杨七姐出阵迎敌。九妹骑在马上指着孟辛骂道："蛮贼赶紧退去，饶你不死，不然的话，一个活口也不留。"孟辛大怒，挥舞着铁锤杀了过来。九妹骑马上前，舞刀迎战。两人打了几个回合，孟辛佯装逃走，九妹带兵追杀。这时百花公主从一侧杀出，与九妹打斗了几个回合。百花公主佯装逃走，引九妹来追。看到九妹离自己很近的时候，百花公主取出流星锤，转身便打，正好击中了九妹的坐骑。马被锤击中，疼痛难忍，把九妹掀翻在地。百花公主赶到近前，挥刀便砍。就在这时，杨七姐一箭射中了百花公主的左手臂。百花公主跌落马下，被宋兵活捉。孟辛杀过来救百花公主，刘青趁机带兵从后面袭击森罗国的大军。森罗国大军阵脚大乱，孟辛见事不好，一个人骑着马逃到了白圣将的营中。杨九妹收兵回营。士兵们押着百花公主到中营去见周夫人。周夫人说："先把她关进囚车，等候发落。"

就在这时，忽然有人来报，说黑水国大军来叫战。周夫人问部下："谁出阵迎敌？"重阳女说："小将愿意前去。"周夫人说："我再给你找个帮手，确保万无一失。"穆桂英站出来说："我去帮她。"周夫人很高兴，交给二人一万人马。重阳女领命，与穆桂英带兵出营，来到阵前。

第四十九回

杨门女将出征

　　重阳女来到阵前，正好遇到白圣将。白圣将提枪纵马，向宋军阵营杀了过来，重阳女举起双刀，上前迎战。两人打在一起，两军呐喊声四起。几个回合之后，白圣将知道自己不是她的对手，想要逃走。这时候，孟辛挥舞着大锤冲了出来，嘴里喊道："我要为妹妹报仇！"穆桂英看到孟辛冲了出来，弯弓搭箭，一箭射中了孟辛的心窝，孟辛当场毙命。宋兵乘势大举进攻。重阳女骑马追上白圣将，把他一刀砍落马下。黑水国的士兵一半被宋军杀死，一半丢盔弃甲，逃回本国去了。重阳女又胜一仗，周夫人非常高兴。

　　消息传到西夏国军营中，三太子大吃一惊，说："没想到杨家的女将里有这样的英雄，接连杀退两个国家的兵马。"三太子又对部下说："明天你们谁去出战？"束天神说："殿下不要惊慌，小人带兵出战，一定杀了那宋军的大将。"三太子给他两万精兵准备应战。第二天束天神来到阵前，大叫道："宋将里面有本事的出来，没本事的赶紧退下。"话音未落，宋军中杀出一位女将，手持一把大刀，威风凛凛，原来是耿金花。耿金花骂道："蛮贼赶紧退去，不要脏了我的刀。"说完便杀向束天神。束天神举起方天画戟迎战。两人打了几个回合，束天神佯装逃走，耿金花乘势追击。束天神开始施展妖法，瞬间狂风大作，天昏地暗，半空中杀出无数魔君。耿金花惊慌失措，赶紧往回逃。西夏兵趁势追击，宋兵大败，死者无数。束天神收兵回营。

耿金花回到营中，来见周夫人，把束天神会妖术的事情告诉了她。周夫人说："西方有妖党，他们都懂妖术。明天谁敢出兵迎战？"杜夫人上前说："明天我去捉住这个妖党。"穆桂英也上前请战。周夫人很高兴，说："你们两人要是能破了这个妖党的妖术，就立下大功了。"

杜夫人与穆桂英两人带兵杀出军营，正遇到束天神在阵前耀武扬威。杜夫人率先出战，大骂道："妖人不要走！"束天神笑着说："手下败将，还敢来送死？"说完挥舞方天画戟，上来迎战。两军呐喊声不断。两人打了几个回合，束天神佯装逃走，引杜夫人来追自己，然后施起妖术来。顿时天昏地暗，狂风大作，空中杀出四十九个手持刀剑的黑煞魔君。宋兵看到这一幕，吓得惊慌失措。杜夫人大怒，说："你这些妖术也就吓吓别人，竟然敢在我面前卖弄。"于是她开始念九华真人传授的秘诀。不一会儿，雷声滚滚，闪电不断，天上落下无数火球，将魔君全部烧死。宋军士气高涨，如潮水一般涌向敌人。束天神见势不好，正想要逃走，穆桂英抛出飞刀，把他砍死。宋军大举压上，束天神部下全部被杀死。穆桂英想要乘势攻击敌人的大本营，杜夫人说："先收兵回营，回去后与主帅商议进兵之事。"穆桂英收兵回营。

有败兵逃回军营，报告三太子，说束天神被宋将杀死了。三太子听说束天神被杀，惊叹道："这样善战的人都死在了杨家女将的手下！"三太子又问殷奇："现在该怎么办？"殷奇说："太子不要担心，我们还有五万大军没有动用，明天臣跟随殿下一起出战，与宋军决一死战。"三太子下令，明天全军出动。

有人打探到消息，回宋营中回报，说："西夏大军明天全军出动，要与我军大战。"周夫人听后，召集女将们来商议对策，说："胜败就在明天这一战。可以先派刘青到金山笼报信，明天内外一起作战，夹击敌军。"刘青领命去了金山笼。周夫人对黄琼女说："明天你带一万人马与西夏军作战，把他们引到雄州城下，到时候我会派兵来接应你。"黄琼女领命。周夫人又对董月娥说："明天你带五千人马，与邹兰秀一起在城池两边埋伏，等炮声一响，就杀出来。"董月娥与邹兰秀领命。周夫人又吩咐马赛英："明天你带五千轻骑兵，带着火具，等两军交战，放火烧了敌

杨家将

束天神见势不好，正想罕逃走，穆柱英抛出飞刀，把他砍死。

人的营寨。"马赛英领命。最后，周夫人派杜夫人率军在后面接应。

第二天，两军对阵。黄琼女来到阵前叫战，殷奇从西夏军阵营中杀出，大叫道："宋将赶紧退去，还能保住一条命，不然的话，让你片甲不留。"黄琼女大怒，说："手下败将还敢口出狂言？"说完她便挥舞大刀，上前迎战。两人一个用刀，一个用斧，打在一起。不出几个回合，黄琼女假装逃走，殷奇指挥部下追击。等西夏兵追到城池边上的时候，一声炮响，董月娥、邹兰秀率领埋伏在路边的伏兵杀了出来，顿时万箭齐发，

西夏兵阵脚大乱。

殷奇看到宋军有埋伏，于是赶紧撤军。这个时候，穆桂英带人冲了出来，杀进西夏兵的阵营中。西夏兵的阵势被冲得七零八落，三太子等人自顾不暇。马赛英带领骑兵来到西夏军的营寨，放起火来。当时正值东风呼啸，一时间浓烟滚滚，火势冲天。有人回报三太子，说："后方营寨被宋军烧了。"三太子吓得魂飞魄散。殷奇见势不妙，一边念咒语，一边从怀中拿出聚兽牌，并朝着天上敲击。忽然一声雷响，大地一震，四下里冒出黑雾，一群猛兽从黑雾中冲了出来，都是些豺狼虎豹。宋兵被吓得四处逃窜。

杜夫人看到殷奇在施妖术，便念起了真言①，一时间团团火焰从天而降，将那些豺狼虎豹烧得焦头烂额。宋军士气大振，乘势掩杀，西夏兵纷纷丢盔弃甲，四散而逃。殷奇奋力杀了出去，正要逃走，被杨秋菊一箭射中左眼，落马而死。

① [真言]

　　出自梵语，佛家用语，其中一个意思是咒语、神咒。

杨宗保在金山笼里面看到外面浓烟滚滚，知道两军打了起来，便率领部下向外冲杀。呼延显一马当先，正遇到汪蛟，两人只打了一个回合，呼延显就把汪蛟刺落马下。这时候，穆桂英和黄琼女也带兵赶到了金山脚下，与杨宗保会合，杀得西夏军尸横遍野，血流成河，宋军从他们手里夺来的牛马辎重不计其数。

宋军大获全胜，只有被捉去的呼延达被西夏兵杀害。周夫人收兵回营。这时候雄州城的城门已经打开，周夫人派士兵在城下屯兵，自己与杨宗保到府上相见。杨宗保拜谢周夫人，说："要不是婶娘带人来救援，恐怕侄儿已经不在人世了。这一场大胜，足以报仇雪恨。"周夫人说："圣上听说侄儿被围困，找不到人带兵来救援，令婆为此担心，我们只好出兵，没想到这么容易就打退了敌军。"杨宗保说："这里离西夏国的连州城只有几天的路程，不如一鼓作气，攻下西夏国，活捉国王李穆。这样的机会千载难逢，不可错失。"周夫人说："将在外，君命有所不受。只要对国家有利，就没什么问题。我也正有此意。"于是周夫人

杨家将

下令起兵攻打连州城。众人领命，各自回去整顿装备。第二天一早，宋军向西夏国进发。

　　三太子侥幸逃脱，从一条偏僻小路逃回了连州。三太子来见李穆王，上奏说："殷奇元帅和森罗国、黑水国的兵马全被杨门女将消灭了，宋军正在向连州赶来。"李穆王听后，吓得神飞魄散，懊悔不已，说："都是当初不听柯丞相的话，才有了今天这样的下场。"话没说完，有人来报，说宋兵已经将连州城围住，水泄不通。李穆王下令，让众将士死守城池，又赶忙召集文武官员来商议对策。柯自仙上奏说："宋军声势浩大，我军中的大将都被他们杀死了，谁还敢带兵作战？"李穆王没说话。忽然珠帘后面出来一个人，说："小女愿意带兵出战。"大家一看，原来是李穆王的长女金花公主。李穆王说："恐怕你不是宋军的对手。"金花公主说："女儿自幼习武，现在还没开战，怎么能先灭自己的志气？等女儿与他们交战，看我怎么破敌。" 李穆王答应了她，并派给她两万人马。金花公主领命，第二天带兵从西门出城作战。

第五十回

杨家将得胜回朝

金花公主来到城外，正好遇到杨九妹，两人摆开阵势。金花公主说："宋军竟然敢深入我国境地，真是不知死活，赶紧退去，饶你们一命。"九妹回骂道："该死的蛮贼，还不快快投降！"说完九妹提刀杀了过去。金花公主举枪迎战，两人打到一起。几个回合之后，九妹刀法渐渐乱了，她知道自己打不过对方，于是勒马往回跑，金花公主紧追不舍。城楼上的人看到金花公主胜了，也都大声呐喊。杨七姐看到金花公主在追赶九妹，弯弓搭箭，一箭射中了金花公主，金花公主当场毙命。宋军乘势掩杀，西夏兵一半被杀死，一半逃回了城里。李穆王知道女儿战死，又伤心又害怕，寝食难安。

两天之后，宋兵加紧攻城。武将张荣上奏李穆王说："主公不要担心，我们城中还有四万兵马，粮草够吃一年；宋兵虽然强大，但是粮草军饷的供应得不到保障。臣愿意带兵出战，要是能赢，就是陛下的洪福；要是不赢，那我们就死守。"李穆王答应了他的请求，派他出战。张荣是羌族人，一身力气，使一柄大杆刀，人称"铁臂将"。

第二天一早，张荣带兵出城作战。宋军阵营中单阳公主一马当先，冲到阵前，大叫道："蛮贼还不赶紧献出城池，竟敢来作战？"张荣二话不说，挥舞着大刀就杀了过来。两人交战没有几个回合，张荣假装不敌对方，骑马便逃。单阳公主在后面紧追，张荣看到两人距离近了，转身一刀劈下。单阳公主眼疾手快，侧身躲过了这一刀，但是连人带马摔倒在地上。杜夫人见事不好，连忙扔出飞刀，击中张荣的左肋，张荣死在马下。宋军乘势发起进攻，西夏兵伤亡无数。

众人在城上看到马荣战死，回去报告李穆王。李穆王悲愤交加，又无计可施，想要自尽。左丞相柯自仙上奏说："宋朝皇帝宽仁大度，归降的人都佩服他，反抗的都没有好下场。如今宋兵在城下屯兵，胜负已经没有悬念了，陛下为什么不向宋军投降？只需每年进贡而已。这才是一国君主应有的作为啊。"李穆王考虑了很久，说："宋朝强盛，那就归降吧。"李穆王立即下令，让人在城上竖起白旗。第二天又派人把投降的文书送到宋军营中。

周夫人正坐在营帐中，与众人商议西夏国纳降的事，忽然有人来报，说西夏国国王派人送投降书来了。杨宗保派人把使臣带到营帐里来。使臣进来后，说明了国王归降的意思。杨宗保听后犹豫不决。邓文说："西夏国是荒蛮之地，没什么用处，这里的人野蛮不化，不听命令。元帅应该答应他们的请求，正好彰显圣上对边远地区的仁德。"周夫人同意了邓文的说法，于是批复了投降书，让使臣带回去给李穆王。

李穆王看到宋军接受了自己归降，非常高兴。第二天，他亲自打开城门，率领文武百官迎接宋军进城。杨宗保最先进城，看到西夏国国王和大臣们跪在路边。杨宗保上前把李穆王搀扶起来，两人一起进入宫中。李穆王跪在台阶下请罪，杨宗保说："大宋天子仁爱，既然你已经归降，只要不再作乱，仍旧封你为西夏国国王。"李穆王连连称谢。当天，宫中大摆筵宴。周夫人率领十二员女将与都尉都来参加。众将按照次序入座，宫中乐声不断，大家开怀畅饮，夜深后才散去。杨宗保在城里安营，周夫人等人在城外安营。

又过了几天，边境上恢复了安宁，杨宗保决定班师回朝，并通知各营寨准备起程。临行前，李穆王送给杨宗保二条真犀带和无数珍奇异宝。杨宗保自己只拿了真犀带，其他的东西收下来准备进献给真宗。当初在战场上捉来的将帅也都还给西夏国，只有百花公主没有放，带回了中原。当天，宋军离开连州，西夏国国王和大臣们送出十里路才回去。凯旋归来的宋军分前后两队，一时间军威大振，四海之内无不钦佩。

宋军离开连州，西夏国国主和大臣们送出十里路才回去。凯旋归来的宋军一时间军威大振，四海之内无不钦佩。

行军几天之后，大军已经离汴京不远了。真宗早就收到了捷报，并派柴玉等文臣们到城外迎接。杨宗保看到柴玉，赶紧下马问候。之后，两人一起上马，进入汴京城。

第二天，杨宗保入朝去见真宗。真宗抚慰他说：“爱卿为朕远征，凯旋归来，实在是不容易。”杨宗保回奏：“臣托陛下的洪福，平定了西夏国，取得了他们十四个属州，二百个县，一万八千户人家，每年租赋四百

杨家将

①［石］
古时候常用的容
量单位，十升为一斗，
十斗为一石。

石①（dàn），奇珍异宝三十车。"真宗龙颜大悦，将所有西夏进献的财物和俘虏都交给无佞府处置。真宗还说："杨家的女将也都有功于朝廷，朕应当论功行赏。"于是真宗下旨，加封杨宗保为上柱国大将军，呼延显等封为兴禁节度使，周夫人封为忠国副将军，八娘、九妹等封为翊运副将军。封赏完毕，真宗派人在大厅里设宴，犒赏出征的将士们。杨宗保等人拜谢。当天，君臣依次入座，开怀畅饮。

第二天，杨宗保回到无佞府，与周夫人等人一起参见令婆。令婆非常高兴，把百花公主许配给了杨文广为妻。杨文广当时已经十五岁了。令婆又吩咐下人摆下宴席，女将们纷纷解下衣甲，按次序入座。大家开怀畅饮，半夜才散去。

在令婆的教导下，杨文广后来出征南方，大获全胜，也被封赏。从此之后，四海安定，宋朝天下太平。